JN491925

프랑스인의 눈에 비친 한국

프랑스인의 눈에 비친 한국

김성택, 이은숙, 김귀원, 정덕재 공저

경북대학교출판부

김성택
경북대학교 인문대학 불어불문학과 교수
kstek@knu.ac.kr

이은숙
계명대학교 교양과정부 교수
les@kmu.ac.kr

김귀원
경북대학교 기초연구원 교수
qwonekim@yahoo.co.kr

정덕재
경북대학교 강사
jdj@knu.ac.kr

프랑스인의 눈에 비친 한국

찍은날 2010년 3월 2일 | **펴낸날** 2010년 3월 10일
지은이 김성택, 이은숙, 김귀원, 정덕재
펴낸이 노동일 | **펴낸곳** 경북대학교출판부
출판등록 1973년 10월 10일 ㉣97호 | **주소** 대구광역시 북구 산격동 1370번지
전화 053-950-6741~3 | **팩스** 053-953-4692 | **E-mail** press@knu.ac.kr
Homepage http://knupress.com

정가 18,000원
ISBN 978-89-7180-274-8 93860

※파본은 바꾸어 드립니다.

지금은 한국연구재단으로 통합된 한국학술진흥재단의 기초학문육성사업의 지원을 받아 2002년과 2004년 두 차례에 걸쳐 한국에 관련된 프랑스어 텍스트를 수집하고 정리하는 작업을 수행하면서 작성된 여러 글 중 일부를 모아 책으로 엮게 되었다. '한국의 이미지'에 초점을 맞춰 연구한 글들과 '한국의 일상문화'를 중점적으로 다룬 글들에서 내용이 서로 호응할 수 있는 것들을 모은 결과이다.

타자의 시선이 '나'의 정체성을 만들어간다고 말하는 것은 사실 지나치게 한쪽 면만을 강조한 주장일 수는 있지만, '나'를 인식하는 순간부터 '나' 이외의 존재가 구별되는 것은 피할 수 없다. '나'의 주체성만을 강조할 것인가, 아니면 타자의 시선만을 의식할 것인가 하는 이분법으로는 도저히 이러한 문제를 해결할 수 없을 것이니, 결국 변증법이든 '마주보기'든 간에 구체적인 인식의 소통만이 실질적인 해결책이 될 것이라 믿는다.

이러한 소통의 시도를 위한 글들의 다수는 『한국프랑스학논집』과 『불어불문학연구』에 게재되었던 논문들을 수정한 것이다. 논조에 서로 간의 차이가 있음은 물론이다. 이 책이 갖는 한계를 넘어 더 좋은 글들이 나오기를 바라마지않는다.

각 장별로 글쓴이는 다음과 같다.

서론 · 타자의 시선이 갖는 의미_김성택 씀

제1장 · 프랑스 문헌에 나타난 한국의 이미지_김성택 씀

제2장 · 구한말에 나타난 한국 관련 프랑스 문헌과 오리엔탈리즘_이은숙 씀

제3장 · 구한말 프랑스 문헌에서 군인 및 외교관이 본 한국의 이미지_김귀원 씀

제4장 · 조르주 뒤크로의 『가련하고 정다운 나라, 조선』에 나타난 조선의 이미지 _이은숙 씀

제5장 · 샤를 달레의 『한국천주교회사』에 비친 조선의 가족문화_이은숙 씀

제6장 · 1950년대 이후 프랑스 문헌에 비친 한국의 가족문화_이은숙 씀

제7장 · 프랑스 문헌에 비친 구한말의 종교문화_정덕재 씀

제8장 · 프랑스 문헌에 비친 구한말 이후의 종교문화_정덕재 씀

제9장 · 프랑스 문헌에 소개된 한국의 음식문화_김귀원 씀

제10장 · 구한말 프랑스 문헌에 비친 한국의 의복문화_김귀원 씀

참고도서 · 정덕재 정리

이 책을 구성할 때 그 성격상 중복되거나 방향이 달라 제외한 연구논문들 역시 앞에서 언급한 연구의 중요한 결실이었으며 또 이 책이 나오기까지

우리에게 많은 도움을 주었음을 밝혀둔다. 이런 의미에서 정해수, 노시훈, 한승억 공동연구원께 감사를 드린다. 그리고 우리보다 선행하여 프랑스 문헌 속의 한국에 관한 연구를 한 프레데릭 불레스텍스에게도 적지 않은 빚을 졌음을 명기한다. 불행하게도 연구가 진행되는 도중에야 그가 이미 이 세상에 없음을 알게 되어 애석함을 느끼지 않을 수 없었으니, 이런 지면을 통해서나마 우리는 감사와 아쉬움이 뒤섞인 감정의 한 자락을 남겨두고 싶다. 연구가 진행되면서 우리를 도와준 많은 학생들과 우리를 격려해 준 많은 주위 사람들에게도 감사의 인사를 보낸다. 또한 이 책의 출판을 맡아준 경북대학교출판부에도 고마움을 표한다.

2010년 2월

김성택

목차

제2부 '타자'가 본 한국의 일상문화

서론

타자의 시선이 갖는 의미

1. '타자'에 대한 인식과 표현

1) '타자'에 대한 인식

서양 철학에서 '타자'라는 개념은 오래전부터 주체의 존재를 확보하고 확장하게 하는 토대로 사용되어 왔다. 헤겔의 경우를 보면, 주체는 '타자'가 주체 속에서 부정적으로 존재할 때에만 주체이기 때문에 '타자'는 주체 자체 속에서 그 주체를 위해 있는 것이다. 헤겔 이후에도 타자의 절대적인 외재성을 무너뜨리면서 주체가 타자를 인식할 수 있는 근거로서 주체에 내재하는 타자에 대한 의식과 타자와의 관계에 대한 체험을 관념적이거나 경험적이거나 심리적인 장치로 두고 있다. 그런데 이러한 타자에 대한 인식은 모두 궁극적으로 주체를 위한 것이거나 주체를 중심에 둔 결과이지 절대적으로 외재하는 타자 자체를 이해하기 위한 것이라 할 수 없다.

주체를 중심으로 한 이러한 타자에 대한 인식은 이성중심주의적 사유의 결과이다. 즉 주체와 타자의 관계를 우선적으로 의식의 차원에서 설정한다.

그리고 '타자'라는 개념 자체에 '의식을 가진 존재'라는 의미를 항상 포함시켜 두고 있다. 게다가 주체 속에 내포된 '타자에 대한 의식'은 어디까지나 이성의 통제를 받는 의식이지 결코 타자의 일부이거나 속성이 아니다. 구체적이고 물질적인 실체들을 주체의 의식에 귀속시키려는 것이 바로 이성중심주의의 요체다. '타자'의 의식 혹은 시선을 통해서 확보되는 주체의 객체화에 서구적 사유의 객관성이 놓여 있지만, '타자'가 주체와 궁극적으로 일치될 수 있다는 가능성을 전제하고 있기 때문에 – 주체가 '타자'와 일치할 수 있다는 믿음이 아니라 그 반대 방향의 전제임을 유의하자 – 이 객관성 역시 미리 예상하고 있던 결과에 도달할 위험을 안고 있다.

이와는 달리 '타자'를 주체가 절대적으로 이해할 수 없는 존재로 규정함으로써 타자가 주체에 종속되거나 주체를 연장하는 수단으로 전락할 가능성을 미리 차단하는, 주체 중심의 전통적 사유를 뒤집는 레비나스의 성찰이 있다. 주체 속에 설정된 타자와의 관계는 타자에 대한 의식일 뿐 타자 그 자체는 아니다. "한 사람은 다른 사람에게, 다른 사람이 그 사람에게 관계하듯 그렇게 관계한다. 주체가 자리할 특별한 자리가 없다. 타자는 공감에 의해, 또 다른 내 자신으로, 타아 alter-ego로서 인식된다."[1] 주체도 '타자의 타자'일 뿐이고 그래서 타자에 대한 인식은 얼굴과 얼굴을 맞댄 만남이고, 만남의 결과는 "타자는 무한히 타자"이기 때문에 타자에 대한 이해라기보다는 주체 속의 '타아'에 대한 이해라는 것을 받아들인다면, 우리가 설명할 수 있는 것은 타자에 대한 주체의 태도뿐이라는 것을 알게 된다.

---

1) 엠마누엘 레비나스, 강영안 역, 『시간과 타자』, 문예출판사, 100쪽.

2) '타자'에 대한 태도

주체가 타자를 인식하는 것은 인간이 갖는 인식의 한계와 태도 position 때문에 언제나 부분적이고 주관적이다. 타자에 대한 인식 자체가 사실상 주체의 한 요소라고 말할 수 있다. 만일 주체가 타자를 완전하게 인식할 수 있다고 가정한다면, 있을 수는 없는 일이지만 이 경우 타자는 이미 타자가 아니다. 주체와 구별되는 속성인 '타자성 altérité'이 없다면 이미 타자라고 부를 수도 없다.

타자에 대한 인식이 부분적이고 주관적이기 때문에 타자에 대한 정보도 부분적이고 주관적이다. 정보를 타자에 대하여 직접적으로 얻어낸 것이든 간접적으로 얻어낸 것이든 다 그러하다. 더구나 간접적으로 얻어낸 정보는 이중 삼중으로 주관성이 개입된다. 따라서 타자에 대한 인식은 객관성이나 보편성의 문제가 될 수 없다. 객관성이나 보편성은 사실상 타자를 인식하는 하나의 태도와 관련될 뿐이다.

타자를 인식하는 이런 태도에는 '배타적 태도', '융합적 태도', '사실적 태도'가 있을 수 있다. 이 세 가지 태도의 분류는 질베르 뒤랑이 그의 저서 『상상계의 인류학적 구조들 *Les structures anthropologiques de l'imaginaire*』에서 주장하는 상상작용의 세 구조를 일반적으로 받아들일 수 있는 용어로 변경한 결과이다. 실제로도 뒤랑은 세 구조를 생물학적 반사학과 심리학 및 정신분석학의 이론에 결부시켜 세 가지 지배적 특성으로 설명하기도 하는데 그것을 열거하면 직립 자세의 지배적 특성, 소화 체계의 지배적 특성, 운동감각의 지배적 특성이다. 이 특성을 타자에 대한 인식과 관련하여 잠정적으로 명명한 것이 배타적 태도, 융합적 태도, 사실적 태도이다.

3) '타자'에 대한 표현 방식

타자에 대한 인식은 그 자체로 드러날 수 없다. 인식은 바로 표현으로 연결된다. 표현으로 연결될 때 인식이 드러난다. 앞의 세 가지 태도에 따라 표현도 세 가지 유형으로 분류할 수 있다. 그런데 이 세 가지 표현 유형은 은유, 환유, 제유라는 매우 잘 알려진 개념과 결합시킬 수 있다. 이 개념들은 단순히 수사학이나 언어학의 차원에만 머무는 것이 아니라 요즘의 연구에 따르면 사유 작용과 연관된 것으로, 이런 학문적 성과들을 타자에 대한 인식 표현에 활용하자는 시도에서 나온 것이다.

타자에 대한 배타적 태도는 일종의 흑백논리로 표현될 가능성이 많으며 주체와 다른 부분을 모두 '타자성'의 대표적인 기표로서 '흑'에 가두어 둔다. 차이에 대한 부정적인 가치평가를 강조하기 위해 과장하는 경우가 많고 선택적으로 받아들인 자료를 이용하여 편집증적인 묘사나 설명을 감행한다. 결국, 주체는 부정적으로 판단하는 범주 속에 타자성을 편입하여 그 범주 속에서 이루어지는 '이동'을 통하여 타자성을 표현하는 환유적 방식을 취한다.

융합적 태도는 타자에 매혹되어 타자성을 향유한다. 주체는 타자성과 가능한 한 일치하고자 하며 따라서 타자를 찬양하고 미화한다. 주체는 자신의 내부에서는 타자성을 표현할 기표들을 찾지 못하여 새로운 개념과 효과를 창출하고자 하며 그 결과 은유적 방식을 표현 방식으로 채택한다.

사실적 태도는 타자를 인식함에 있어 끊임없이 사실에 대한 정보를 주고받으며 기존의 인식을 수정하는 방식을 견지한다. 이 경우 객관성이나 보편성을 인식의 목표로 삼는데 목표에 도달하기 위하여 시간의 개념을 도입한다. 주체는 타자에 대한 부분적인 정보로 타자성 전체를 구축하며 이런 인식의 과정은 결과적으로 제유적 방식의 표현을 낳는다. 타자에 대한 세부적인 묘사와 구체적인 사항의 열거가 자주 등장한다.

이 세 가지 태도는 관심 항목에 따라 관찰 시점이나 장소나 방식에 따라 또는 조언자에 따라 단 하나의 주체 속에 모두 나타날 수 있다. 그런데 주체가 어떤 태도를 취하고 있는지 최종 결론을 내리기 위해서는 어떤 태도가 가장 지배적이었는지를 확인해야 할 것이다. 물론 지배적인 태도는 단지 빈도수에 의해서 확인되는 것이 아니라, 주체의 표현 속에 나타난 타자성의 맥락에 의해 확인되어야 할 것이다.

타자를 이해할 수 없음은 주체의 욕망을 자극한다. 얼굴을 마주보고 있는 타자는 주체의 욕망이 형상화되어 일렁거리는 거울인 셈이다. 그러므로 비쳐지는 타자성은 실은 타자성이 아니라 앞에서 말한 대로 '타아 alter-ego'이다. 그렇다면 타자성은 어디에 있는가? 타자성은 언제나 주체 바깥에 있으면서 또 다른 주체로서 시선을 교차할 뿐이다. 그리고 묻는다. "너는 누구냐?"고. 그런데 오늘날 '타자의 학문'이 거론되는 것은 정체성을 찾기가 어려운 시대이기 때문이다. 지나치게 타자의 시선에 노출된 주체는 진정한 타자를 만나지 못하고 주체 속에서 분열하여 증식하는 '타아'만 볼 뿐이다.

프랑스 문헌에 비친 한국의 일상문화에는 표현하는 주체의 '타아'가 있고 타자를 인식하는 태도가 있으며 그 결과 '타자성'의 표현이 있다. 여기에는 과연 서양의 타자인 한국은 없는가? 서양인들이 체험한 한국은 과연 한국인가? 우리가 거기서 읽어 내는 것은 우리의 '타아'일 뿐이다. 그렇게 우리는 타자와 소통한다.

2. '프랑스 문헌에 나타난 한국의 이미지' 연구가 갖는 의미

한국과 프랑스가 공식적으로 수교(1886년 한불통상우호조약)한 지 120년 이상이 흘렀다. 두 나라가 유라시아 대륙의 거의 양극에 위치한 까닭에 수교 이후로도 다른 주변국가에 비해 직접적인 교류가 상대적으로 적었던 편이다. 하지만 이제 정치 · 경제의 측면에서나 사회 · 문화의 측면에서나 서로를 점차 더 필요로 하는 시대에 접어들고 있다. 멀리 떨어져 있었던 만큼 그래서 직접적인 이해관계가 비교적 적었던 만큼 서로 항상 거리를 유지할 수 있었던 '타자'로 서로를 인식하면서 말이다.

> 위대한 만담가였던 볼테르는 뭔가 멀고 어두운 것에 관해 얘기하게 될 때마다 한국 이야기를 빼놓지 않았다. 이 위대한 작가가 살던 시기에 우리 한국은 프랑스에서 정말 멀고도 먼 곳이었다.
>
> – 홍종우, 『고목에 핀 꽃 *Le Bois sec refleuri*』(1895)의 서문에서

> 프랑스에서의 한국의 이미지가 불확실하고 모순적인 것으로 남지 않도록 하려면 우리는 해야 할 일이 많다. – 피에르 쥐데, 『대한민국, 경쟁자인가 새로운 동반자인가?』(1987)의 서문 「프랑스에서의 한국의 이미지」에서

한불관계의 정립이란 단지 경제나 문화와 관련된 여러 협정의 체결이나 규장각 도서반환 문제의 해결에 의해서 완성되는 것은 아니다. 지금까지 주고받았던 교류의 자취들 속에 묻어 있는 서로 간의 인식의 편차를 재조정해 가는 일이 더욱 중요하며 이로 인하여 서로를 진정으로 이해할 수 있을 때

한불관계의 정립은 제 궤도를 찾은 것이라 할 수 있다. 홀로 영원히 살아가는 존재가 아니기 때문에 우리는 결코 '타자의 시선'으로부터 자유로울 수 없다. 더 나아가 이 시선은 우리 자신의 모습을 알게 하고 만들게 하고 변화하게 한다. 프랑스라는 먼 곳에서 오는 타자의 시선은 그 거리만큼 우리를 더 객관적으로 바로 보게 할 수 있으리라 생각한다.

> 체구가 작고 스페인 사람처럼 까무잡잡한 피부의 사람들이 사제들처럼 갓을 쓰고 다니는데 검은 니스를 칠해 뻣뻣해진 외올제로 만든 갓들은 어찌나 윤을 냈는지 햇빛에 반사되면 마치 거울처럼 혹은 잘 닦은 군모처럼 반짝인다.
>
> – 드 루브룩, 『몽골제국 여행기』(1598, 불역 1623, 재판 1985)

> 가진 것은 없어도 한국인들은 행복하다.
>
> – 조르주 뒤크로, 『가련하고 정다운 나라, 조선 *Pauvre et douce Corée*』(1904) 제5장

> 한국의 선비들은 한자를 배우고, 한자로 시를 짓는다. 그러나 이와 같은 중국적 취향은 일반서민을 감동시키지는 않는다.
>
> – 조르주 뒤크로, 『가련하고 정다운 나라, 조선』(1904) 제11장

'프랑스 문헌에 나타난 한국의 이미지'로 명명된 우리의 연구는 우선적으로 우리 자신을 위한 일이다. 우리의 과거 모습이 저 이성의 문명을 표방하는 타자에게 어떻게 비치었는지 살펴보는 일은 아주 흥미로운 것이다. 여러 환영들이 어른거리는 흐릿한 윤곽에서 매우 분명하지만 부분적이라고 말할 수밖에 없는 이미지들까지 그들의 시선 속에서 우리는 우리의 또 다른 모습을,

다시 말하여 우리의 '이타성 altérité'을 발견할 수도 있을 것이다. 우리가 자신의 모습이라고 도저히 인정할 수 없는 그런 모습을 본다면 결국 이 연구야말로 우리의 정체성을 바로 우리의 내부에서 새로이 정립할 계기를 마련해 주는 것이리라.

> 타타르인(청국인)들이 이 왕국의 주인이 되기 전에는 사치와 향락이 넘쳐나는 곳이었고, 꼬레지엥(한국인)들은 마시고 먹고 온갖 종류의 퇴폐에 열중해 있었다. […] 귀족들은 접대부들과 즐기기 위해, 혹은 다른 여자들을 데리고 가서 즐기려고 산중 사찰에 자주 드나든다. 그곳의 분위기는 대체로 감미롭고 쾌적한데, 풍경이 좋고 정원이 잘 꾸며져 있어서 사찰이라기보다는 유흥의 장소라 불러야 할 것 같다. […] 한국에는 술집과 유흥의 집이 많은데, 그곳에서 꼬레지엥들은 기생들이 춤추고 노래하고 악기를 연주하는 것을 구경한다. 여름에는 이러한 구경거리가 시원한 숲이나 울창한 나무 아래서 전개된다.
>
> – 헨드릭 하멜, 『표류기』(1668)

> (한국) 남자들은 사랑과 질투로 가득한 기질이어서 제일 친한 친구에게도 자신의 아내나 딸들을 보여주기를 꺼린다. […] 사실 남자들은 여자들을 대단치 않게 여기며 거의 노예처럼 대접한다. 또한 사소한 잘못을 저질렀다고 해서 혹은 이런저런 핑계를 대면서 여자들을 내쫓는데, 이 경우 아이들도 데려가게 하기 때문에 양육은 이 불행한 여자들의 몫이 된다.
>
> – 헨드릭 하멜, 『표류기』(1668)

> 꼬레지엥들은 쉽게 물건을 훔치고 속이거나 거짓말을 잘하기 때문에 믿음을

> 줄 수가 없다. 그들은 남을 속이는 것이 선행이라고 믿기 때문에 속임수는 그들 사이에서는 불경스런 것이 아니다. – 헨드릭 하멜, 『표류기』(1668)

우리의 외부와 맺어진 관계 속에서 우리의 모습을 정립하는 일도 이제는 시급한 일이다. 이 일은 단지 사회 일반의 외적 현상들이나 이해타산을 우리에게 유리하게 이끌기 위함만은 아니다. 문화와 정신의 긴밀한 교류를 위한 작업이다. 더 나아가 세계의 지식체계 속에서 채 정립되지 못한 우리의 정체성을 확립하는 작업이기도 하다.

> 우리는 수차례에 걸쳐 왕과 그의 신하들에게 석방을 요청했지만 늘 대답은 같았다. 그들은 어떤 외국인도 돌려보내지 않는다고 했다. 그 이유는 그들의 나라가 다른 나라들에게 알려지는 것을 원치 않기 때문이라고 했다.
>
> – 헨드릭 하멜, 『표류기』(1668)

지식과 정보의 세계에서 관건은 대상 그 자체라기보다는 대상에 대한 인식이다. 인식의 변화는 사실의 변화와 무관하게 혹은 사실의 변화보다 앞서 인식의 주체와 대상의 새로운 관계 설정에 의해 이루어진다고 말할 수 있다. 가장 바람직한 관계를 설정하기 위해서는 결국 서로의 기존 인식을 교환하고 이를 상호 검토하여 수정하는 작업이 지속적으로 진행되어야 할 것이다. 이런 조정 작업은 타자의 시선으로 구성된 지식 세계 속에서 우리의 정체성을 정립시키기 위한 매우 중요한 일이기도 하다.

> 유럽인들은 코리아가 섬인지 대륙인지에 대해 의견이 분분하다. 나는 확실한

학문적 근거를 통해 코리아가 반도이며 따라서 해상으로 한 바퀴를 돌 수 없다고 확신한다. 어떤 사람들은 해상으로 코리아를 한 바퀴 돌았다고 말하지만 그것은 이들이 코리아 남쪽의 퐁그마 섬을 코리아로 착각했기 때문이다.

– 마르티노 마르티니 신부, 『중국대지도』(1655)에 첨부된 주석에서

당연하게도 우리의 연구는 '세계 속의 한국'을 일구어 내는 '한국학'과 분리될 수 없다. 프랑스에서는 한국학이 주변국가인 중국보다 116년, 일본보다 93년이나 늦게 출발하였다. 1956년에 와서야 파리 소르본 대학에서 최초로 한국어 강의가 시작되었고 1959년에 소르본 대학 일본-한국학과 Section d'études japonaises et coréennes에 한국학 과정이 설치되었으며 한국학연구소 Centre d'études coréennes도 창설되었다. 같은 해 동양어학교에서도 한국어전공 국가학위 DULCO가 신설되었다. 1977년에 창설된 유럽한국학회 AKSE의 회장이었던 알렉상드르 기유모즈 Alexandre Guillemoz : 프랑스고등사회과학원 교수를 포함하여 이곳에서 양성되어 활동하는 프랑스 학자들이 이제는 유럽에서 이루어지는 한국학 연구의 주축을 맡고 있다. 프랑스에서 이루어지는 한국학에 관한 보고서(이진명, "프랑스의 한국학, 그 현황과 전망", 『제3회 동아시아 국제학술심포지엄 학술논문집』, 경기대학교, 1996)를 보면 '세계 속의 한국학'이 이제 진일보할 토대를 어느 정도 확립했음을 알 수 있다. 앞으로 한국학이 해야 할 과제는 일본학이나 중국학의 그림자에서 벗어나 독립된 학문 영역을 확보하는 것과 언어, 문학, 역사, 철학, 사회, 문화 등 다방면에 걸친 한불간의 왕성한 학문 교류를 위한 체제를 구축하는 것이다.

(한국의) 언어는 중국어나 타타르어와는 다르다. 그래서 한국인들은 중국에

갈 때 통역을 데리고 간다. 중국 황제 역시 북경에 통역을 두고 있으며 한국인들의 입국 관문에도 통역을 배치하고 있다. […] 그러나 한국에서 사용하는 것은 중국문자이다. 몇 년 전에 우리를 보러 온 한국의 사절은 중국어로 의사소통을 하기 위해 붓을 사용했다.

– 장 밥티스트 레지스 신부, 『한국관찰기』(1735)

이 연구가 어느 정도 진척되면서 살펴본 몇 권의 중요한 프랑스 문헌은 예상대로 이 연구가 비단 '한국'만 관련된 것이 아니라, '프랑스'까지 얽혀 있다는 점을 가르쳐 주었다. 당연하게도 '타자의 시선'은 전혀 객관적인 것이 아니었다. 그 시선에서 우리는 '우리'의 모습만을 읽을 수 있는 것이 아니라 '타자'의 모습 또한 읽을 수 있었다. 부처의 눈에는 부처만 보이는 것처럼, 우리는 우리 자신을 알기 위해 타자를 보는 자신을 봐야 할 것이다.

그러나 만일 하느님이 이 나라에 특별한 자비를 베푸셔서 기적적으로 중국이 기독교화된다면 한국이나 타타르의 개종은 몇 년 안에 이루어질 듯하다. 주변 국가들은 중국에 종속되어 있으며 이웃 국가들은 중국인들을 존중하기 때문이다.

– 장 밥티스트 레지스 신부, 『한국관찰기』(1735)

프랑스가 한국에 진출하고자 하는 직접적인 야욕이 없다 하더라도, 러시아의 한국 침략 야욕을 실현시킴으로써 얻게 되는 반대급부는 클 수 있었다. 즉 극동지방을 러시아가 장악한다면, 독일과 일본을 자동으로 물리칠 수 있게 되며, 불·러 연합군이 힘을 합치면 프랑스에게는 더욱더 밝은 미래가 열리는 것이다.

– 조르주 뒤크로, 『가련하고 정다운 나라, 조선』의 재판 서문에서

이 조물주 녀석은 일단 표면적으로는 대자연을 정복한 셈이군요. 그는 힘으로 승리를 거두었고, 자기의 주위에 스스로의 모습을 본 딴 질서를 강요하고 있는 것입니다.

– 미셸 투르니에, 『방드르디, 태평양의 끝』

상호 부조와 모든 이들을 극진하게 대접하는 자세는 한국인의 성격의 주요특징을 이루는데, 이는 현대문명의 이기주의에 빠져 침략을 감행한 우리 민족보다 한국인들을 우위에 서게 만드는 그들의 장점인 것이다.

– 샤를 달레, 『한국 교회사 *Histoire de l'Eglise de Corée*』(1874)

이렇듯 '타자의 시선'을 빌려 자신을 알려고 하는 데에는 주의가 필요하다. '타자의 시선'에 스며든 주관성과 위상적 한계를 파악하지 않는다면 우리는 상대의 오만이나 오해로 인하여 필요 없는 자학을 할 위험도 있고 상대의 환상이나 기대로 인하여 공연한 만족감에 빠질 수도 있다. 말하자면 프랑스 문헌에는 '한국'이라는 대상에서 떨어져 나온 부분적인 이미지들의 파편과 함께, 시선의 주체인 '프랑스'의 시대적 상황과 욕망이 만들어 낸 환영이 담겨 있는 것이다. 그러니 '프랑스 문헌에 나타난 한국의 이미지' 연구는 '한국학'이기 이전에 '프랑스학'인 것이다. 한국을 '욕망하는' – '한국'에 자신의 욕망을 투사하여 그 이미지를 만들어 가는 – 프랑스의 시선을 통해서 우리는 프랑스를 더욱더 잘 이해할 수 있는 것이다.

> 한국은 '은둔의 왕국'이라는 이름까지 얻었어요. 인류에게는 뭔가 지속성을 완수할 만한 것이 필요해요. 바로 그것이 아시아가 맡은 역할이지요. 거대한 뿌리를 통해 자기 종족의 근원에 묶여 있는 아시아는 두 눈을 들어 영원을 바라보지요.
>
> – 폴 클로델의 1928년 수필에서

> 한국은 태평양의 핵심적 열쇠 중 하나이다. 한국의 모양 자체도 열쇠처럼 생겼다. 지도를 보면 보석처럼 깎여 있는 이 반도는 귀고리 모양일 뿐 아니라 열쇠 모양이기도 하다. 한국은 북태평양, 동아시아, 러시아의 열쇠이다.
>
> – 비르질 게오르규, 『한국, 올림픽을 통해 본 극동의 미지의 아름다운 나라』(1987)

> 그러나 이 슬픈 은둔의 왕국에서 들려오는 아련한 소리들은 나의 호기심을 너무 자극해서 나는 흰옷의 땅의 매력에 마냥 홀려 있을 수만은 없었다. 새벽의 속삭임을 주의 깊게 들어보니, 방망이질을 하며 흰 속옷과 겉옷들을 빠는 여자들의 소리가 들리는 것 같았고, 옷을 펴기 위해 다림질을 대신해 다듬이질을 하는 소리도 들리는 것 같았다. 사람들이 빨고 다리고 있는 것은 하얀 새벽 그 자체가 아닌가 싶을 정도였다.
>
> – 기욤 아폴리네르, 『살해된 시인 *Le Poète assassiné*』의 「달의 왕 *Le Roi Lune*」에서

결국 우리의 연구는 프랑스에서 이루어지는 '한국학'과 우리나라에서 이루어지는 '프랑스학'의 교차점에 놓여 있다. 이 연구가 더욱 풍성해지기 위해서

는 아마도 '한국의 문헌에 나타난 프랑스의 이미지'와 같은 연구가 뒤이어야 할 것이다. 서로 교차하는 시선 속에서 어느 순간 서로가 만들어 낸 이미지를 완전히 지울 때까지. 언젠가 두 나라, 두 문화 사이에서 진정한 '충돌'이 일어나 커다란 뇌우와 함께 풍요를 약속하는 비가 내리기를 기대하며, 우리의 연구가 그러한 융합과 변천의 시발점이 될 수 있기를 바랄 뿐이다.

> 세 개의 막대 문자로 둘러싸인 음과 양은 옛날에도 한국 왕국의 문양이었습니다. [···] 흰색과 검은색의 올챙이 모양 두 개가 거꾸로 연결되어 있는 이 원 모양은 서로 반대되는 두 원칙의 만남이며, 영원한 변화의 모습은 우주의 변천을 상징합니다.
>
> – 폴 클로델, 「중국의 미신 *Les superstitions chinoises*」(1910년 프라하 강연회)

제1부 | ‘타자’가 구성한 한국의 이미지

제1장

프랑스 문헌에 나타난 한국의 이미지

우리 자신은 타자라는 거울이 없으면 자기 자신을 볼 수 없다. 타자는 자신을 가꾸어야 하는 원인이자 수단이다. 타자의 시선에 비친 자신의 이미지를 통해 끊임없이 자신을 객관화할 수도 있고 미화할 수도 있으며 또 자신을 적극적으로 표현할 수도 있다. 이 연구는 지금의 한국이 타자에게 어떻게 비치고 있는지를 알기 위해 시도된 것이다. 여기서 타자라 함은 한국을 제외한 모든 세계를 의미할 수 있으나 특히 가장 뒤늦게 서로 소통하게 됨으로써 가장 동질적 요소를 적게 갖고 있으며 따라서 가장 대립적이라 간주되고 있는 서양을 의미한다.

서양에서도 프랑스는 초기에 한국과 만나면서 그들의 외교정책에 따라 이해관계가 많이 걸린 정치나 경제의 측면보다 문화와 종교의 측면에서 한국을 이해하려고 적지 않은 노력을 한 편이었다. 그 결과 남아 있는 문헌에서도 이런 방면의 기록을 상당수 찾아볼 수 있다. 그리고 프랑스 선교사, 문인, 학자들이 이러한 문헌의 서술자이거나 관찰자인 경우가 많다.

이 장에서는 그들이 남긴 문헌들을 섭렵하여 그들이 갖고 있는 한국에 대한 인상 혹은 이미지에 관한 전체적인 윤곽을 그려보고자 한다. 미리 전체적인 윤곽을 그려보지 않고 세부 항목의 분석에 머물다가는 산만하고 잡다한 항목들의 비연속성과 상호모순 속에서 헤어나지 못할 것이기 때문이다.

필자는 여기서 바슐라르와 질베르 뒤랑의 여러 이미지 연구에 기초하면서, 오래전부터 비유의 관계를 설명하는 데 사용되고 있는, 그래서 이미지를 만들어 내는 주체와 대상 그리고 이미지의 관계를 규정하는 데에도 매우 효과적이라고 추정한 은유, 환유, 제유의 분류를 활용하여 프랑스인들의 시선에 잡힌 한국의 이미지에 대한 전체적인 윤곽을 잡아 보았다. 왜냐하면 이 세 가지 비유는 단순한 수사법이 아니라 주체가 대상을 인식하는 태도, 자세 혹은 방법과 연관될 수 있다고 보기 때문이다.

모든 대상을 인식하고 표현하는 데는 주체가 알고 있는 지식과 체험이 현실적인 토대가 된다. 대상에 대한 직접적인 인식과 표현은 우리가 간접적 표현 수단인 언어를 사용하고 있는 한 불가능에 가깝다. 언어보다 이미지가 대상에 더 근접하고 있다 하더라도, 이미지 역시 대상 그 자체가 될 수는 없으며 대상을 인식하는 간접적인 표현일 뿐이다. 따라서 대상에 대한 인식이나 표현에는 주체가 항상 개입되어 있을 수밖에 없다.

이미지와 대상 사이의 관계는 우리가 처음 보는 대상을 설명하고 묘사할 때 잘 드러난다. 처음 보는 대상을 이해하여 분류하고 명명할 때 우리는 이 대상을 우리가 이해하는 체계 속에 편입시키고자 노력한다. 이 과정에서 대상에 대한 독특한 이미지가 형성되는데, 이때 언어로 옮겨진 이미지는 마치 시인이 처음 사물을 대한 듯이 묘사할 때처럼 비유를 통해서 만들어진다.

이미지는 처음 형성될 때 어떻게 편입되는가에 따라 이미 그 가치가 결정된다. 왜냐하면 이미지화하는 순간, 대상은 이미 주체의 세계 속에 분류되어 재배치되면서 구조화되기 때문이다. 즉 대상은 주체의 세계관과 지식체계에 맞춰 이해되고 변형되면서 이미지화한다.

언어로 표명된 이미지는 대상과 이미지가 유사관계에 놓였는지 인접관계에 놓였는지에 따라 은유적이거나 환유적이다. 환유적인 경우 전체적인 속성이 인접한 것으로 체계화된 이미지로 대상을 옮겨 놓는 환유와, 대상의 부분적인 속성을 확대하여 일반화하는 제유로 세분화될 수 있다. 이 환유와 제유가 은유와 더불어 주체의 세계 속에서 재배치된 대상과 이미지의 관계라고 우선 설정해 본다.

이 세 개의 비유적 관계는 주체가 갖고 있는 대상과 이미지 간의 상상적 거리와 어느 정도 연관되며, 이 거리는 주체와 대상의 실제 접촉 정도와도 결부되어 있다. 대상에 대한 정보의 부족이나 결핍이 상상적 거리를 벌려 놓는 것은 틀림없다. 그러나 상상적 거리가 정보의 결핍 정도에만 비례하는 것은 아니다. 이질적인 것을 주체 속에 동질화하려는 성향의 문화나 주체의 경우 그 상상력의 에너지는 매우 크다. 이 경우 대상의 이미지가 주체의 내밀한 욕망과 결합하면서 대상과 이미지 사이의 상상적 거리도 넓어질 가능성이 높아진다. 즉 상상적 거리에는 대상에 대한 정보 부족의 정도도 관련되지만 이에 못지않게 대상의 이질성을 수용하려는 주체의 태도도 크게 작용한다.

은유, 환유, 제유의 근본적인 차이는 바로 이 대상과 이미지 사이의 상상적 거리에서 생겨나는 것이다. 대상과 이미지 사이의 상상적 거리가 클수록 둘의 관계는 은유적이며, 이때 대상의 이미지는 주체의 욕망과 내밀하게 결합하면서 형성된다. 이는 주체가 대상을 동질화한 결과이다. 반대로 대상과 이미지 사이의 상상적 거리가 작은 경우, 즉 대상의 이미지가 주체가 보기에 대상과 인접하다고 판단한 것으로 전위된 경우에 대상과 이미지의 관계는 환유적이고, 이는 주체가 대상을 달리 말하면 '타자화'한 결과이다. 은유와 환유를 설명하는 정신분석학의 개념인 압축과 전위 역시, 생략에 의해 대상과 이미지 간의 거리가 발생하였는가 아니면 미끄러짐에 의해 인접한 이미지로 대상이 옮겨갔는가 하는 차이로 설명되며, 따라서 상상적 거리가 관건이다.

결국 우리의 일반적인 인식은 대상에 대한 일종의 왜곡이고 오류다. 그런데 이 왜곡과 오류는 결코 순수하지 않다. 무의식적이든 의식적이든 주체는 자신의 욕망과 지식체계에 따라 인식하고자 하는 대상을 제한하고 변형하며 또한 평가한다. 그래서 이 연구는 우리를 비추는 타자의 거울을 다시 되비추는 거울이기도 하다. 거울에 대한 거울이며, 자신의 시선에 잡힌 타자에게 타자의 '타자'가 시선을 되돌려 보내는 행위다. 그러니까 이 연구는 이미 형성된 한국의 이미지들을 검토하면서 이미지를 창출한 주체의 내면과 상황을 들여다보는 작업이다.

이렇게 마주보는 거울 놀이를 통해 우리는 오랫동안 제국으로서 식민지 세계 위에 군림하려 했던 프랑스의 서구중심주의, 기독교중심주의를 읽어낼 수 있다. 타자의 거울에 비친 한국은 '착한 야만인', 황금국의 신화, 이국취향의 환상, '고요한 아침' 혹은 새벽의 빛 등으로 채색된 다양한 무늬를 가진 영상으로 드러나기도 하지만, 많은 경우 오리엔탈리즘 속에 배어 있는 서구중심주의의 문명과 야만, 기독교의 선과 악이란 이분법적 세계관에 의해 분류되어 이미지화된다.

1. 한국에 관한 프랑스 문헌의 분류

본격적인 이미지 분석에 들어가기 전에 논의의 편의를 위하여 한국에 관한 인식의 통로였고 또 그 결과였던 문헌들의 분류부터 언급해 두겠다. 문헌의 분류는 저자별 분류와 시기별 분류가 가능한데, 저자별 분류는 문헌 내용의 성향을 대별하고 시기별 분류는 한국에 대한 인식의 변화를 가늠할 수 있게 한다. 여기서는 우선 저자별로 분류한 후에 시기별 흐름을 좇아가 보겠다.

지금까지 남아 있는 한국에 관한 문헌들은, 그것이 비록 한국에 와 보지 않은 상태에서 한국의 사신과 접촉하였거나 인접국의 사람들에게서 정보를 수집하여 기록한 것이라 할지라도, 이러한 서적 외에 다른 매체가 없었던 과거에는 한국에 대하여 알 수 있는 유일무이한 통로였다. 그러면서도 이 문헌들은 일반적인 서양인들에게 한국에 대한 왜곡된 인식을 고착시키는 텍스트로 작용하기도 했다. 이런 인식의 통로에는 크게 네 가지 부류가 있었다. 첫째는 선교사들의 문헌이고, 둘째는 상인이나 학자, 문인, 군대나 외교 사절의 수행원 등 한국을 직접 방문하였던 '여행가'들의 기록이며, 셋째는 작가들의 순수 창작물이고, 넷째는 중국이나 아랍의 문헌들이다. 이 중 중국이나 아랍의 문헌은 프랑스 문헌에 속하는 것이 아니므로 논외로 치지만, 앞에 언급한 세 가지 부류 중에서도 중국 문헌에 의하여 한국에 대한 인식이 간접적으로 형성된 경우를 자주 볼 수 있다는 점은 미리 지적해 두자.

처음으로 한국의 존재가 서양에 알려진 것은 로마 교황청에서 13세기경 몽골에 파견한 선교사들의 보고를 통해서였다. 카르피니 Plano Carpini와 루브룩 Rubrouck과 같은 선교사들이 몽골 주변의 다른 나라를 소개하면서 '솔랑가

Solanga' 혹은 '솔랑기 Solangi'[1]라고 불리는 민족이나 나라를 간단하게 언급하는데, 이는 한반도 북부 지역과 거기에 사는 사람들을 가리키는 몽골어였다.[2] 이즈음에 마르코 폴로의 유명한 저서 『동방견문록』 역시 한국의 존재를 알린다. 여기서 한국은 카울리 Cauli라는 명칭으로 나타난다.[3] 그러나 이 문헌들은 모두 한국에 직접 와 보고 쓴 것이 아니며, 한국의 사신을 만나서 이야기를 직접 듣고 기록한 것도 아니다. 몽골이나 중국이란 제3자를 거쳐 한국을 간접적으로 접촉하면서 쓴 것이라는 점을 염두에 두어야 한다.

선교사들이 한국에 대해 본격적으로 보고서를 써서 한국의 역사와 풍속은 물론이고 정치, 경제, 문화 등을 광범위하게 전달하기 시작한 때는 잘 알다시피 조선 말기 천주교가 자생적으로 전파된 이후부터였다. 이 시기를 대표하는 저서는 샤를 달레 Charles Dallet 주교의 『한국천주교회사 *Histoire de l'Eglise de Corée*』이지만 이 책은 소위 "책상머리에서 쓰인" 것으로 한국에서 선교 활동을 했던 다블뤼 Antoine Daveluy[4] 주교 외 여러 선교사들의 보고서를 편집한 것이어서 편집과정 중에 달레 주교의 개인적인 생각이 상당히 반영된 것으로 밝혀졌다.

---

1) 카르피니는 "Solangi"라고 적고 있고 루브룩은 "Solanga"라고 적고 있다. 도우슨 Dawson은 주석에서 "Solangi"를 한국인일 것이라고 추정하고(p. 5) "Longa"와 "Solanga"는 만주라고 적고 있다(p. 142), 드 바케르 De Backer의 주석은 루브룩이 "Solangas"라고 명기한 이들은 한국의 북쪽에 사는 사람들이라 하면서, 이들을 몽고인들은 "Solonghos"라고 부르며 그들의 나라 이름은 Reschyd-el Dyn에 의하면 "Soulânkgald"라고 불린다고 밝히고 있다(p. 309). 『동방견문록』 번역본에서 김호동 씨가 주석을 붙인 바에 의하면 이 지역은 한반도 북쪽과 압록강 유역이다. 이는 곧 남쪽에 있는 카울리(고려의 중국식 발음)와 북쪽에 있는 초르차(만주 지역) 사이에 있는 지역을 말한다.
2) 몽골어로 무지개라는 뜻이라 한다.
3) 마르코 폴로, 『동방견문록』, 225쪽.
4) 다블뤼 신부는 1845년에 조선에 입국하여 1866년 조선교구 제5대 교구장으로 순교하였다.

조선에서 20여 년간이나 선교사로 일하면서 많은 저서를 남긴 大歷史家인 다블뤼 주교(1818-1866)의 기록은, 한국 땅을 한 번도 밟아 보지 못하였을 뿐 아니라, 간질병을 앓느라고 정신이 오락가락하던 달레 신부(1829-1878)가 편집한 내용과는 전혀 다른 원본적인 가치가 있음을 식별해야 한다. 사실상 달레가 편찬한 한국천주교회사에 특히 조선천주교회 창립사에 관한 내용은 모두 다블뤼 주교가 써서 보낸, "조선천주교회 殉敎史 비망록" 원고를 거의 그대로 옮기면서 편집한 것인데, 그 편집과정에서 달레 신부는 다블뤼 주교의 기록을 임의로 여기저기 너무 삭제하거나 바꾸거나 하였음이 확인되고 있다.[5]

이렇듯 현지에서 활동하였던 선교사의 기록을 변형하여 책으로 묶은 경우는 물론이고 선교사들이 남긴 기록도 기본적으로는 기독교 중심사상이 본바탕이 되어 이루어진 것이므로 내용상 여러 한계를 지니지 않을 수 없다. 첫 번째 한계는 복음주의에 입각하여 우리나라를 창조주의 은총이 그동안 비치지 않았던 미개한 지역으로 보는 시각이며, 따라서 이 미개한 지역의 가련한 사람들에게 어떻게 은총이 저절로 내려왔는지 또 어떻게 선교활동이 박해를 받고 있는지에 초점이 맞춰져 있다는 사실이다. 둘째는 기독교 중심사상에서 출발한 서구중심주의의 시각이다. 이런 시각으로 시종일관 우리의 문화와 역사 및 정치, 경제, 풍속 등을 관찰하고 있기 때문에 문헌에 담긴 내용들은 상당수가 극히 우려할 만한 오리엔탈리즘의 전형적인 예로 볼 수 있는 것들이다. 다만 다블뤼 신부는 극히 예외적인 인물로서 "순교자들의 역사에 이 나라 역사와 풍속에 관한 자료들을 끼워 넣으라"는 주변의 재촉에도 불구하고 자신

---

5) 변기영, 「관계문헌 해설」, 『Daveluy 주교의 조선천주교회 순교사 비망록』(한국천주교회 창립사연구원, 1999년 12월), 5쪽.

의 한계를 미리 고려하여 성급하게 한국의 역사와 풍속을 서술하려 들지 않았다. 즉 그는 중국의 사례를 들어 한국의 역사와 문화에 대하여 보고하는 데 매우 신중한 입장을 취해야 한다는 의견을 표명한다.

> 중국과 그 이웃 나라들에 대해 옛날에도 최근에도 많은 글들이 씌었다. 그 저자들마다 많은 연구를 한 다음 선의를 가지고 글을 썼으리라고 우리는 믿어 의심치 않는다. 다만 오늘날 부분적으로 인정되고 있듯이 수많은 사실들이 그릇된 색깔로 칠해졌었음을 고백해야 한다. 우리 자신도 똑같은 잘못을 저지르지 않을까 하는 우려 때문에 지극히 신중한 자세를 취하면서 우리는 이 주제들에 대해 혹시 한마디라도 꺼낼까 조심하고 있다.[6]

아마도 다블뤼 신부의 이러한 조심스런 태도 때문에 그가 보내온 기록을 달레 주교가 복음주의와 서구중심사상의 색깔로 윤색한 것이 아닌가 한다. 달레의 『한국천주교회사』는 대상에 대한 서술자의 태도가 대상의 이미지를 상당히 뒤바꿀 수 있는 좋은 예가 될 수 있다.

선교사들의 문헌 외에 선원, 상인, 학자, 문인, 군인, 외교관, 외교관의 수행원 등이 남긴 기록들도 있다. 이 '여행가'들은 구한말까지 한국을 직접 방문한 사람들로서 체류기간도 그리 길지 않았고, 또 그들의 신분도 단일하지 않은 경향을 보였다. 예를 들어 구한말 입국하였던 뒤크로나 마랭과 같이 외교관 신분이면서 학자이거나 문인인 경우도 있었다. 그런가 하면 19세기 초 유명한 여행기 작가이자 소설가였던 피에르 로티 같은 이는 외교관과 동행하여 한국

---

6) 『Daveluy 주교의 조선천주교회 순교사 비망록』(한국천주교회창립사연구원) 7쪽. 번역의 일부 수정.

을 방문하였다. 당시 여행기는 프랑스인들의 이국취향을 만족시켜 주는 장르로서 상당한 인기를 끌었다. 따라서 실제 직업과 무관하게 여행기를 쓴 경우도 많아, 이들의 경우 정확한 용어가 될 수는 없으나 논의의 편의를 위하여 '여행가'라는 개념으로 일단 묶어 두고자 한다.

여행가들이 남긴 기록 중에는 중국까지 와서 중국 문헌이나 중국인들의 진술을 듣고 작성된 것도 있으나 대부분은 구한말 한불통상우호조약(1886)이 체결된 이후 한국을 직접 방문하여 작성한 것이다. 이들의 기록은 한국의 이미지 연구에 매우 풍성한 자료를 제공하여 준다. 왜냐하면 그들은 이전에 갖고 있는 여러 편견과 선입견에도 불구하고 직접 대상과 접촉하면서 기존 인식을 재편성하고 있기 때문이다. 여기서 우리는 편견과 선입견의 간섭 현상도 볼 수 있으나 또한 그들이 직접 체험했던 일상 생활과 문화의 구체성에 의해 자신의 견해를 수정하고 보완하는 모습도 확인할 수 있다.

직접 방문하여 쓴 글이나 보고서 등을 종합하여 편찬한 문헌 외에도, 이러한 문헌들에서 얻은 한국에 대한 정보와 전반적인 인상에 창조적 상상력을 펼쳐 만든 2차적인 문헌들도 있다. 이러한 문헌들은 작가들의 순수창작물인 경우가 많은데, 볼테르와 아폴리네르가 그 대표적인 예를 제시하고 있다. 한국을 방문하지 않고 한국에 대해 언급했던 이러한 작가들의 창작물은 당시 프랑스인들이 한국에 대해 가졌던 환상의 일면을 잘 드러내 준다. 결국 이 환상은 넓게는 동방에 대한 서구인들 자신의 욕망이고, 좁게는 당대 프랑스 지식인들의 욕망과 기대의 '투사'인 셈이다.

한국에 대한 프랑스 문헌의 시기 구분은 프랑스를 포함한 서구 제국이 한국과 접촉하거나 관심을 집중하게 만드는 사건을 중심으로 이루어질 수밖에 없다. 첫 시기는 13세기 카르피니와 루브룩의 보고 이후부터라고 말할 수 있으며 이때부터 16세기까지 한국은 겨우 그 존재만 알려진 정도였다. 두 번째 시기는 17세기에서 18세기를 거쳐 19세기 초엽까지이며, 특히 한국에 표류했다 탈출한 네덜란드 항해사 하멜의 소개로, 한국은 극동에 위치한 매우 폐쇄적이지만 그 나름의 이교도 문명을 가진 나라로 유럽인에게 알려졌다. 세 번째 시기는 19세기 초 모방 Maubant 신부가 선교를 위하여 한국에 잠입(1835)한 이후부터 20세기 초까지로 조선 후기부터 구한말까지다. 이 시기에는 한국에 온 프랑스 신부들의 기록과 한불통상우호조약 이후 입국한 여러 '여행가'들과 외교관들의 보고 자료 및 여행기가 비교적 풍부하였다. 한일합방 이후 외국인의 여행이 다시 제한되면서 프랑스인들은 1949년 2월에 대한민국과 정식국교를 수립하기 전까지 한국을 거의 잊고 지냈다. 이 시기를 네 번째 시기라 한다면, 프랑스와 정식 국교를 수립한 후 이듬해 발발한 한국전쟁이 다시 세계의 관심을 한국에 집중시켰으니 이 시기를 다섯 번째 시기라 할 수 있다. 이후 한국은 서양과 점차 많은 교류를 갖게 되었으니 그 시기를 구체적으로 나누는 것이 쉽지는 않으나, 대체로 1960년대와 1970년대의 독재정권 아래 이루어진 고도성장의 시기, 1980년대 광주항거 이후 격렬해진 민주화 투쟁의 시기, 1988년 서울 올림픽 개최 이후의 시기, 2002년 월드컵 개최 이후의 시기와 같이 세계적으로 이목을 끌었던 사건을 중심으로 나눠 볼 수 있을 것이다.

덧붙여 말해 두자면, 프랑스는 서구 유럽의 여러 나라 중 한국에 관련된 문헌을 가장 많이 갖고 있는 나라다. 17세기부터 형성되었던 이국취향은 멀고 먼 나라에 대한 글, 특히 여행기를 양산케 하였으며, 그 결과로 구한말까지 한국에 관한 자료는 서구 어느 나라보다도 풍부하다. 프랑스는 한국과 접촉하던 초기부터 여러 가지 이유로 한국의 정치와 경제적 이권보다는 종교와 문화에 더 관심을 기울였다. 구한말 프랑스는 러시아와 동맹관계를 맺으면서 조선에 관한 한 경제적 이권은 러시아에 양보하지만, 그 대신 문화적 점령과 카톨릭 포교에 대한 우선권을 보장받는다.[7] 그 결과 그 당시 작성된 제주이트파 선교사들의 기록은 물론이고 루이 마랭 Louis Marin, 조르주 뒤크로 Georges Ducrocq, 샤를 바라 Charles Varat와 같은 인류학자와 민속학자의 여행기나 모리스 쿠랑 Maurice Courant과 같은 문헌학자의 『조선 서지 *Bibliographie coréenne*』가 출간될 수 있었다. 이런 태도는 그 후에도 계속되어 프랑스는 여느 나라에 비해 훨씬 더 한국의 문화 쪽에 관심을 기울였다. 비단 수량만이 아니라 사회와 문화에 관련된 내용 면에서도 프랑스 문헌은 한국과 관련하여 다양하고도 풍성한 자료들을 제공해주고 있다. 이런 문헌들은 타자가 작성한 우리에 관한 기록이란 점에서도 중요하겠지만, 타자들이 우리를 어떻게 왜곡하여 인식하는지 또 왜 그러한지를 검토할 수 있는 귀중한 자료이기도 하다.

2. 한국에 대한 객관적 인식을 방해하는 요소들

한국에 관한 문헌에서 우리는 당시 한국에 관한 객관적 서술을 기대하겠지만, 이러한 기대는 문헌을 읽으면서 대부분의 경우 점차 사라진다. 그리고 마침내 언어와 문화의 차이뿐만 아니라 관찰 영역의 협소함과 정보의 부족, 또 잘못된 기존의 자료에 의한 선입관과 주관적이고 일방적인 수용 태도

7) 프랑스는 영국과의 식민지 전쟁에서 패배한 후 아시아에서는 인도차이나의 점령에만 만족한다. 그리고 다른 아시아 국가에 대해서는 적대감을 유발하지는 않지만 동시에 아무런 보증도 서지 않는다는 정치적 불간섭 외교노선을 유지하면서 가톨릭 포교를 중심으로 한 문화이식 혹은 문화협력의 측면에 주력하였다. 에드워드 사이드에 따르면, 바로 그런 점이 프랑스의 특수한 오리엔탈리즘이다.

등으로 인해 서술자의 객관적 인식이 사실상 거의 불가능하리라는 결론에 도달한다.

관찰자 혹은 서술자의 객관적 인식을 방해하는 요소로는 주체의 외부에서 인식 형성에 작용하는 외적 요소와 주체의 내부에서 작용하는 내적 요소를 생각해 볼 수 있다. 그러나 실제로는 이 요소들이 확연하게 구별되어 작용하는 경우는 그리 많지 않다. 외적 요소 자체가 이미 개인적인 차원이든 집단적인 차원이든 간에 주체의 욕망으로 빚어진 경우가 많고, 내적 요소에도 역시 순수한 중에서 욕망 외적 요소들이 작용하였을 수 있기 때문이다.

외적 요소들 중에서 부분적인 인식을 낳는 것들로는 시간적으로나 공간적으로 서술 대상에 대한 정보 부족일 것이고, 왜곡된 인식을 낳는 것들로는 앞에서 말한 부분적인 인식을 일반화한 자료에다가 언어와 문화의 차이를 이해하지 못하고 서술한 자료, 서술자의 내적 요소들이 이미 강하게 반영된 자료 등이 있을 것이다.

내적 요소들로는 교육과 독서를 통하여 확대·재생산된 편견과 선입관이 있고, 더 나아가 주체의 제도화된 욕망이 있다. 주체의 이러한 욕망에서 비롯한 이데올로기나 윤리관, 의지 역시 내적 요소들이며 더 나아가 바슐라르가 그의 저서들을 통해서 밝힌 창조적 상상력도 마찬가지로 빠뜨릴 수 없다.

내적 요소들과 외적 요소들을 정의하고 체계적으로 분류하는 일은 프로이트, 융, 바슐라르, 질베르 뒤랑의 인식론을 토대로 역사학, 인류학, 인지과학에서 이루어지는 새로운 논의까지 덧붙여야 하는 방대한 작업이 될 것이므로 여기서는 이 정도의 언급에 그치고, 이제부터는 우리의 연구와 직접 관련된 몇 가지 중점적인 사항에 초점을 맞추고자 한다.

한국에 대한 객관적 인식을 방해하는 세부적인 요소들은 이미 말한 대로 하나하나 분리되어 나타나는 경우가 거의 없다. 몇 가지 주요 개념이나 원형, 널리 활용되던 이미지에 이런 여러 요소들이 모여들어 시대나 이데올로기를 대표하는 상징을 형성함으로써 대상에 대한 관찰자 혹은 서술자의 인식을 수렴한다.

한국을 직접 방문하지 않고 제3국이나 제3자를 통해 한국을 인식한 1차 시기인 13세기부터 16세기까지는 프랑스가 중세에서 아직 벗어나지 못한 시기였다. 즉 세계는 기독교를 중심으로 이해되었으며 교권과 왕권이 미치지 않는 곳은 이교도들이 사는 어둠의 영역으로만 인식될 뿐이었다. 이런 세계관 속에서 한국 역시 그저 존재만 알려져 있는 멀고 먼 미지의 장소였고 또한 신의 은총이 전혀 내리지 못한 이교도들의 어두운 나라였을 뿐이다. 이 거리감과 이질감은 무지와 더불어 상당 기간 한국에 대한 환상을 품기에 아주 좋은 구실을 한다.

카르피니와 루브룩의 기록에 의하면 한국은 아주 멀고도 먼 나라이고 그곳에 사는 사람들은 매우 이질적인 풍습과 문화를 지녔으며 산과 숲 속에 숨어 사는 은둔자 기질이 있는 우상숭배자들이다. 이 수사들의 기록은 한국에 대한 이미지를 '멀리 있음'(야만의 세계)과 '막혀 있음'(접근 불가능)이란 개념을 중심으로 형성되게 하였으며, 특히 루브룩은 전해 들은 말로 '카울(고려)'이 섬나라라고 언급하여 이런 폐쇄적 이미지를 강화하였다.[8] 이러한 이유로 17세기 초반까지 서구인들은 한국을 섬나라로 알고 있거나 실제로 가 보지도 않은

8) 카울(Caule : 고려)인들은 "섬에 사는데 주변의 바다가 겨울이면 꽁꽁 얼어붙어 타타르인들이 겨울에 이 나라를 침략할 수 있었다."(불레스텍스, 『착한 미개인 동양의 현자』, 29쪽 참조) 드 바케르 De Backer가 펴낸 루브룩 여행기를 보면 "Caule"이 아니라 "Taules"로 적혀 있으며 주석에는 에스키모인들이라고 설명하고 있다. 다른 판본과 대조가 필요한 부분이다.(De Backer, *Voyage de Guillaume de Rubrouck en Orient*, p. 192)

상태에서 지도 속에 섬으로 그려 넣게 된다.

17세기와 18세기에는 이성을 중심으로 한 근대 서구문명이 등장하는데, 그들의 서구중심주의는 계몽주의의 기치 아래 무지라는 "주체 안의 타자"와 야만이라는 "주체 바깥의 타자"를 본격적으로 "타자화"하면서 문명과 야만, 계몽과 무지라는 이분법을 공식화한다. 이런 사유체계는 한국에 대한 인식에 있어서도 마찬가지로 적용되며, 한국에 대한 외형적 정보는 점차 많아지지만 전체적인 인식은 이전과 커다란 변화 없이 서술자의 접근 태도와 경로에 따라 긍정적이거나 부정적인 경우로 대별되어 나타난다.

서구문명의 가치 체계와 제도에 부정적인 견해를 표방하며 문명의 발전을 비판적으로 바라보는 서술자들은 '야만'이라 불리는 문화와 자연 속에서 잃어버린 인간의 본성을 찾으려 했다. 따라서 이런 일부 계몽주의자들에게 야만은 긍정적인 가치를 지닌다. 특히 볼테르에게 한국은 미지의 나라이지만 그래도 인간 본연의 가치가 살아 있는 국가로 간주되었으며 이러한 견해는 "착한 야만인 Bon sauvage"이란 함축적인 상징과 맞물려 있었다.

그러나 일반적으로는, 17세기 마르티니 Martino Martini 신부와 베르비스트 Ferdinand Verbiest 신부가 남긴 한국에 대한 간접적인 기록들이나 하멜의 표류기를 통해 섬이 아닌 것은 밝혀졌지만 여전히 한국은 멀리 있는 이교도의 나라이자 야만의 세계였을 뿐이다. 또한 섬은 아니더라도 산과 숲과 바다로 사방이 막혀 있는 섬과 유사한 나라였다. 한국의 폐쇄성을 하멜이 그의 기록에서 강조함으로써 지리적으로는 섬이 아니었지만 전반적인 인식 속에서는 여전히 섬과 같았던 것이다.

하멜의 표류기는 한국의 사회와 풍습을 서구인들에게 비교적 생생하게 알려 주었다. 이렇게 한국을 직접 체험하고 기록한 예가 없었기에 이 표류기는 당시 많은 서구인들의 호기심을 불러일으켰다. 그런데 하멜은 한국을 매우 복합적이면서 상호모순적인 인상을 갖고 서술하고 있다. 가혹하면서도 친절하고, 엄정하면서도 퇴폐적이고, 학문의 나라이면서도 야만적인 나라로 자신이 체험한 한국을 그려냈다. 이런 혼란스런 평가는 하멜 자신이 체험한 부분적인 사실과 주변에서 들은 정보들을 서구중심주의적 판단 아래에서 일반화시켰기 때문에 생겼다고 볼 수 있다. 하멜은 결국 한국에서 경험한 실제 생활과 한국인과 나눈 인간적인 교류에도 불구하고 한국 사회를 진정으로 이해하지 못하였다. 한국인에 대한 그의 전반적인 인식은 한국인이 선악도 제대로 구별하지 못하는, 따라서 계몽해야 할 야만인이라는 정도에 머물렀던 것이다. 그러므로 이런 보고서를 통해 정보를 얻는 거의 대부분의 서구인들에게 한국인은 당시 아프리카나 아메리카 신대륙의 원주민들과 크게 다르지 않은 이질적이고 경계해야 하며 또한 교화해야 할 타자에 불과하였던 것은 물론이다.

하멜과는 달리 한국을 신비화하는 경향은 정신과 풍속의 우월함에 대하여 예찬하는 볼테르와 같은 경우도 있지만, 물질적 풍요에 대한 환상으로 나타나는 경우도 있다. 18세기 뒤 알드 Jean-baptiste Du Halde 신부는 그의 『중국사 *The General History of China*』에서 한국을 풍부한 자원이 있는 나라로 서술하고 있다. 식민지개척시대가 열린 이후 생겨난 프랑스의 “이국취향”은 많은 경우는 아니지만 한국 역시 신대륙과 같이 막연한 기대 속에서 동경의 대상으로 만들기도 하였다.

19세기에 들어서서 한국은 서방 제국에게 자원이 별로 없는 가난한 나라로 여겨진다. 이는 서방 제국이 중국이나 일본을 통해서 한국에 대한 여러 가지 정보를 얻었기 때문인데 이러한 정보에는 중국과 일본의 입김이 많이 들어가 있었다. 일본이나 중국은 한국이 서방 제국과 교역하기를 원치 않았다. 말하자면 한국이 서방 제국과 수교하면서 서양문물을 적극적으로 받아들여 '문명화' 되기를 원치 않았던 것이다. 또한 서방 제국들도 한국을 중국의 속국으로만 알고 있어 따로 교역을 개시할 필요성을 느끼지 못했고 게다가 교역할 자원도 별로 없을 것이라고 생각했던 것이다.

이러한 상태에서 1835년 모방 신부가 선교를 위해 조선에 잠입해 들어오고 1866년 병인양요를 거친 후 프랑스와 통상조약을 체결하면서 본격적으로 한불 간의 직접적인 관계가 형성되었다. 이후에 여러 프랑스인들이 한국을 방문하여 여행기를 쓰거나 보고서를 남겼는데, 특히 여행기에서 읽을 수 있는 한국에 대한 이미지는 서술자의 태도에 따라 매우 큰 차이를 보인다. 그러나 기본적으로 대부분의 서술자들은 앞에서 언급한 야만성과 이질감을 묘사나 설명을 통해 강하게 표명하고, 더 나아가 문화적 차이에 대한 주관적인 해석을 가함으로써, 한국의 실체를 파악하려 노력하기보다는 한국을 그들의 세계관 속에서 타자화할 뿐이었다. 덧붙여 말하자면 대상의 실체를 인식하는 데 방해가 되는 이러한 모든 요소들은 그 자체가 서술 주체의 의식적이거나 무의식적인 입장과 자세를 드러내는 것이기도 하다.

3. 한국의 이미지 분석

1) 대상과 이미지의 은유적 관계

대상에 대한 이미지 형성은 앞에서 이미 보았듯이 주체의 내적 요인과 외적 요인이 모두 작용하여 대상에 대한 하나의 의미부여, 즉 해석의 결과가 의식의 표면으로 떠오르게 하는 과정이다. 한국에 대한 여러 이미지들은 이러한 해석의 결과이며 따라서 이러한 이미지에는 관찰하거나 서술하는 주체의 몫이 상당 부분을 차지한다고 말할 수 있다.

한국의 이미지는 한국에 직접 와 보지 못한 시기부터 형성되어 왔다. 13세기부터 16세기까지 한국은 서구의 어느 누구도 와 보지 못한 나라였고, 설사 왔더라도 돌아가서 보고를 한 적이 없는 멀고 먼 미지의 나라일 뿐이었다. 한국의 이미지를 바로 이 미지의 나라, 어느 누구도 직접 가 보기 어려운 "어떤 먼 나라보다 더 먼 나라", 또 "세계 어느 곳과도 완전히 닫힌" 나라, 여행가 바라 Charles Varat가 말했듯이 세계 여행의 최종목적지[9]가 될 나라라는 인식의 출발점에서 형성되었다. 또한 모르기 때문에 더욱 자유롭게 의미를 부여하고 해석할 수 있는 대상이기도 했다.

이렇듯 대상과 직접적인 접촉을 하지 않고 형성된 이미지는 주체의 상상력을 자극하여, 대상이 갖는 몇 가지 지향적 특성을 제외한다면 대상의 이미지 자체가 거의 대부분 주체의 내적 요인의 결과로 나타나게 된다. 그렇게 형성된 이미지들은 동시에 극히 대립적인 양상을 서슴지 않고 보여 주는데, 예를 들어 한국은 경이롭고 풍요로운 이상향일 수도 있고 혹은 황량한 사막이나 폐허로 표상될 수도 있다.

루브룩이 묘사한 한국의 사신들은 "사제"와 같았다. "그들은 우리의 주교들이 쓰는 것과 같은 모자를 머리에 쓰고 있다."고 사신들의 모자를 언급하면서, 그 모자에 달린 끈이 바람에 날려 주교모의 위로 올라가면 그 모습은 마치 "머리 주위를 둘러싼 후광"과 같다고 묘사하기도 했다. 게다가 한국인들은 산과 숲 속의 은둔자였다.[10] 그에게 한국은 섬이거나 섬이 아니더라도 외부 사람이 접근하기 힘든 지역인 것이다. 이런 종교적인 풍모나 은둔과 폐쇄의

9) Varat & Chaillé-Long, *Deux voyages en Corée*, p. 25 et p. 27.
10) De Backer, *op.cit*, p. 123.

이미지는 다분히 서술자의 해석이 작용한 결과다. 서술자의 시선은 차단되어 있는 정보 속에서 자신이 욕망하는 얼굴을, 자신의 '대자 pour-soi'를 타자에게서 찾아내는 것이다.

이렇듯 대상과의 직접적인 접촉 없이 이미지를 형성하는 경우에 실제 대상과 이미지 사이의 간격은 클 수밖에 없다. 이 커다란 간격으로 인해 대상은 주체의 욕망을 투사하기 좋은 백지에 가까운 상태의 상상 공간을 형성한다. 따라서 주체의 정신은 대상에 대한 접근불가능성을 강조하면서 그것에 창조적 해석을 가한다. 수사학의 방식으로 말하자면 대상에 대한 언술불가능성을 강조하면서 은유적 묘사를 시도하는 것과 마찬가지다.[11] 이렇게 대상과 이미지 사이에 형성되는 관계를 우리는 '은유적 관계'라 말할 수 있겠다.

대상과 이미지의 은유적 관계에서는 주체가 대상의 실체를 모르거나 무시하고 있기 때문에, 언급할 대상을 그와 유사하기를 원하는 다른 이미지에 중첩시키는 일이 빈번히 발생한다. 이는 특히 주체가 대상을 동질화하는 경우인데, 이렇게 형성된 대상의 이미지는 사실상 주체의 바깥에 있는 것이 아니라 주체의 욕망이 만들어 낸 상상의 결과물이다. 예를 들면 유토피아나 낙원과 같은 이미지들이다. 초기 프랑스 문헌에서 한국은 이런 식으로 당시 이국취향에 젖어 있는 프랑스인들이 꿈꾸던 상징적 이미지들과 겹쳐져 이미지화한다.

한국이 섬이라는 생각은 오랫동안 수정되지 않고 그대로 유지되어 17세기 초까지 섬인지 반도인지 확실치 않은 상태인데도 여전히 섬으로 그려져 오다가, 1631년 마르티니 신부가 제작한 혼디우스 지도 재판본에 와서야 비로소

---

11) 수사학이 운명(죽음)에 맞선 행위라면 그 역할을 가장 충실히 하는 것이 은유다. 언술이 불가능할수록 은유는 더욱 필요하다.(Durand, *Les Structures anthropologiques sur l'imaginaire*, pp. 438-441 참조)

반도로 그려졌다.[12] 같은 17세기에 하멜은 한국이 중국과 산으로 연결되어 있으나 주로 배를 타고 건너다니며 육로는 여름에는 맹수의 출몰로 매우 위험하지만 겨울에는 강이 얼어 쉽게 여행할 수 있다고 적고 있다.[13] 하멜은 한국이 섬이라는 기존 생각을 바꾸기 위해, 들은 말로 "완전한 섬은 아니다."라고 서술하였던 것 같다. 그렇다고 한국이 접근하기 쉬운 곳이라는 생각을 한 것은 아니다. 여전히 한국은 산으로 막힌 고립된 곳이었다.

> 이 나라는 서쪽으로 낭낑만에 의해 중국과 떨어져 있으며, 북쪽으로는 높은 산맥으로 중국의 최북단에 위치한 지방과 연접되어 있기 때문에 완전한 섬은 아니다.[14]

이때부터 섬이라는 이미지 자체는 약화되었지만 그럼에도 섬이 갖고 있는 폐쇄의 이미지는 여전히 한국을 따라다녔다. 예를 들어 페르디낭 베르비스트 신부는 그의 책 『중국황제의 타르타르 지역 여행기 *Voyages de l'Empereur de Chine dans la Tartarie*』에서 한국을 산, 골짜기, 호랑이와 곰 등의 맹수들, 폐허의 도시와 초가집 몇 채뿐인 농촌으로 이루어진 나라라고 설명하였다. 외부에서 접근하기 힘들고 또한 접근할 필요조차 없는 나라로 묘사한 것이다. 이러한 이미지가 한국의 개항을 적극적으로 촉구할 수도 있었을 서구인들에게 그 의지를 반감시켰던 것은 아닐까? 실제로 섬나라인 일본은 그 봉건적 배타성에도 불구하고 서구인들의 적극적인 의지에 힘입어 훨씬 빨리 개항을 하였던

12) 1606년 혼디우스 Hondius 지도와는 달리 1631년에 재판된 혼디우스 지도에서는 한국이 반도로 그려져 있다.
13) 하멜, 『하멜일지 그리고 조선국에 관한 기술 1653-1666』, 84-85쪽.
14) 하멜, 위의 책, 84쪽.

사실을 비교해 보라. 반도라도 연결의 의미보다는 섬보다도 더한 단절의 의미가 강조되어 한국을 고립된 공간으로 보는 이런 인식은 조선 정부의 국수적인 정책보다 앞서서 한국의 폐쇄적인 이미지를 형성하는 데 기여했다고 말할 수 있다.

처음부터 한국에 섬의 이미지가 겹쳐진 것은 초기 문헌의 잘못된 정보와 부정확한 지리적 지식의 탓도 있지만, 이러한 지리적 혼동 이상으로 서구인들이 한국을 섬으로 보려는 욕망이 강하게 작용했다고 봐야 한다. "어떤 먼 나라보다도 더 먼" 곳에 위치하여 도저히 갈 수 없는 장소, '이곳'이 아닌 머나먼 '저곳'은 분명 야만의 세계 이상의 의미를 갖는다. 그곳은 내밀한 욕망 속에서 솟아오르는 상상 속에서만 가능한 장소이고 바로 유토피아인 것이다. 한국의 접근불가능성에 기대어 원시성과 비현실성이 더욱 강화되면서 지리적 사실과 상관없이 한국은 섬이라는 은유적 공간이어야 했다.

섬은 폐쇄적인 공간이지만 또한 행복한 모태 공간이기도 하다.[15] 이러한 상징성은 원초적이면서 동시에 이상적인 '낙원'의 이미지와 쉽사리 결합한다. 여기에 동쪽이 갖는 상징성이 더 추가되어 한국은 때때로 지나칠 정도로 이상화되거나,[16] 이런 이상화된 이미지에 그 당시 서방 제국들이 식민지에 대하여

15) 섬 이미지의 이러한 양가성은 서구의 이국취향이 갈망하던 것이기도 하다. 예를 들어 보들레르의 이국취향이 잘 나타나는 「여행에의 초대」에서 "너를 닮은 고장"은 폐쇄적이면서 또한 행복한 공간이다. 게다가 그곳의 사물들은 "모어 langue natale"를 말하고 있다.

16) 동쪽은 서구인들에게 두려우면서도 신성한 곳이다. 동쪽은 사라센 족이나 훈 족 같은 침략자들이 쳐들어온 방향이지만 또한 빛이 시작하는 지점이기도 하다. 이런 동쪽의 상징성을 게오르규는 한국 방문 시 대학강연회에서 다시 되살려 놓았다. "내가 『25시』에서 빛은 동방에서 온다고 예언한 말이 지금 바야흐로 현실 속에서 실현되고 있는 것입니다. 그것이 바로 빛이며 영원입니다."(게오르규, 80쪽) 게오르규가 한국의 이미지를 이렇게 이상화할 수 있었던 데에는 무엇보다 그가 서구의 주변부인 루마니아 태생이라는 사실이 적지 않게 작용했으리라 생각한다.

꿈꾸던 세속적인 욕망이 투사되어 '황금국'의 이미지를 띠기까지 한다.[17]

오페르트의 남연군 묘 도굴 사건이나 제너럴 셔먼 호(1866)의 도굴 사건과 같은 예는 다른 식민지와 마찬가지로 한국에도 금, 은, 보화가 풍부할 것이라는 상상에, 1741년에 출판된 뒤 알드의 『중국통사 *The General History of China*』 제4권에 있는 한국의 풍부한 금과 장례식 부장품에 관한 언급이 덧붙어 가능했던 일이었다. 달레 역시 『한국천주교회사』 2권의 서문에서 한국의 산에는 금, 은, 구리가 풍부한 광산이 숨겨져 있다고 쓰고 있다. 많은 지역에서는 "금을 캐기 위해서 단지 흙을 약간만 뒤적거리면 될 정도"라고 적고 있다.[18]

그러나 이보다 앞서 한국이 이러한 '황금국'의 이미지를 갖기에 이른 또 다른 이유는 거란 Cathay에 대한 서구인들의 상상이 한국의 이미지 형성에 적지 않게 작용한 데에도 있을 것이다. 1602년 포르투갈인 베네딕트 고에스가 마르코 폴로의 여행기에 적힌 대로 직접 여행하여 거란이 중국의 북쪽임을 밝히기 전까지 거란은 서구인들이 꿈꾸던 이상낙원, 즉 '황금국'이었다.[19] 거란이 중국임이 밝혀진 이상 그 이미지가 더 멀리 있는 한국으로 은연중 옮겨갈 여지는 무척 많았으리라 본다. 이러한 지리적 혼동은 정보가 부족했던 당시에는 번번이 일어났던 일이며, 이런 혼동에 따른 탐험의 욕망이 콜럼버스의 신대륙 발견을 이끌어 내기도 하였다.

---

17) 게오르규는 동쪽의 이미지와 마찬가지로 황금국의 이미지도 다시 살려낸다. 그는 한국의 지리적 위치와 형상을 보고 "아시아 대륙의 귀고리"를 연상한다. 또한 한국의 산과 해안을 살피면서 "한국이 보석이라는 것"을 확신한다. "한국은 반도가 아니고 하나의 장식품이다. 하나의 보석, 하나의 귀고리이다. 레이스로 수놓은 1천8백 킬로미터의 해안에 3천4백 개의 섬이 있다. 세공된 크고 작은 섬, 온갖 형태의 섬들이 해안을 장식하고 있다."(비르질 게오르규, 『25시를 넘어 아침의 나라로』, 15-16쪽 참조)

18) Dallet, "Introduction" in *Histoire de l'église de Corée*, tome second, p. III.

19) 주겸지, 『중국이 만든 유럽의 근대 - 근대 유럽의 중국문화 열풍』, 46쪽.

[…] 중세기 유럽 여행가들이 인도를 말할 때는 대부분 그 가운데 중국이 포함되어 있었다. 때문에 콜럼버스가 아메리카 대륙을 발견할 당시 그는 자신이 거란의 변방에 도착한 것으로 믿고 있었다. 중미 中美 부근에 도달했던 제4차 항해 때는 이미 거란을 발견한 것으로 여겼다. 이것은 콜럼버스의 항해 목적이 신대륙의 발견이 아니라, 구대륙 거란의 고국 古國 탐방이었음을 증명하는 것이 아닐 수 없다.[20]

한국이 이미 섬나라가 아닌 것을 알게 된 후에도 몇몇 작가들의 상상력은 한국을 이상적인 나라로 만들어 내는 것을 망설이지 않는다. "17세기까지도 세계 13대 문명 가운데 하나로 간주될 정도로 문명국"[21]으로 인식되었던 한국은 볼테르와 같은 작가에겐 중국과 마찬가지로 자신의 이상적인 지향점이 될 수 있는, 다가갈 수 없는 타자였다. 볼테르는 그의 희곡 『중국의 고아 *L'Orphelin de la Chine*』에서 한국을 칭기즈칸의 위협을 받는 송나라 왕조를 지원하러 올 구원자로 묘사한다.

사랑받던 왕가의 가여운 후손,
한국의 장군은 이 아이를
난폭한 정복자들의 손에서 지킬 수 있네.
그들이 두려워하는 이 불행한 아이,
한국의 장군이 우리의 왕을 구하리. (1막6장, 잠티)

---

20) 주겸지, 앞의 책, 45쪽.
21) 불레스텍스, 『착한 미개인 동양의 현자』(이향·김정연 역, 청년사, 2001), 48쪽.

볼테르는 여기서 칭기즈칸의 목소리를 빌려 한국을 “태양이 바다 한가운데서 태어나는, 너무 멀어 침략할 수 없는 나라”라고 언급한다. 태양이 태어나는 곳, 구원자가 오는 곳으로 묘사되는 한국은 결국 볼테르의 상상 세계에서 야생의 공간인 동시에 성스러운 공간으로 이상화된다.

> 바닷가의 한국으로 가자.
> 대양이 그 슬픈 세계를 두르고 있는 곳.
> 대지에는 불모지와 동굴이 있네.
> 이 아이를 그곳으로 데려가세.
> 성스러운 은신처에는 파괴의 손이 닿지 않았네.
> 적들로부터 멀리 떨어져 적들이 알지 못하는 곳.[22]

작가의 상상력은 은유적 이미지를 통해서 대상에 생기를 불어넣는다. “성스러운 은신처”에는 동굴이 있으며, 이 동굴의 존재는 은신처의 모태와 같은 안락함을 더 강화한다. “대양이 […] 두르고 있는”, 섬과 다를 바가 없는 장소인 셈이다.

18세기 계몽주의자들에게 유토피아는 자신들이 설정한 “가상적 타자의 세계”이다. 이 타자의 세계는 자신들이 살고 있는 세계를 비판할 때 매우 효과적으로 이용될 수 있었다.[23] 그들은 이런 세계에 사는 타자가 유럽 사회에 나타나 그 사회를 비판하는 방식을 자주 사용하였다. 당국의 검열을 피하고자

---

22) 1막2장, 이다메
23) 정해수, 「타민족을 바라보는 18세기 프랑스 지식인의 두 가지 경향 : l'autre 또는 le Bon sauvage」, 『‘타자의 시선 : 프랑스 문헌에 나타난 한국의 이미지’ 중간발표』 3쪽.

했던 이 방식에서 우리는 이 타자가 사실은 계몽적인 그들 자신이라는 것을 확인할 수 있다. 결국 그들이 희구하는 바가 타자 속에 투사되었던 것이다.

20세기에 이르러서도 한국에 작가 자신의 몽상이 투사되어 이미지화한 경우가 종종 나타난다. 아폴리네르는 그의 우화 『달의 왕 *Le Roi-Lune*』에서 한국을 "은둔의 왕국", "고요한 아침의 나라", "하얀 새벽"과 같은 비유로 그리고 있다. 달의 왕이 지구의 소리 여행을 할 때 한국에서 그 여행을 시작하는 것으로 설정함으로써 새벽의 이미지와 걸맞은 줄거리를 만들어 낸다.

> 은둔의 왕국! 오, 고요한 아침의 나라여! 새벽 여명이 대지 위로 동틀 무렵 벌써 사원의 기도 소리가 속삭임 되어 이 정교한 기계를 통해 들려오는구나.[24)]

구한말 뒤크로는 이미 한국의 풍물에서 이런 은둔과 빛의 이미지를 찾아내었다. "한양의 집들은 밀짚고깔 속에 얼굴을 감춘 행복한 농촌 아낙네"라는 비유는 바로 한국 전체에 대한 그의 인상을 효과적으로 살려내고 있다. 감추어진 행복은 섬의 이미지가 갖고 있는 감성과 동질적이라 말할 수 있다. 그런가 하면 그는 "빛의 자락이 지나가는 듯한 결혼식 행렬", 수백 개의 등불이 따르는 장례식 행렬, 경쾌하고 무사태평한 느낌을 주는 백색의 옷 등등, 한국의 일상생활과 풍속 곳곳에서 밝은 빛의 이미지들을 보았다.

섬, 이상적인 은신처, 성스러운 빛, 아침의 나라 등은 한국을 대신하는 은유적 이미지들이다. 대상에 관한 많지 않은 정보 속에서 대상을 명명하는

---

24) Apollinaire, *Le Poète assassiné*, p. 145. 소리의 여행이 끝날 때에도 한국이 나타난다. 여기서도 역시 새벽의 이미지가 한국과 결합한다. "창백한 빛으로 한국을 하얗게 밝혀 놓은 새벽을 알리며 수탉의 노랫소리 울려 온다."(*Ibid.*, p. 148)

언어들은 주체의 창조적 상상력에 의해 만들어진다. 설사 한국에 관하여 어느 정도의 지식이 있다 하더라도 대상과 이미지 사이의 상상적 간격을 메울 수 있는 정도는 아니기에, 그래서 사실 더 커다란 상상의 폭이 필요한 것이다. 따라서 대상이 이미지와 은유적 관계를 갖기 위해서는 앞의 작가들의 경우처럼 대상에 던지는 주체의 내밀한 시선, 즉 욕망하는 시선이 무엇보다도 앞서야 한다.

2) 대상과 이미지의 환유적 관계

한국과 점차 교류를 확대가면서 프랑스인들을 비롯한 서구인들은 한국에 대한 정보를 점차적으로 많이 얻게 된다. 그러나 이때 얻게 되는 많은 정보들은 사실 그들에게 생소한 것들이다. 이것에 이름을 붙이고 묘사하고 설명하면서 결국 주체의 해석이 이루어지는데, 이 와중에 주체는 대상을 이번엔 주체의 내밀한 욕망이 만들어 내는 이미지가 아니라, 주체가 자신과 대립되는 이질적인 세계로 규정한, 말하자면 타자화한 것들과 끊임없이 일치시키려는 경향을 보인다.

대상이 주체에 의해 타자화될 때 대상과 이미지의 관계는 '환유적'이다. 그것은 알지 못하는 대상을 속성 상 인접한 것들과 비교하면서 주체 자신이 분류한 질서 속에 재배치하는 데에서 대상의 이미지가 형성되기 때문이다. 이러한 재배치 작업은 결국 대상으로서는 주체의 아전인수 격 이데올로기적 해석으로 나타나며, 주체로서는 교훈적이고 우화적인 설정으로 보이는 경우가 대부분이다.

하멜 표류기가 출판되면서 프랑스인을 비롯한 서구인들에게 한국은 다른 식민지들과 다를 바 없는 야만의 나라로 받아들여졌다. 이 야만의 개념은 서구인들이 제국주의, 서구중심사상, 기독교중심사상이란 세계관 속에서 미지의 대상을 철저하게 '타자화'할 때 사용하는, 문명과 대치되는 개념이다. 이러한 세계관은 문명/야만이라는 도식적인 이분법 속에서 이미지들을 생산해 낸다. 즉 야만이란 문명의 광명에 의해 밝혀져야 할 어둠의 단계라는 교훈을 전제로 이미지가 형성된다. 이때 주체는 자신과 다른 세계를 야만이라고 일단 설정하며, 이렇게 타자화된 열등 세계 속에 분류된 것은 모두가 대동소이한 것이라고 인식한다.

하멜 표류기는 1668년 로테르담에서 초판본이 나온 후 이듬해 암스테르담에서 재판본인 사아그만 판이 출간되었다. 그런데 이때 글의 내용과 상관없는 판화가 책에 삽입되었다. 크게 성공한 이 재판본에 실린 판화에는 낙타, 코끼리, 화식조가 등장하며, '어린아이를 잡아먹는 악어' 이야기도 들어 있었다.[25] 이렇게 출판사에 의해 삽입된 야만의 상징들은 한국에 대한 구체적인 그림 이미지가 없는 상태에서 그 빈 공간을 채울 수 있는 이미지들이었다. 왜냐하면 서구인들에게 한국은 하멜의 다소 모순되고 양면적인 설명과는 상관없이 야만의 세계에 포함되어야만 하는 나라였고, 그런 인식 속에서 아프리카나 인도 혹은 동남아시아의 식민지에 사용되었던 이미지들을 한국의 풍경에 그대로 활용하여도 무방하다고 생각했기 때문이다.

서구인들에게 야만의 세계로 타자화되었던 식민지는 금과 은 등 보화가 풍성한 나라이면서 또한 벌거벗은 여인과 야생의 숲, 맹수들이 있는 나라였다. 서구인들의 상상체계를 구성하였던 이런 식민지의 이미지 군이 주체 바깥의

---

25) 불레스텍스, 앞의 책, 33쪽 및 하멜, 앞의 책, 137쪽 참조. 김태진의 이 번역본에서는 하멜 표류기의 여러 판본에 대한 설명을 읽을 수 있다. 로테르담의 초판은 동인도 회사의 보고용으로 제작된 것이다. 이 사아그만 판이 1670년 파리에서 출판된 번역본에 사용되었다.

야만의 세계로 동일하게 규정된 한국의 이미지 군으로 거의 그대로 옮겨 온 셈이다.

한국의 숲과 맹수에 대한 루브룩, 하멜, 베르비스트 신부, 샤를 달레 주교의 언급은 실제 이상으로 과장되어 있다.

> 어떤 선교사가 말하기를, 당신이 한국 땅의 어느 곳에 발을 디디든 산밖에 보이지 않을 것이라고 했다. 어느 곳에서든 당신은 마치 사방이 바위투성이인 언덕에 갇혀 버린 느낌에 사로잡힌다. 언덕들은 때로는 벌거벗은 모습, 때로는 야생 소나무들로 뒤덮인 모습, 때로는 덤불과 숲으로 덮여 있는 모습이다.[26]

한국의 땅을 밟은 최초의 프랑스 군인인 로즈 제독은 다음과 같이 이 '야만'의 나라를 군인다운 직설적인 말로 요약하였다.

> 한국은 거칠면서도 아름답고 풍요롭습니다.[27]

서구 유럽인들이 그들의 욕망과 세계관이 만나는 지점에서 그려 보던 식민지의 풍경화 소재들과 이미지들은 한국에 대한 묘사에서도 이렇듯 거의 유사하게 배치되고 윤색되어 나타났다.

한국의 여성에 대한 언급도 역시 다른 식민지의 경우와 마찬가지로 쉽사리 성 풍속과 연관되어, 풍속의 야만성이나 타락을 문책하는 시선 속에서 이루어진다.

---

26) Dallet, *op.cit.*, pp. II–III.
27) 불레스텍스, 앞의 책, 100쪽에서 재인용.

> 귀족들은 접대부들과 즐기기 위해, 혹은 다른 여자들을 데리고 가서 즐기려고 산중 사찰에 자주 드나든다. 그곳의 분위기는 대체로 감미롭고 쾌적한데, 풍경이 좋고 정원이 잘 꾸며져 있어서 사찰이라기보다는 유흥의 장소라 불러야 할 것 같다.[28)]

선교사들도 이런 관점을 자주 드러내는데 그 이유는 이교도 집단의 성에 대한 비윤리적 상황을 강조하기 위함이었을 것이다. 그들은 성에 대한 금욕적인 시각 아래에서 문화의 차이를 전혀 인정하지 않고 일방적으로 한국의 풍속을 다루었다.

> 그러나 이 나라에는 방탕한 여자들이 많고 젊은 남녀들은 지나치게 자유분방하다.[29)]

> 한국에서는 다른 아시아 국가에서처럼 풍속이 극도로 부패해 있고 그 당연한 결과로 여성들의 일상적 지위는 충격적일 정도로 경멸과 열등함의 대상이다. 여성은 남성의 동반자가 아닌 하녀며, 쾌락과 노동의 도구일 뿐이다.[30)]

---

28) 불레스텍스, 앞의 책, 38쪽에서 재인용. 김태진 번역의 『하멜일지 그리고 조선국에 관한 기술』에서는 조금 다른 번역을 읽을 수 있다. "양반들은 절이 산이나 숲 속에 있어 경치가 좋기 때문에 기생이나 다른 동료들을 데리고 종종 놀러 온다. 절은 이 나라에서 가장 좋은 건물로 여겨지지만 절이라기보다는 매춘굴이나 술집 같아 보인다."(하멜, 앞의 책, 95쪽) 여기서 "다른 여자"가 맞는지 "다른 동료"가 맞는지는 원문을 확인해 봐야 할 것이다.

29) 불레스텍스, 앞의 책, 59쪽 재인용. 프레보 신부의 서술.

30) 불레스텍스, 앞의 책, 110쪽 재인용. 달레 주교의 서술.

이렇듯 한국 여인을 서술할 때에는 그 당시 한국 사회를 보다 정확히 이해하려는 시도조차 하지 않은 채 야만국에 사는 여인의 생활과 처지로 한국 여인의 상황을 평가하였다. 한국에 좀 더 애정을 갖고 접근하였던 뒤크로는 이런 면에서 다소 차이를 보인다. 그는 "한양은 아주 감성적인 곳이라 대부분의 조선인들은 연애를 하는 중"[31]이라며 피상적이고 감상적이지만 훈육적이지는 않은 시선을 보내었다. 그 이전에 하멜의 기록 속에서는 한국 남성조차 '여성화'하는 경향도 볼 수 있다.

> 이들은 비교적 단순하고 남을 쉽게 믿는 편이어서 우리가 원하는 대로 무엇이든 믿게 만들 수 있을 것 같았다. 더욱이 외국인들, 특히 수도사들은 사랑을 많이 받기 때문에 더욱 쉬울 것이다. 한국 민족은 여성적이어서 단호함이나 용기를 발휘하는 경우가 별로 없다.[32]

여성을 남성보다 용기 면에서 열등하다고 보는 하멜의 관점은 남성/여성, 서양/동양, 문명/야만이란 이분법적 사유체계에서 비롯한 것이며, 이런 인식이라면 쉽사리 야만의 나라, 동양의 나라인 한국에 사는 사람들을 '남성'의 타자로 분류된 '여성'의 이미지에 겹쳐 놓을 수 있으리라 본다. 즉 하멜은 다소의 혼란을 겪기는 하지만 대체적으로 한국인들을 순진하고 연약한 야만

---

31) Ducrocq, *Pauvre et douce Corée*, p. 36.
32) 불레스텍스, 앞의 책, 39쪽 재인용. 여기서도 김태진의 번역본은 다른 번역을 한다. "또한 조선인은 성품이 착하고 매우 곧이 잘 듣는 사람들이다. 우리는 그들에게 우리가 원하는 것은 어떤 것이나 믿게 할 수 있었다. 그들 특히 승려들은 외국인에 대해 호감을 가지고 있다. 그들은 여자 같은 감수성을 지니고 있다."(하멜, 앞의 책, 103쪽) 외국인 수도사들인지 한국인 승려들인지 서로 거의 대치되는 번역이 이루어지고 있다. 역시 원문 확인이 필요하다.

인으로 보았던 것이다.

이런 여성화된 야만의 이미지는 이미 말했듯이 18세기 장 자크 루소가 제시한 '착한 야만인 Bon sauvage'이라는 표현 속에서 그 의미가 긍정적으로 전환되기도 한다. 이 '착한 야만인'은 '미개인 barbare'과는 달리 몽테뉴, 볼테르 외에 많은 계몽주의자들이 가졌던 비서구인에 대한 호의적인 우화적 이미지다. 볼테르나 루소는 그들의 저술 속에서 이 이미지를 "자연으로부터 온전하고 건강한 몸을 받고 바른 생각과 정직한 마음을 가지고 있는 자"라고 매우 긍정적인 해석을 하였다. 이 경우에도 야만과 문명이란 이분법이 이루어져 있지만 그 가치는 '착한' 야만과 '타락한' 문명으로 전도되어 있어, 당시의 도식적인 서구중심주의 세계관에서는 벗어나 있는 이미지라고 말할 수 있다.

이러한 전도는 하멜의 경우처럼 타자를 이질화하려는 태도와는 달리 타자를 자신의 이상적인 모델로 삼으면서 동질화하려는 태도에서 나온 것이다. "착한 야만인"의 이미지는 서구인들이 식민지 원주민들을 우호적으로 바라볼 때 지속적으로 등장한다. 한국의 경우는 예를 들면 구한말 전운이 감도는 국제관계 속에서 "고래 싸움에 새우등 터지는" 신세가 된 한국인들을 갈리 H. Galli는 "섬세하고 가난하지만 꿈꾸며 사는, 또한 어떤 사악한 일도 나쁜 행위도 하지 못할 민족"[33]이라고 묘사하고 있다. "착한 야만인"의 이미지는 유토피아나, 루브룩이 본 후광 어린 주교모를 쓴 사제와 마찬가지로 대상과 은유적 관계를 형성하고 있는 것이며 주체의 꿈이 투사된 것이다.

어쨌든 대상과 환유적 관계를 갖는 한국의 자연 풍경이나 여성에 대한

---

33) Galli, *La Guerre en Extrême-Orient*, p. 251.

이미지는 서구중심주의와 기독교중심주의라는 인식체계 아래 이루어진 야만과 문명이라는 이분법 속에서 야만의 세계 속에 재배치되어 형성되었다. 이러한 이미지화 작업은 이후에도 많은 문헌 속에서 찾아볼 수 있으며, 결국 상당히 오랫동안 한국의 이미지를 주도해 온 구조적 틀이라 할 수 있다.

3) 대상과 이미지의 제유적 관계

직접 한국에 입국하여 일정기간 체류하면서 한국과 정서적 교감을 갖게 되면, 대상과 이미지의 관계는 위의 '환유적' 관계에서 대상의 구체적인 사실과의 접촉으로 인해 점차 '제유적' 관계로 변환된다. 환유적 관계와 유사한 방식으로 대상은 주체에 의해 주체의 세계관 속에서 비교되고 해석되기는 하지만, 제유적 관계는 대상의 구체성 속에서 파악한 부분적인 사항에서 얻은 인상을 강조하면서 그것을 대상의 대표적인 이미지로 확대 해석하는 경향을 띤다.

제유적 관계는 주체가 대상의 실체를 파악하려는 시도가 시작되었음을 알려 주는 지표이기도 하다. 주체의 관심이 대상의 세부적인 사실들에 놓이고 그것들이 재해석되는 과정에서 대상의 구체적인 사실들이 갖는 다양성, 따라서 하나의 틀 속에 묶어 둘 수 없는 다양성은 주체가 행하는 재배치 작업과 해석의 일관성을 무너뜨릴 수밖에 없다. 대상과 이미지 사이의 관계가 제유적일 때는 이렇게 일관성을 잃는 경우가 빈번하게 발생한다.

이러한 혼란은 하멜의 경우에 잘 나타난다. 그에게 한국은 야만의 세계이면서 또한 그 나름의 제도를 갖춘 문명의 나라이기도 하다. 그의 표류기는 공포와 친절, 문맹과 학문의 세계가 뒤죽박죽되어 서술의 일관성을 상실하고 있다. 실제 삶을 통해 한국을 접하다 보니, 부분적인 진실이 하멜이 갖고 있던 전체적인 시각을 흔들어 놓은 것이다. 그래서 앞에서 언급하였던 한국인의 기질에 관한 서술의 경우처럼 때때로 하멜은 개인의 개별적인 체험에 의존하여 인지한 사실을 야만이란 '타자성' 속에 무리하게 편입시키다 보니 부분을 전체로 일반화하는 오류를 범하기도 하였던 것이다.

이런 식으로 제유적인 일반화에 의해 한국의 이미지를 만들어 낸 좋은 예로는 흰옷의 이미지를 들 수 있다. 우리 역시 우리 민족을 백의민족이라 부르지만 흰옷은 사실 한국의 부분적인 요소일 뿐이다. 어쨌든 흰옷은 한국을 방문한 거의 모든 서구인들에게 매우 깊은 인상을 심어 주었다.

뒤크로에게 한국인의 흰옷은 우선 어린아이와 같은 쾌활함과 순수성을 의미했다. "한국의 옷은 주로 흰색이다. 이 색은 어린아이와 같은 이 민족에게 가장 잘 어울린다."[34] 폴 클로델 역시 흰옷에 시선이 끌렸는데 그는 흰옷을 입은 한국인의 모습에서 "쓸쓸한 왜가리"[35]를 연상한다. 사실 이 쓸쓸함은 흰색에서 오는 감성이라기보다는 당시 조선의 상황을 연상하면서 생긴 감성이거나 혹은 클로델 자신의 감성이 투사된 것이리라. 로티는 흰옷을 입은 한국인의 모습에서 "유령"을 연상하고 주옹 데 롱그레 Jouon des Longrais는 흰옷을 상복이라 규정한다.

> 한국인은 의기소침해 있고, 순발력이 없고, 쾌활하지 않으며, 이제는 몰락해가고 있는데도 선조들의 사상을 좇고 있으며, 주인에 대해 수동적이고, 아무런 즐거움도 없이 힘든 노동을 체념하며 받아들인다. 뭐라 형언할 수 없는 무거운 짐의 무게에 눌려 있고, 무언가 항상 비탄에 젖어 있는 이들 남녀노소는

---

34) Ducrocq, *op.cit*, p. 21.
35) 불레스텍스, 앞의 책, 264쪽 재인용.

왜 항상 흰색 상복을 입고 있는 것일까? 과거 한국은 너무나도 긴 복상服喪 기간을 경험해 차라리 항상 상복을 입고 있는 것이 낫다고 판단했다는 것이 이 나라 사람들의 씁쓸한 논리이다.[36)]

흰옷은 결국 서술자의 의미부여 속에서 우리 민족의 속성을 대표하는 이미지로 부각된다. 이런 부정적인 흰옷 이미지에 대한 언급에서는 흰색의 순수함이나 성스러움의 의미가 전혀 고려되지 않고 있다. 아니 그보다는 서술 주체의 타자화 작업에 의해 흰색이 갖고 있는 보편적 의미를 제거하고 몰락과 죽음의 의미로 대체한 것이라 보는 편이 옳다.

구한말 한성주재총영사였던 샤이에-롱 베 Challié-Long Bey는 "햇빛 찬란한 날에 한양은 멀리서 보면 매혹적이고 아름다운 자태이나 가까이서 보면 더할 나위 없이 깊은 실망"[37)]을 안겨 준다고 서술했다. 이런 서술은 '야만'이라 규정한 세계에 대해 서구인들이 어떤 이중적인 태도를 보이는지 잘 드러내 주는 언급이다. 원시의 순수성을 되찾아 볼 수도 있는 야생의 세계 혹은 그들과 다른 문명의 세계는 당시 서구인들에겐 사실상 폐허나 초라함과 다를 바 없었고 또한 비문명에 지나지 않는 것이었다.

게다가 한국이 중국의 속국이라는 생각은 구한말 한국을 방문한 프랑스인들에게는 떨칠 수 없는 선입견이었다. 속국이란 개념이 서구에서 생각하는 의미와는 다르다는 것을 뒤늦게 알았지만[38)] 그래도 역시 한국은 그들이 갖고

36) *Ibid*, 190쪽. F. Jouon des Longrais, *Extrême-Asie(de Yokohama à Singapoure)* 참조.
37) Chaillé-Long-Bey, *La Corée ou Tchösen*, pp. 15-16.
38) 조선이 중국의 속국이란 생각은 조선에 대한 서구인들의 관심을 늦추어 놓았다. 이후 속국이란 개념에도 불구하고 조선이 실질적으로는 독립국가임을 인식하였을 때 비로소 서구 열강들은 조선의 개방을 촉구하고자 그들의 군함을 한반도에 보내기 시작하였다.

있던 중국의 이미지에 많이 감염될 수밖에 없었다. 중국의 왕조가 몰락하듯 한국 역시 몰락하는 세계였을 뿐이다. 이런 다분히 상상적인 맥락 속에서 피에르 로티는 서울을 마치 폐허나 다를 바 없는 중국의 어느 회색 도시와 같은 풍경으로 채색하였다. 로티가 본 서울은 "중국식의 괴물 장식띠가 있는 붉은색 대문"과 "낮고 게딱지만 하며 우스꽝스럽고 단조로운 회색인, 중국과 거의 비슷한 모양의 집들"이 늘어선 모습이었다.

중국과 유사한 한국의 이미지는 두 나라의 차이는 보지 못하고 인접성에 의한 일치를 고집하는 환유적 상상의 결과다. 로티에게 두 나라는 모두 오래되어 이젠 더 이상 버티지 못하고 몰락해 가는 문명이며, 더 나아가 한국은 중국보다도 더 오래된 문화를 유지하고 있는, 그래서 중국에서는 이미 사용하지 않은 지 "3세기나 된 모자"를 쓰고 다니는 사람들이 사는 폐쇄적인 나라로 비친다. 여기서 로티가 은연중에 독자에게 가르치는 우화적 교훈은 오래되면 소멸하리라는 것이다.

신성한 동방의 땅, 많은 발명품을 만들었던 과거의 우수한 문명, 그러나 이제는 무덤과 같은 폐허가 로티가 보는 한국의 이미지다. 그가 창경원을 묘사하는 데서 이러한 시선을 잘 읽을 수 있다.

> 마당, 부속건물, 정원, 공원들이 한없이 넓고 신성하고 금지된, 영원히 쓸모없게 되어 사라져 버린 이 지역을 점하고 있었다.[39]

이런 폐허의 이미지는 "오래전부터 미라 mirra가 된 왕과 함께"[40] 퇴락한

39) Loti, *La troisième jeunesse de madame Prune*, p. 110.
40) *Ibid.*, p. 115.

오랜 왕조의 어두운 그림자이기도 하지만 또한 로티가 보고 싶어 한 모습이기도 하다. 권태에 대한 이 민감한 감성은 프랑스의 세기말이 남긴 상흔일지도 모르기 때문이다. 왕이 베푼 연회에 참석하여 무희들의 춤을 보면서 로티가 느낀 것은 다분히 프랑스적인 감성이다.

> 똑같은 느낌과 동일한 몸짓의 계속적인 반복이다. 인생의 한없는 권태에 대한 체념을 표현하기라도 하듯, 신비로우리만큼 조용하며, 애처롭지 않으면서도 슬픈 것이었다.[41)]

구한말 이후 한국이 일본에 합병되자 프랑스가 갖고 있던 한국에 대한 관심은 점차 줄어들었다. 프랑스는 양차대전 및 국내 문제와 식민지 문제로 세계의 다른 곳에 시선을 둘 여유를 잃어버렸다. 이후 한국전쟁이 발발할 때에야 다시 세계의 이목이 한국에 집중되었으며 이로 인해 한국의 이미지는 이전에 만들어졌던 가난하고 폐허 같은 회색의 풍경으로 더욱 굳어지게 되었다.

흰옷의 순수와 죽음, 건축물에서 보이는 문명과 폐허, 공간이나 몸짓의 고요와 권태, 이렇듯 세부적인 사항들은 오류와 수정, 확신과 추정, 사실과 감정이입으로 진행되는 상상의 여정을 따라 상호 모순되는 이미지들의 충돌을 낳는다. 한국이라는 추상적인 개념이 아니라 한국의 옷, 집, 일상생활, 여성, 아이, 혹은 고유명사를 지닌 대상들을 만나면서 한국의 전체적인 이미지는 점차 구체성을 지니게 되고 또 복합적인 내포를 띠게 된다.

특별한 경우를 제외하고는 환유에서 제유로 이행하는 것은 대상에 대한

---

41) *Ibid.*, p. 114.

정보가 증가하면서 일어나는 변화이다. 말하자면 대상에 대한 정보의 양이 질적 변화를 낳는 것이다. 그러나 이러한 대상과 이미지의 관계들이 반드시 정보의 축적에 따라 은유, 환유, 제유의 순으로 배열되어 나타나는 것은 아니다. 이미 말했듯이 은유와 환유의 차이는 대상에 대한 정보의 양보다는 주체의 태도에 더 많이 연관되어 있기 때문이다. 다시 말하면 대상에 대한 정보가 많더라도 주체가 대상을 내밀한 욕망 혹은 시선으로 동질화하면 대상과 이미지는 은유적 관계에 가까워지고, 주체가 대상을 자신의 세계관 속에서 이질적인 것으로 간주하면 대상과 이미지는 환유적 관계에 가까워진다. 제유적 관계는 경우에 따라 은유적 관계에 다가갈 수도 환유적 관계에 가까워질 수도 있는 것 같다.

다음과 같이 주체, 대상, 이미지의 관계를 정리하면서 이 장을 마무리 지을 수 있겠다.

첫째, 이미지는 단지 대상에만 연관되어 있는 것이 아니라 이미지를 만들어 낸 주체와도 관련된다. 다시 말해 이미지에는 전체적인 윤곽이나 속성, 세부적인 사항 등과 같은 대상의 일부분이 결합되어 있지만, 그 이상으로 주체의 욕망과 세계관 등이 작용하여 이루어진 해석이 결부되어 있다.

둘째, 주체와 대상의 직접적인 접촉이 상승하면 그만큼 대상과 이미지의 상상적 거리는 좁혀지며 대상과 이미지의 관계는 은유적 관계에서 환유적 관계로, 그리고 환유적 관계에서 제유적 관계로 나아간다.

셋째, 그러나 주체와 대상의 직접적인 접촉이 어느 정도 있더라도 주체의 태도가 대상과 이미지의 관계를 형성하는 데에 더 크게 작용한다. 은유적 관계는 대상과 연관성이 희박한 상태에서 주체가 이상화한 대상 이미지를 창출하고, 환유적 관계는 주체가 자신의 세계관에 맞춰 대상을 '타자화'하면서 이미지를 재배치하며, 제유적 관계는 대상의 세부적인 항목을 주체의 주도 아래 일반화하면서 대상 이미지로 만든다. 그러나 제유적 관계에 놓이면 대상의 사실성이 끊임없이 이미지의 일반화를 간섭하면서 주체의 세계가 갖는 일관성을 깨뜨린다.

결론적으로 섬, 새벽, 야생적 풍경, 여성, 흰옷, 폐허 등등과 결부된 한국의 이미지에는 우리만이 아니라 우리를 바라보는 시선의 주체도 관련되어 있다. 더군다나 초기에 형성된 한국의 이미지는 시선의 주체가 이미지 형성에 더 많은 몫을 차지하고 있다. 즉 한국인인 우리를 보는 프랑스인들의 시선 속에 담긴 것은 우리만이 아니라 프랑스인들 자신이기도 한 것이다.

한국과 관련된 프랑스 문헌의 연구는 많은 유익한 결실을 거둘 수 있는 영역이다. 국학 연구의 자료로서만이 아니라 프랑스의 태도나 입장을 좀 더 객관적으로 분석할 수 있는 자료로서도 한국에 대한 프랑스 문헌은 가치가 있다. 이 자료들은 크로스 체크를 할 수 있는 표본이며 이런 상호교차적인 연구는 우리에게 더 진정한 학문의 방법으로 나아갈 수도 있는 비교학의 기본이 될 수 있을 것이라 생각한다.

더 나아가 한국과 관련된 프랑스 문헌은 인간의 인식론에 관한 연구 자료로도 매우 적당한 것이라 생각한다. 그것은 거의 알지 못하던 대상을 우리가 어떻게 인식하고 이해의 범주 속으로 편입시키는지 확인할 수 있는 좋은 자료이기 때문이다.

지금까지 해 온 전체적인 조망은 주제에 따라 사항들을 열거하는 방식이 아니라 인식론적 관점에 따라 사항들을 분류 · 제시하는 방법을 취하고 있다. 이 방법론은 아직 실험적이어서 세밀한 자료 검토와 영역별 연구에 의해 보완

되고 수정되어야 한다. 허술하게 비어 있는 부분을 채워 넣고 구체적인 영역에 대한 연구가 지속되어야 하나의 이론은 비로소 겨누고 있는 목표에 다다를 수 있을 것이다.

따라서 앞으로는 문헌 내용에 대한 영역별 연구가 필요하다. 특히 프랑스인들이 본 한국의 일상생활과 문화에 대한 기록은 역사적 가치만이 아니라 인류학적 가치도 지닌 자료들이다. 구한말 한국을 방문한 프랑스인들의 기록은 당시 문화협력관계에서 어느 정도의 성과를 기대하던 프랑스 정부의 입장에 맞추어 특히 한국의 문화 및 종교 활동에 많은 관심을 드러내고 있다. 그리고 이런 경향은 지금까지 지속성을 잃지 않고 있다고 말할 수 있다. 그래서 프랑스 문헌에 나타나는 의식주에 대한 언급, 당시 계급사회의 풍속과 여성에 대한 평가, 풍수나 샤머니즘의 여러 양상에 대한 설명은 모두 흥미로운 연구 영역이며 유용한 연구 결과가 예상되는 부분이기도 하다.

제2장

구한말에 나타난 한국 관련 프랑스 문헌과 오리엔탈리즘

프랑스는 유럽의 어느 나라보다 한국에 대해서 수적으로도 가장 많고 내용면에서도 가장 다양한 문헌을 보유하고 있는 것으로 알려져 있다.[1] 프랑스인이 한국인에 대해 기록한 문헌은 13세기에 처음으로 나타났는데,[2] 이러한 문헌들은 19세기에 이르러 포교활동을 위한 프랑스 선교사의 입국[3]과 병인양요(1866), 한불통상우호조약(1886) 등 한불 간의 직접적인 교류를 거치면서 급속하게 늘어나기 시작했다.

---

1) 프레데릭 불레스텍스 / 이향·김정연 옮김, 『착한 미개인 동양의 현자』, 서울, 청년사, 2001, p. 14.

2) 같은 책, p. 26. 기욤 드 루브룩은 한국인과의 만남을 최초로 전한 프랑스인이었다. 그는 라틴어로 기록한 『몽골제국여행기』(1254)에서 한국을 두 번 언급한다. 이 문헌이 나타난 1254년은 몽골의 4차 고려침입이 있던 해였고, 당시 고려인 포로의 수는 20만에 이르렀다. 이때 드 루브룩도 이 포로들을 비롯한 몇몇 왕손과 외교사절을 만난 것이다. 이 문헌은 1623년에 프랑스어로 번역되었다.

3) 1836년에 파리 외방선교회의 모방 신부가 최초로 조선 땅을 밟았고, 이듬해 앵베르, 샤스탕 신부가 숨어 들어왔다.

19세기에 프랑스에서 조선에 대한 문헌이 갑자기 증가한 것은 동양을 텍스트화하려는 오리엔탈리즘의 가장 주된 특성이 드러난 것이라 볼 수 있다.[4] "동양을 지배하고 재구성하며 위압하기 위한 서양의 스타일"[5]이라는 오리엔탈리즘의 정의에 따라 유럽인은 그들의 지배 대상인 동양의 역사와 지리에 대한 정보를 수집했고, 그들의 이익을 위하여 동양을 텍스트 속에서 재구성하기 시작했던 것이다. 그 결과 방대한 양의 동양 관계 문헌이 존재하게 되었으며, 이것이 불러온 동양 르네상스[6]는 과거에 그리스가 조각이나 도자기와 같은 조형적인 공예품을 통해 르네상스에 흔적을 남긴 것과는 다른 양상으로 전개되었다.[7] 동양 르네상스는 책이나 사본을 통하여 전달되었기 때문이다.

19세기 오리엔탈리즘의 가장 중요한 존재 양식인 '동양의 텍스트화'는 프랑스에서도 분명히 나타났다. 1770년대와 80년대를 대략 그 출발점으로 잡을 수 있는 오리엔탈리즘의 흐름에 비추어 볼 때, 영국과 대등한 관계를 유지하던 프랑스가 제국주의의 주역답게 동양과 동양 연구에서 선구적 역할을 수행하였기 때문이다. 프랑스는 중국, 일본을 중심으로 시작한 동양연구를 통해 조선의 지정학적 위치가 내포하고 있는 중요성을 제국주의적 관점에서 파악할 수 있었던 것이다. 프랑스가 선교사, 민속학자, 탐험가, 외교관, 문헌학자들을 조선에 파견하여 조선의 역사와 지리에 대한 정보를 수집하고, 이를 바탕으로 조선에 대한 프랑스 문헌들을 생산하기 시작한 것도 이와 같은 동양 연구 및 텍스트화라는 맥락 속에서였다.

---

4) 텍스트란 문헌, 작품, 원전, 원본 등으로 번역될 수 있으나 사이드는 그것을 모두 포괄하는 뜻으로 사용하고 있다.(에드워드 사이드 / 박홍규 옮김, 『오리엔탈리즘』, 서울, 교보문고, 1978, p. 20에서 재인용)

5) 같은 책, p. 18.

6) 같은 책, pp. 86-87.

7) 같은 책, p. 104.

따라서 이 장에서는 19세기, 특히 제국주의와 관련하여 서양 열강의 각축전이 벌어졌던 시기인 구한말[8]에 조선에 대해 기술하고 있는 프랑스 문헌을 정리해 보고, 그 속에 나타난 조선의 모습을 오리엔탈리즘과의 관계 속에서 살펴보고자 한다. 이것은 문헌 속에 나타난 조선에 대한 서술의 진실 여부를 밝히는 것이 아니라 그 서술이 바탕을 두고 있는 이데올로기적이고 정치적인 외면성을 파악하는 일이 될 것이다.

1. 조선에 관한 문헌의 분류

프랑스가 조선에 대해 서술한 문헌은 크게 학술 서적, 가톨릭 관련 서적, 여행기 등으로 분류해 볼 수 있다. 이러한 문헌들은 오리엔탈리즘의 두 가지 경향, 즉 동양에 대한 지정학적인 지식을 '배분'하고 '완성'[9]하려는 데서 생겨난 결과이다. 프랑스인들은 이들 문헌 속에서 조선에 대한 관심을 미학적·학문적·경제적·사회학적·역사적·문헌학적인 주제로 배분하고 이를 주도면밀하게 완성시키고 있다.

1) 학술 서적

학술 서적은 오리엔탈리즘이 무엇보다도 학술 연구의 한 분야로 시작되었다는 점에서[10] 오리엔탈리즘을 가장 잘 반영하는 문헌이라고 할 수 있다. 오리엔탈리즘을 추구하는 오리엔탈리스트들은 그들의 전문지식을 체계적·과학

---

8) 구한말을 정하는 관점은 여러 가지가 있겠으나 프랑스와 조선과의 관계를 살펴보는 이 장에서는 프랑스 신부가 처음으로 조선 땅을 밟았던 1836년을 기점으로 정하기로 한다.
9) 같은 책, p. 36.
10) 같은 책, p. 99.

적으로 정리한 이 문헌들 속에 그들과 다른 세계를 일목요연하게 정리하였다. 여기에는 동양을 정복하려는 생각만이 아니라 경우에 따라서는 동양을 지배하고 조종하고 통합하고자 하는 일정한 '의지'나 '목적의식'까지도 표현되어 있다. 이렇게 해서 프랑스인들은 조선에 대하여 수집한 모든 지식을 크게 서지학, 역사·지리학, 언어학과 같은 학문 분야에서 세분화시키고 완성하고자 했다.

(1) 서지학

(1894-1901) Maurice Courant, *Bibliographie Coréenne tableau littéraire de la Corée contenant la nomenclature des ouvrages publiés dans ce pays jusqu'à 1890 ainsi que la description et l'analyse détaillée des principaux d'entre ces ouvrages*, éditeur inconnu[11)]

(1901) Maurice Courant, *Supplement à la bibliographie coréenne jusqu'en 1899*, Paris, Ernest Leroux

(1900-1912) Maurice Courant, *Catalogue des livres chinois, coréens, japonais, etc,* v.1-4, Angers, Burdin

모리스 쿠랑이 1894년부터 1901년에 걸쳐 완성한 전 4권의 『조선서지』는

---

11) 여기에 인용한 문헌들은 프랑스 국립도서관과 콜레주 드 프랑스 Collège de France의 극동 아시아 전문도서관, 한국교육학술정보원 Keris에서 제공하는 '학술연구정보서비스'(www.riss4u.net)를 이용하여 수집한 것이다. 또한 이 주제와 관련된 프랑스 학위논문의 번역본(프레데릭 불레스텍스 / 이향·김정연 옮김, 『착한 미개인 동양의 현자』, 서울, 청년사, 2001)을 참고하였다.

총 3,821권의 조선 책을 망라하여 분류 · 설명한 것으로 오늘날 한국 문헌정보학의 발달에 많은 영향을 미쳤다. 뿐만 아니라 이 문헌은 문화국가로서의 조선의 이미지를 프랑스에 알리는 계기가 되기도 했다.[12] 따라서, 이처럼 문헌들을 분류 · 정리한 서지학은 얼핏 보아 오리엔탈리즘이 추구하는 정치적 의도와는 무관해 보인다. 그러나 프랑스가 모리스 쿠랑[13]을 당시 주한 프랑스 대리공사였던 콜랭 드 플랑시[14]의 통역 담당으로 조선에 파견하였다는 것과, 쿠랑이 조선에 대해 가진 첫 이미지가 전혀 만족스럽지 못했다는 사실과[15] 조선의 문헌을 수집한 것도 플랑시의 제안이었다는 사실 등으로 미루어, 이 문헌이 처음부터 조선의 문화적 우수성을 알리기 위해 만들어진 것으로는 보이지 않는다. 다시 말해, 이 문헌은 조선을 위해서라기보다는 프랑스를 위해 조선의 가치 있는 것들을 수집하는 과정에서 저술되었다는 점에서 오리엔탈리즘과 간접적인 관계를 가진다고 말할 수 있다.

12) 이 문헌은 앙리 코르디에의 『중국서지』(*Bibliotheca Sinica*, 4, v., Paris, 1904-8, Supplement 922-24) 및 오스카 나호스트의 『일본서지』(*Bibliographie von Japan*, 2 Bde, Leipzig, 1929)와 더불어 서양인의 동양서지학상 하나의 금자탑을 이루는 불후의 노작으로 알려져 있다. 『조선서지』가 출판되자 아카데미 프랑세즈는 저자 쿠랑에게 스타니스라 쥘리앵 상을 수여하였다.(모리스 쿠랑 / 정기수 옮김, 『朝鮮書誌學序論』, 서울, 탐구당, 1989, p. 6)

13) 1795년 3월 30일 법령으로 설립된 국립 동양어학교는 유럽에서의 동양어 교육의 본산이라 할 수 있다. 모리스 쿠랑은 이 학교에서 중국어를 공부하였다.

14) 그는 1886년 한불통상우호조약이 체결된 후 초대 프랑스 대리공사에 임명되어 1888년부터 1891년까지 서울에 체류하였다.

15) 1892년 1월 21일 모리스 쿠랑이 콜랭에게 보낸 편지에 "첫 석 달은 지내기가 힘들었습니다. 당시 내가 느끼기에 조선은 내게 만족스럽지 않았으며, 나는 이곳을 떠나고 싶었습니다."라는 말이 나온다. Daniel Bouchez, «un défricheur méconnu des études extrême-Orientales : Maurice Courant(1865-1935)», *Revue de Corée*, v. 20, No.1, Printemps, 1988, p. 64에서 재인용.

(2) 역사·지리학

(1859) Léon de Rosny, *La presqu'île de Corée et son avenir*, journal des économistes

(1864) Léon de Rosny, *Etudes Asiatiques de Géographie et d'Histoire*, Paris, Challamel ainé

(1867) Henri Jouan, *Aperçu sur l'histoire naturelle de la Corée*, éditeur inconnu[16)]

(1868) Léon de Rosny, *Sur la Géographie et d'histoire de la Corée*, Nancy, Imprimerie Orientale de Ve Raybois

(1882) Maurice Jamtel, *La Corée, ses ressources, son avenir commercial*, éditeur inconnu

(1884) G. Baudens, *La Corée: Géographie organisation sociale-Mœurs et coutumes ponts ouverts au commerce japonais les traités*, Paris, Berger-Levrault

역사와 지리는 식민지 확장이라는 오리엔탈리즘의 목표에 가장 잘 부합하는 분야였다. 이것은 프랑스인들이 조선에 대해 기술한 역사·지리서의 경우도 마찬가지였다. 가령, 동양어학교의 일본어 교수이자 오늘날 프랑스 한국학의 토대를 쌓은 레옹 드 로니는 직접 조선을 방문한 적이 없으면서도 중국연감 등 매우 학술적인 자료들을 토대로 19세기 한국의 역사, 지리에 대한 연구물을 정기적으로 발표하였다. 보덴스 역시 한국을 직접 체험하지 않고도 그리피

16) 인용한 문헌들이 고문헌들이므로 출판지, 출판사, 출판연도를 정확히 알 수 없는 것이 있다.

스의 저서[17]를 참고하여 조선의 역사와 지리를 세분하고, 인구를 조사하며, 토질을 이야기하고 있다. 이들이 프랑스의 이익과 관련하여 조선을 서술할 때는 스스로를 동양의 역사와 시간을 마음먹은 대로 지배하는 유럽인이라고 여기는 태도를 분명히 엿볼 수 있다.

(3) 언어학

(1861) Léon de Rosny, *Vocabulaire chinois-Coréen-aïno expliqué en France, Revue Orientale et Américaine*

(1864) Léon de Rosny, *Aperçu de la langue coéenne, Journal Asiatique*

(1880) Félix-Clair Ridel, *Dictionnaire Coréen-Français*, éditeur inconnu

(1881) Félix-Clair Ridel, *Grammaire coréenne*, Yockohama, éditeur inconnu

(1889) M. C. Imbault-Haurt, *Manuel de la langue coréenne parlée à l'usage des Français*, éditeur inconnu

(1901) Charles Aleveque, *Petit dictionnaire français-coréen*, Seoul, Seoul Press

19세기에 조선에 대해 기술한 문헌 가운데는 한국어 자체에 대한 연구도 적지 않다. 당시 유럽은 새롭게 발견한 동양의 언어가 지닌 중요성을 인식하면

17) William Elliot Griffis, *Corea : the hermit nation*, London, Allen, 1882.

서 새로운 과학적 자의식을 형성해 나가고 있었다. 이런 바탕 위에서 생겨난 비교언어학은 언어와 인종이 연결된 것으로 생각하는 그들의 인종차별주의를 확인해 주는 수단이 되기도 하였다.[18] 한편, 한국어에 대한 연구는 프랑스 선교사들이 조선에 가톨릭 전교를 위해 어쩔 수 없이 거쳐야 하는 것이었으며, 한글 문법책이 프랑스 선교사들에 의해 많이 쓰인 것도 이러한 이유에서라고 볼 수 있다.

2) 가톨릭 관련 서적

학술 서적이 오리엔탈리즘의 학문적 발전과 관계가 있다면, 가톨릭 선교사들이 그들의 전교 대상 국가를 관찰하고 기록한 결과로 나타난 가톨릭 관련 서적들도 오리엔탈리즘을 촉진시키는 데 상당한 몫을 담당했다. 선교사들이 전교를 위해 기록한 대상 국가의 인종·지리 등 세부 특성들은 그 국가를 정치·경제·문화적으로 정복하고자 할 때 유용한 정보가 되었기 때문이다. 모방이 가톨릭 전교를 위해 1836년에 조선에 들어온 이후 30년 동안 총 14명의 프랑스 신부들이 조선을 방문했는데, 이들은 자신들이 목격한 조선의 실상을 선교보고서나 일기, 서한집 등의 기록으로 남기기 시작했다. 이후 조선이 프랑스 선교사들을 처형함으로써 촉발된 병인양요는 종교적 관점에서 조선에 대한 프랑스인들의 관심을 더욱 자극하였고, 가톨릭 관련 문헌 속에 조선에 대한 기록이 더 직접적으로 나타나게 만드는 중요한 계기가 되었다.

---

18) 『오리엔탈리즘』, pp. 186-187.

(1874) Charles Dallet, *Histoire de l'église de Corée 1, 2,* Paris, Librairie Victoir Palme

(1878) L'abbé C. Lenfant, *Récits et souvenirs*, Paris, René Haton, Libraire-Éditeur

(1890) Diacenti Abbé, Mgr. *Ridel : Vicaire apostolique de Corée*, Librairie Générale

(1890) Adrien Launay, *La Corée et les missionaires jusqu'à 1899*, Maison Alfred Mame

(1894) Adrien Launay, *Histoire générale de la société des missions étrangères(1658-1892)*, Paris, Tequi, Libraire Editeur

(1895) Fouer E. *La Corée : martyrs et missionnaires*, Librairie E. Le Chevalier

(1895) Adrien Launay, *Monseigneur Verrolles et la mission de Mandchourie*, Paris, Tequi, Libraire Editeur

(1890-1932) Gustave Charles Marie Mutel, *Journal de Mgr. Mutel*, éditeur inconnu

(1908) Bretenieres, *Martyre en Corée(1838-1866)*, Paris, Contemporains

프랑스와 조선의 관계가 시작된 것도 가톨릭 전교에서부터였고, 19세기 말 러시아, 일본 등이 조선에 대한 그들의 정치·경제적 이권을 얻기 위해 각축을 벌일 때에도 가톨릭 전교 분야에서만큼은 프랑스가 다른 열강들에게 양보하지 않았다는 점을 고려할 때 이 문헌들은 조선을 바라보는 프랑스의 시각을 살필 수 있는 가장 기본적인 자료라고 할 수 있다.

3) 여행기

학술 서적과 가톨릭 선교사들의 기록을 통해 폐쇄되었던 조선의 모습이 조금씩 알려지자 이국적인 것, 미지의 땅에 대한 호기심에 자극을 받은 프랑스 소설가, 탐험가, 여행자들이 조선을 여행하기 시작했다. 그리고 이들 역시 조선에서 겪은 개인적인 체험들을 여행기나 견문기 속에서 표현하기 시작했다. 이러한 여행기는 저자들이 객관적 사실들을 개인의 감수성 속에서 자유롭게 반영한다는 점에서 학술서적과는 다른 예술 장르로서의 특성을 지니고 있다.

(1847) André Kimai Kim, *Voyage à la Mandchourie et en Corée*, éditeur inconnu

(1885) Maurice Jamtel, *La Corée avant les traités : souvenirs de voyages*, éditeur inconnu

(1892) Charles Varat, Tour du Monde[19]

(1901) Louis Marin, *Voyage de 1901 en Russie-Sibérie-Mongolie-Mandchourie-Chine-Corée*[20]

(1902) Jean Jacques Matignon, *Au pays du calme matinal, L'Orient lointain, Chine, Corée, Mongolie, Japon, impression et souvenir de séjour et de tourisme*, Paris, Stock

(1904) Georges Ducrocq, *Pauvre et douce Corée*, Paris, H. Chamion

(1904) A. Hagen, *Un voyage en Corée*, Paris, Tour du monde

---

19) *Tour du monde*에 실렸을 당시의 제목은 알 수 없다.

20) 이 책의 원고는 1901년에 씌었으나 출판된 해는 1975년이다.

(1904) Jean de Pange, *En Corée*, Paris, Ernest Leroux Editeur

(1904) Emile Bourdaret, *En Corée*, éditeur inconnu

(1905) Jean de Nettancourt-Vaubecourt, *Zigzag de Singapour à Moscou : note de route*, Paris, Plon-Nourrit

(1905) Pierre Loti, *La troisième jeunesse de Madame Prune*, Paris, Calmann-Lévy

(1910) Claire Vautier, Hippolyte Frandin, *En Corée*, Paris, Librairie Ch. Delagrave

그러나 저자들의 상상력이 허용되는 여행기는 오리엔탈리즘의 시각 속에서 학술 서적이나 가톨릭 관련 서적이 만들어 놓은 조선에 대한 편견을 수정하기보다는, 오히려 오리엔탈리스트들이 설정한 조선 내부의 여러 가지 지리적·시간적·인종적 지역 구분을 강화시키기도 했다. 이는 자유로운 감수성을 가진 여행가들조차 오리엔탈리즘이 전제로 하는 유럽중심주의에서 완전히 자유롭지 못했음을 의미한다. 뿐만 아니라 이들이 기록한 여행기는 종종 동양을 지배하고자 하는 모든 유럽인들에게 그들이 동양을 직접 여행할 때 느낄지 모르는 충격을 약화시켜 주는 안내서로 사용됨으로써 일반인들이 동양에 대해 가진 선입견을 더 견고하게 할 가능성까지도 지니고 있었다.[21] 이로 인해 여행기는 "서양인들의 동양에 대한 잘못된 표상을 가장 잘 보여 주는 전형적인 텍스트로 인정"[22]되기도 한다.

---

21) 같은 책, p. 177.

22) 박지향, 「여행기에 나타난 식민주의 담론의 남성성과 여성성」, 『영국연구4』, p. 145.(경기도 박물관, 『먼나라 꼬레(Corée)』, 경기도, 경인문화사, 2003, p. 216에서 재인용)

구한말 프랑스에 등장한 조선 관련 학술 서적, 가톨릭 관련 서적, 여행기들은 바로 그들의 동양 진출 계획 projet과 따로 떼어 생각할 수 없다. 이 문헌들은 서로를 보충하면서 지적권력을 형성하고, 정복자의 힘을 축적하여 제국주의를 확장하는 데 기여하게 되었다. 따라서 오리엔탈리즘을 출발점으로 하여 나타난 프랑스의 조선에 대한 문헌화, 텍스트화는 오리엔탈리즘을 이루어가는 과정 및 결과의 산물로 이어졌다고 할 수 있다.

2. 문헌에 나타난 조선

문헌 속에 나타난 조선은 당시 유럽이 동양을 바라보는 두 가지 시각에 영향을 받은 것처럼 보인다. 먼저, 오리엔탈리즘의 사고에 익숙한 유럽인은 그들 자신을 주체로, 동양은 그들에 의해 규정되는 객체로 보았다. 이 객체는 종종 자기 자신과의 관계에서 비자율적이며, 타인에 의해 정의되고 기능하는 존재로 여겨진다. 그뿐 아니라 보통 이 객체는 역사에 수동적이고 비참여적으로 반응하는 것으로 알려져 있다. 둘째, 서양은 동양을 본질론적 개념에 근거를 둔 특정한 유형 속에서 표현하고 있다. 유럽인들은 동양에 사는 인간을 하나의 '인간'이기 이전에 '동양인', '회교도', '아랍', '셈 족', '중국인', '일본인'이라는 유형과 범주로 환원시켰다. 이들은 동양에 대해 관찰 가능한 모든 세부적 사실들로부터 동양적인 성질, 기질, 심성, 습관 또는 유형에 관한 불변의 법칙을 만들어 낸 것이다.[23] 프랑스인들이 조선을 문헌 속에 나타낼 때도 '객체화'와 '유형화'에 영향을 받았는데, 이 사실은 프랑스인들이 그들의 문헌

23) 『오리엔탈리즘』, p. 164.

에서 조선을 종교적 교화와 정치적 피지배의 대상으로 객체화시키고, '동양적'이라고 여겨지는 범주 속에서 유형화시키는 데서 잘 나타난다.

1) 가톨릭 전교 대상으로서의 조선

프랑스인들이 조선을 종교적인 교화의 대상으로 본 것은 문명이 앞서 있는 서양이 미개한 동양을 구제한다는 미명하에 동양의 어떤 지역을 현재의 야만상태에서 구출하려는 오리엔탈리즘의 기본적인 생각을 보여주는 것이다.[24] 그들은 이러한 문명화 작업에서 종교가 본질적인 부분을 차지한다고 확신한다.

> 현재 유럽 세계는 여러 세기 동안 닫혀 있었거나 알려지지 않았던 나라들을 점령해 나가고 있다. 군인, 실업가, 상인, 탐험가들은 도처에서 문명화작업을 할 것이다. 그러나 어떤 문명화라도 만약 예수 그리스도가 그 작업의 영감의 근원이 되지 않는다면 미개함으로 인해 여전히 화를 당할 것이다. 모든 진보는 만약 그 속에 기독교 사상이 배어 있지 않다면 불완전하며, 모든 식민지화는 만약 그것이 종교적인 개념에 담긴 힘과 영향력을 고려하지 않는다면 힘이 없다는 비난을 받아 마땅하다.[25]

따라서 그들은 그때까지 "외국인이 뚫고 들어갈 수 없는 나라"[26]라고 알고 있었던 극동에 위치한 조선을 그들이 구제해야 할 대상으로 보았다. 게다가

---

24) 같은 책, p. 164.

25) Adrien Launay, *Monseigneur Verrolles et la mission de Mandchourie*, Paris, Tequi, Librarire Editeur, préface, III.

26) 샤를 달레 / 안응렬 · 최석우 옮김, 『한국천주교회사』, 서울, 한국교회사연구소, 2000, p. 19.

가톨릭 없는 문명화는 불완전한 것이라고 생각하는 그들이 조선에 가톨릭을 전파하려는 것은 당연하다고 할 수 있다. 이러한 그들의 눈에 조선은 우상숭배자로 가득 찬 나라로 보였다.

> 나는 이 책의 문체나 배열 따위에 많은 잘못이 있음을 모르지 않는다. 선교사가 일평생 우상숭배자들에게 교리를 가르치면서 모국어를 다소간 잊지 않는다는 것은 불가능한 일이다. 그러니 독자는 이런 경우에 어쩔 수 없이 저지른 오류를 너무 심하게 책망하지 말아주기 바란다.[27]

샤를 달레는 1,000페이지에 달하는 『한국천주교회사』의 서문에서 조선인들을 명백한 "우상숭배자"로 규정하고 있다. 그때까지 서양 종교와 문물에 대해 폐쇄적이었던 조선은 미개한 나라이며, 진리를 모르는 채 편협한 정신 속에 갇혀 있는 나라이다. 또한 이 저서에 내린 하서賀序에서 교황은 "조선을 죽음의 그늘에 앉아 있는 나라"[28] 중 하나로 표현하고 있는데, 이는 이후 유럽인이 조선에 대해 가지게 될 이미지에도 큰 영향력을 행사하였을 것으로 짐작된다. 이 글이 씌었던 1874년에만 해도 조선의 존재는 프랑스에 거의 알려져 있지 않았기 때문이다. 실제로 이후에 출판된 많은 문헌에서 조선은 우상숭배자의 나라로 묘사되고 있다.

> 아마 당연한 일이겠지만 한국인은 악귀에게만 소원을 빈다. 무엇 때문에 한국인들이 완전한 선의 구현체具現體인 절대자絶對者에게 복을 빌겠는가?

---

27) 같은 책, p. 18.
28) 같은 책, p. 20.

이 절대자께서는 오직 행복만을 내려 주며 사람들은 그에게 감사하면서 복을 받게 마련이다. 그러나 그에게 아무것도 요구하지는 않는다. 절대자께서는 자신이 해야 할 일을 잘 알고 있다. 한국 사람들은 악을 두려워하지만 그 악을 가라앉히기 위해 악귀에게 탄원을 드린다. 만약 악귀가 자신의 요청을 들어주지 않으면 그것을 제압하고 쫓아내고 제거해야 하는데, 바로 그것이 승려와 무당의 임무인 것이다. […] 그건 매우 우스꽝스런 광경이었다. […] 그러나 그때마다 이러한 미신적인 행위로부터 어떤 의지나, 혹은 비술을 전수하는 사람들이 일컫는 일종의 영적인 힘이 발산되는 것 같은 느낌을 받곤 했다. […] 그러나 그러한 매혹도, 무당이 나에게 부채를 내밀고 그 위에 내가 한국에서 쓰는 구리돈인 엽전 몇 줌을 놓았을 때 다 깨어져 버리고 말았다. […] 돈이 오가는 이러한 식의 씁쓸한 결말은 그 뒤로도 계속되었다.[29]

외교관으로 조선에 체류했던 이폴리트 프랑댕에게는 미신을 숭배하는 조선인들의 모습이 우스꽝스럽고 경망스러워 보였다. 이 밖에도 프랑댕은 그가 관찰한 조선 사람들의 체질적 특징, 마을 풍경, 신앙, 의식주 생활, 가족제도와 신분제도, 관혼상제, 여성생활, 예술 등 조선의 모든 것에 대해 서양의 전유물인 것처럼 생각하는 분별력을 앞세워 판단하고 있다. 그는 자신이 보기에 여전히 전통의 폐습과 제도, 무지, 무기력 상태에 머물러 있는 조선을 우스꽝스럽고도 이해할 수 없는 존재로 바꾸어 놓고 있는 것이다. 그러나 이러한 이미지는 프랑댕이 조선을 종합적이고 세밀하게 관찰하여 도출한 것이 아니

---

29) 클라르 보티에·이폴리트 프랑댕 / 김상희·김성언 옮김, 『프랑스 외교관이 본 개화기 조선』, 서울, 태학사, 2002, pp. 36-38. 프랑댕은 1892년 4월 조선 주재 제2대 프랑스 영사 및 전권공사였으며 1894년 2월에 프랑스로 돌아갔다.

라 일회적인 감상과 간접적인 자료들을 바탕으로 서술한 것이었다. 즉 이 이미지들은 19세기 서양의 탐험가, 무역상인, 선교사들이 불충분하고 비객관적인 정보를 가지고 한 사회를 난도질하던 폐습과 동일한 맥락에서 나타난 것이었다.

한편, 이러한 문헌들에 나타난 헌신적인 프랑스 선교사들의 이미지는 조선과 조선인에 대한 부정적 서술과는 대조적이다.

> 이 용감한 사람들에게 모든 장소는 접근이 가능하다. 적도의 타들어 가는 모래처럼 극지방의 이 차디찬 불모지에도 말이다. 기쁨으로 가득 찬 그들은 그들을 보낸 분의 이름으로 모든 장애에 용감히 맞선다.[30] / 1세기째 천주교인들을 희생시키는, 그리고 공식기록도 그 과격함을 자주 한탄한 저 가혹한 박해로 그것을 알 수 있으며, 무엇보다도 그들이 받은 신앙을 시련과 고문 속에서 놀라운 용기로 고백하고 […][31]
>
> 학살! 과거, 현재, 미래의 학살, 극동에서 믿을 수 있는 것은 이것뿐이다. 그렇지만 서울에는 상상을 초월한 웅장한 성당이 있고, 프랑스 선교사들은 황색인들의 제국에 계속 성당을 건립할 것을 끈질기게 꿈꾸고 있다. 그 성당들이 약탈당할 것이 거의 틀림없는데도, 그리고 그들, 신부와 수녀 자신들이 이 최상의 피난처에 며칠 피신한 다음 참혹한 죽음을 당할 것인데도 […], 서울의 이 모험스런 성당은 언덕 위에 멋지게 서 있어 게딱지 지붕을 한 수천의 조그만 집들을 위에서 내려다보고 있다.[32]

---

30) L'abbé C. Lenfant, *Récits et souvenirs*, Paris, René Haton, Libraire–Éditeur, 1878, p. 207.
31) 『한국천주교회사』, p. 20.
32) 피에르 로티 / 이진명 옮김, 「새벽을 깨우는 王宮의 나팔소리」, 『신동아』, 1992. 6., p. 518.

온갖 박해를 견디면서 그들의 신앙을 전하기 위해 죽음을 무릅쓰고 희생하는 프랑스 선교사들은 용감하게 서술되어 있는 반면 그들에게 대항하는 조선인은 잔인하게 묘사되어 있다. 주로 종교적인 관점에서 이루어진 프랑스인과 조선인에 대한 이분법적인 구분은 당시의 문헌들에서 빈번히 찾아볼 수 있다. 예를 들어, 프랑스인들에 대해서는 거룩하고 성스러우며, 풍부하고 자비로운 이미지를 담은 어휘들이 사용된다면, 조선인들에 대해서는 작고, 비참하고, 차가우며 적개심을 가진 부정적인 이미지를 담은 어휘들이 주로 사용된다.[33] 이렇게 볼 때 조선을 일괄적으로 부정적인 이미지 속에서 묘사하는 것은 프랑스인들이 종교를 전하는 과정에서 알게 된 조선을 그들의 시각에서 서술한 결과라고 생각해 볼 수 있다. 다시 말해, 조선인에 대한 이미지는 조선의 내부로부터 만들어진 것이 아니라 프랑스라는 외부로부터 주어진 이미지이며, 이것은 바로 오리엔탈리즘에서 동양인이라고 할 때 쉽게 떠오르는 유형에 바탕을 두고 있다는 것이다. 뿐만 아니라, 프랑스인들은 종교적으로 미개한 조선과 대립되는 관대한 자기 정체성을 만들어 간다는 사실도 함께 알 수 있다. 이것은 서양이 오리엔탈리즘의 영향 속에서 동양과 반대되는 긍정적인 자기 정체성을 꾸며 낸 것과 같은 맥락에서 이해해야 할 것이다.

2) 정치적 피지배대상으로서의 조선

19세기 한국 관련 프랑스 문헌 속에서 프랑스인들은 조선을 종교적 교화 대상으로뿐 아니라 정치·경제적 식민지로 서술하고 있다. 프랑스인들은 당시 러시아를 비롯한 서구 열강의 각축장이었던 조선이 지정학적으로 매우 중요

---

33) *Récits et souvenirs*, pp. 205–208.

하다는 사실을 인식하고 있었다. 즉 프랑스인들은 당시 유럽이 동양을 유럽의 부속물로서 그 '필연적 역할'을 충분히 고려하여 그것을 위해 필요한 아이덴티티를 부여한 것처럼 그들 자신의 이익을 위해 조선의 가치를 인정했다. 레옹 드 로니가 서술한 다음 글은 프랑스의 식민지 정책과 관련하여 조선이 지닌 중요성을 말해주고 있다.

> 유럽의 교역과 프랑스의 식민지에 개방된 이 아름다운 작은 반도는 정치적 관점에서 극동아시아의 가장 중요한 지역 가운데 하나가 될 것이다.[34)]
>
> 과학은 이미 한국을 제외한 동방의 모든 나라에 손길을 뻗었다. 한반도의 역사는 아시아 연보에서도 가장 오래전으로 거슬러 올라가며, 오늘날 매우 중요한 전략적 위치를 점하고 있기에 극동에서 가장 중요한 국가 중 하나로 손꼽힌다.[35)]

조선에 대한 이러한 관점은 19세기 말부터 프랑스가 조선을 체계적으로 연구하게 된 계기가 되었고 이후의 저서에서도 계속 영향을 미쳤다. 레옹 드 로니의 저서보다 20년 늦게 출판된 보덴스의 기록에서도 조선의 지정학적 중요성은 강조되고 있다.

> 중국과의 통킹사건이 해결되고 남쪽 지방과의 교역을 가능케 하는 조약이 체결되었으니, 우리는 한국에서의 입지를 확고히 하기 위해 중국에서 프랑스

---

34) Léon de Rosny, *Etudes Asiatiques de Géographie et d'Histoire,* Paris, Challamel Ainé, 1864, p. 122.
35) 『착한 미개인 동양의 현자』, p. 126.

가 가지게 된 새로운 영향력을 이용해야 할 것이다. […] 따라서 아직도 부분적으로 닫혀 있는 이 나라와 주민들에 대한 이제까지의 모든 자료를 검토하기에 매우 적절한 시기가 온 듯하다.[36)]

아시아 극동의 미래 역사의 축은 한국에 있다. 중국과 일본, 러시아의 각축전에서 누가 패권을 쥐느냐의 문제는 한국의 땅 위에서 결정될 것이다. […] 우리는 곧 중국과 러시아인들이 한국의 골짜기에서 그들의 분쟁을 종결짓게 될 것인지의 여부를 알게 될 것이다. 그러나 지리적 차원에서의 분쟁결말과는 상관없이 한국과 아시아의 모든 국가 내에서의 이교도적 태도와 편협한 믿음, 미신은 사라지게 될 것이다. 그리고 그 대신 기독교와 학문, 인류애의 정신이 뿌리를 내리게 될 것이다.[37)]

보덴스는 40여 쪽 분량의 저서에서 한국의 여덟 개의 도와 강, 지방 등을 상세하게 소개하고 있다. 프랑스에서는 최초로 일반인들을 대상으로 하고 있는 이 책에서 그는 각 도마다 전쟁을 할 수 있는 남자들의 숫자까지 밝히는 등 비교적 상세한 자료들을 소개하고 있다. 조선을 '미래 역사의 축'으로 지칭할 정도로 그는 조선의 지정학적인 중요성을 강조하면서 조선에 대해 적극적으로 검토할 것을 주장한다. 뿐만 아니라 보덴스는 조선의 이교도적 태도를 지적하면서 조선의 야만성과 자연성을 제거하여 또 다른 지혜를 부여하자는 생각을 거리낌 없이 펼치고 있는데, 이러한 관점은 이 시기 자료들 중 가장 핵심을 찌르고 있으며, 식민주의적 담론의 절정을 이루는 것[38)]이다. 한편, 프랑

36) 같은 책, p. 120.
37) 같은 책, p. 122.

스인들은 조선이 자기 나라로부터의 개화의 손길을 기다리는 나라라고 왜곡한다.

> 한국의 자연은 때로 도저히 이해할 수 없는 과거에 빠져 있는 것 같으나 사실은 미래로 몸을 내맡기고 있다. 또한 시간 속에 고립되는 것보다는 그 반대의 상황을 희구하는 것 같기도 하다. 한국의 자연은 또한 자신이 비옥하게 되기를 열망한다. 황폐함이야말로 그가 가장 싫어하는 것이다.
> 그러면서도 한국의 자연은 풍요로운 결실을 도리어 부담스레 여기는 듯이, 도끼나 쟁기 같은 농기구의 날카로운 칼날에 자신의 옆구리를 들이밀어 그 풍요로부터 해방되고자 한다. 비옥하나 아직 개간되지 않은 처녀지는 그에게 수치스럽게 여겨지는 것이기에, 그는 몇 안 되는 식민지 개척자들이 속삭여 주는 신비스런 개척의 비법을 전수 받기를 꿈꾸고 있다.[39]

오리엔탈리스트들이 동양을 '영토도, 조국도, 권리도, 법률도, 안전도 갖지 못하는 국민'[40]이라고 본 것처럼, 프랑스인들 역시 조선이 프랑스와 같은 강력한 국가의 점령이라고 하는 피난처에 들어가기만을 간절히 기다리는 나라로 보는 것 같다. 이것은 프랑스가 조선에 대해 정치·경제적 측면에서의 점령을 준비함과 동시에 프랑스의 이익을 위해 조선을 근대 서양의 방식으로 가르치려는 그들의 숨은 의도를 합리화하는 구실이 되기도 했다. 후견인을 필요로 하는 조선의 이미지와 관련하여 조선인의 성정에 대한 고정관념이 생겨나고

---

38) 같은 책, p. 122.
39) 『프랑스 외교관이 본 개화기 조선』, p. 22.
40) 『오리엔탈리즘』, p. 320.

조선인을 서술하는 어휘들은 부정적인 의미 속에서 모인다.

> 인도나 중국에서 볼 수 있는 자극적이고 마음을 뒤흔들어 놓는 의식을 대충 모방하고 있는 한국의 무속 의식은 유치하며 전혀 복잡하지 않다. […] 아무리 베일에 가려진다 해도 한국의 절에서는 어떠한 엄숙함이나 진실, 혹은 의미도 풍겨나지 않는 게 사실이다. 파리의 장터에서 저속한 카드 점을 쳐 주는 여자가 차라리 이 아시아 동쪽 반도의 종교문관 계급보다 훨씬 더 일찍 이시스신이 가진 웅숭깊은 비밀을 깊이 통찰하고 있다. […] 그들은 젓가락을 마술사처럼 능숙하게 사용하여 음식을 집은 다음 목구멍 속으로 던져 넣고는 게걸스럽게 삼키곤 했다. 음식에 대한 기호나 미각이라는 점에 대해서는 전혀 무지하거나 아니면 무관심한 것으로 보였다. […] 사형수의 시신을 매장하는 방식은 너무 야만적이고 불쾌하여 차마 눈뜨고 볼 수 없을 정도였다.[41]

조선인은 미개하며, 유치하며, 문화가 없으며, 야만적이고 불쾌하다고 보는 관점은 유럽은 강하나 동양은 패배하였으며,[42] 유럽인은 합리적이며 도덕적이며 성숙하며 정상적이나, 동양적 심성은 비합리적이며 정확성을 결여하며 활력과 자발성이 결여되어 있으며, 기괴하거나[43] 무기력하거나 무사태평하다는 오리엔탈리즘의 견해에서 파생된 것 같다. 그리고 이러한 서술은 여러 저자의 문헌들을 통해 반복적으로 나타나 상호 간에 영향을 미치면서 조선에

---

41) 『프랑스 외교관이 본 개화기 조선』, pp. 37-55.
42) 『오리엔탈리즘』, p. 112.
43) 같은 책, p. 80.

대한 하나의 심리적 경향, 하나의 계보, 하나의 분위기를 조성하게 된다.

지금까지 살펴보았듯이 종교적인 교화 대상과 정치적 피지배 대상으로 나타나는 조선의 두 가지 주된 모습은 유럽인이 오리엔탈리즘이라는 그들의 계획 속에서 조선을 대상화시킨 결과이다. 또한 조선을 동양인이라는 이미지 속에서 유형화시킨 것이기도 하다. 그들은 조선인에게 동양적인 불변성, 정체성, 보수성, 피침투성, 기괴성 등을 부여하여 일괄적으로 표상한 것이다. 그러나 그들의 문헌 속에 나타난 조선은 독자성이나 문화적 특수성과 같은 지정학적인 현실이 무시된, 위축되고 몰개성적인 이미지들로 구성된 것이다. 이것은 오리엔탈리즘이 다른 문화, 민족 또는 지리적 구분 속의 인간존재를 무시하고 그 정수를 뽑아 버리고 박탈한 것과 같다.[44] 따라서 구한말 프랑스 문헌 속의 조선은 19세기에 동양을 바라보던 서양이 만들어 낸 조선에 더 가깝다고 할 수 있다.

1836년에 모방 신부를 비롯한 프랑스 가톨릭 선교사들이 전교를 위해 몰래 조선에 입국한 이래, 1860년대부터 1910년 프랑스에서는 한국에 대한 문헌의 수가 갑자기 증가하였다. 이것은 19세기 오리엔탈리즘의 가장 주된 특성인 동양의 텍스트화를 반영하는 것으로, 이 시기에 나타난 한국 관련 프랑스 문헌들은 학술 서적, 가톨릭 관련 서적, 여행기 등으로 구분할 수 있다. 그러나 이 시기에 나타난 대부분의 한국 관련 프랑스 문헌들은 조선을 위해서가 아니라 동양을 정치·경제적으로 또한 문화적으로 지배하려는 계획

---

44) 같은 책, p. 205.

과 의도에서 비롯된 것이다.

따라서 프랑스인들이 학술서적과 선교사들의 기록, 여행기 등에서 조선을 그들의 종교와 정치·경제적 피지배 대상으로 객체화시키고, 미개하며 수동적인 이미지 속에 유형화한 것은 자신들의 식민지 확장을 합리화하려는 데서 도출된 필연적인 귀결이라 하겠다. 결국 19세기 말의 프랑스인들에게 조선은 극동에 있는 단순한 장소의 의미를 넘어서서 그들이 지배자로서 지녔던 우월감을 반영시킨 대상이었던 것이다. 이런 점에서 이 시기 한국 관련 프랑스 문헌들은 몇몇 중립적이고 체험적인 문헌[45]들을 제외하고는 대부분 조선을 오리엔탈리즘의 영향을 받은 그들의 시선 속에 일괄적으로 가두어 두고 있다고 말해야 할 것이다.

이처럼 제국주의의 확장과 관련하여 만들어진 문헌들은, 이 문헌들이 필요한 사항들을 서로 보강·차용하며 재생산된다는 점에서 프랑스가 한국을 바라보는 시선에 지속적으로 영향을 끼쳤을 가능성도 배제할 수 없다. 따라서 1950년 이후[46] 한국전쟁을 계기로 다시 나타나기 시작한 한국 관련 프랑스 문헌 속에서 이러한 정치적 외면성이 한국에 대한 그들의 담론에 어떤 영향을 주고 있는가를 계속해서 찾아보아야 할 것이다.

이와 더불어 프랑스를 위해 시작되었던 구한말의 이러한 문헌들이 그들의 의도와는 상관없이 우리에게도 문화사적으로 대단히 중요한 업적을 남겼다는 점도 부인할 수 없다. 재불 한국학자인 박병선 박사가 병인양요 때 약탈당한

45) 장 드 팡주의 *En Corée*(1904), 에밀 부르다레의 *En Corée*(1904)처럼 주제에 대해 중립적인 입장을 지닌 채 깊숙한 곳까지 침투해 투시하는 느낌을 강하게 주는 저서들도 있다.

46) 일제 점령기인 1910년부터 해방 이후까지는 프랑스와 조선의 외교관계가 단절되었던 관계로 프랑스에서 한국에 관련된 문헌이 많이 나타나지 않는다. 한국에 관한 문헌이 다시 나타나기 시작한 것은 1950년의 한국전쟁을 계기로 해서이다.

외규장각 도서를 베르사이유 궁전에서 찾을 수 있었던 것도 모리스 쿠랑의 『조선서지』가 있었기 때문이며,[47] 이 문헌들을 토대로 정립된 프랑스 한국학은 오늘날 유럽중심주의를 벗어나는 탈오리엔탈리즘의 기초를 마련해 준다고도 볼 수 있기 때문이다. 따라서 타인의 관점에서 쓰인 이 문헌들은 우리가 자신을 위해 주체적으로 활용할 때 더욱 빛이 난다고 하겠다.

47) 이태진, 『왕조의 유산 : 외규장각 도서를 찾아서』, 서울, 지식산업사, 1994. 박병선 박사는 프랑스 국립도서관 사서로 있는 동안 모리스 쿠랑의 『조선서지』를 통해 외규장각 도서의 소재지를 찾을 수 있었고, 이 도서들을 한국으로 반환하려다가 프랑스 국립도서관으로부터 해직당했다. 박병선 박사는 이후 콜레주 드 프랑스에서 한국학을 연구하다가 은퇴하였다.

제3장

구한말 프랑스 문헌에서 군인 및 외교관이 본 한국의 이미지

한 문화에 속하는 인간의 의식이 타 문화를 만났을 때 어떻게 표현되고 있을까? 이를 살펴보기 위해서 19세기 후반부터 20세기 초까지의 우리나라로 시선을 돌려 보자. 서양 열강들이 선교, 외교, 통상 등을 목적으로 아시아를 향해 본격적으로 진출하면서, 우리나라를 직·간접으로 체험한 선교사, 여행가, 예술가, 민속학자들이 늘어났다. 따라서 이들이 저술한 문헌들을 통해 우리나라도 전 세계에 구체적으로 알려지기 시작하였다.

한국의 이미지에 대한 담론들 가운데서도 특히 우리의 주목을 끄는 것은 1870년 이후 프랑스를 비롯한 유럽을 휩쓴 자유주의와 내셔널리즘의 물결 속에서 제국주의의 선봉자라 할 수 있는 군인 외교관들이 우리나라를 직접 방문하고 체험한 뒤 남긴 기록들이다. 특히 병인양요와 한불통상우호조약, 파리만국박람회 등 한불관계의 역사적 태동이자 만남이 된 여러 사건들과 관련된 기록들이 서적으로 발간되거나 잡지에 실리면서 마침내 미지의 나라

'조선'이 외부 세계에 상세히 소개되었다.[1)]

구한말 한국 관련 프랑스 문헌을 통해 한국의 이미지를 고찰해 보는 것은 우리의 과거를 엿볼 수 있는 소중한 기회가 될 뿐 아니라 특정한 역사적 배경 속에서 한국에 대한 프랑스인들의 관점을 분석하는 계기가 될 수 있다. 물론 여기서 짐작할 수 있는 양국 문화 간의 이질적 요소는 당시 우리나라의 시대적 상황과 프랑스의 역사적 정황에 대한 상호 이해가 전제되어야 할 것이다.

이를 위해 먼저, 그들이 멀리서 바라본 한국의 정형화된 기존 이미지들을 정리해 본 다음, 이들이 직접 체험한 한국을 접촉하고 알리는 과정에서 서술된 한국의 자연과 한국인에 대한 이미지 및 표현들을 찾아본 후, 고립과 정체에서 벗어나 개방과 근대화로 향하는 과정에서 프랑스의 역할과 대한국 인식과 관련된 이미지는 무엇인지 살펴보고자 한다. 이를 통해 우리는 제국주의의 선봉장이었던 군인이나 외교관의 시각이 어떤 점에서 왜곡·과장되었는지, 또 그 이유는 무엇인지 알게 될 것이다. 대상 문헌은 병인양요 관련 자료, 프랑스 외교관과 군인이 저술한 병인양요 한국 원정 보고서, 한국 체류 혹은 중국 체류 외교관들의 보고서 자료, 혹은 그들의 개인적 체험을 적은 여행기 등이다.[2)]

---

1) 자료 분석의 대상을 구한말 자료에 한정함으로써 우리나라는 조선, 대한제국, 한국을 모두 포함한다. 다만 시대적으로 구분이 뚜렷할 경우 '조선'이라고 지칭한다.
2) 중국과 일본함대의 참모장이던 주앙은 『자연과학의 제국주의사회의 연구보고 학회』에 「한국의 자연사 개요」(1867)를, 1871년 『국립 아카데미사회학회』에 「한국 원정기, 중국해 주둔 해군의 경험」(1866)을 발표한다. 한편 주베르는 『세계일주』에 「한국탐험」(1873)을, 『지리학회』에 「한국의 지도에 대한 고찰」(1870)을 발표하였는데, 한국에 대한 삽화와 지정학적 자료, 정확한 지도 등을 함께 제시하여 동양학자들에게 한국을 더 잘 알리는 계기가 되었다. 그 외에 1841년부터 한일합방 이전인 1910년까지 한국이나 중국에 거주한 외교관들의 외무부 고문서 기록을 발췌·정리한 『한국 관련 프랑스 외교 문서』는 당시

1. 먼 나라 한국

일반적으로, 국가 이미지는 자연 환경과 국민들의 모습 및 성격, 그 나라의 정치와 경제적 사건, 그리고 국민들의 문화적 경험을 바탕으로 형성된다. 17세기 이전까지 한국은 지도나 문헌에서 고립된 '섬'나라로 외부에 소개되어 왔다. 이후 13년간의 조선 억류 생활을 기록한 『하멜 표류기』(1668)가 한국의 내부 사정을 서방에 알리게 되었지만, 다른 한편으로 이 책은 한국이 고립되고 폐쇄된 나라라는 이미지로부터 벗어날 수 없었던 근원이 된다.[3]

한국에 대한 이러한 이미지는, 선교사 활동 등으로 한국에 대한 정보가 이전보다 월등히 많이 확보되어 있었던 19세기 중반~후반경에 출판된 문헌들에서조차 여전히 반복된다. 예를 들면, 『프랑스 대백과 사전』(1890), 『동양에서의 프랑스인들』(1862-1898) 또는 병인양요 전후 戰後 기록들[4] 등에서 한국은 '대외적으로 거의 알려져 있지 않은 나라', '지리적으로 높은 산으로 둘러싸인 반도국가', '해안 쪽으로도 바위가 많고 경사가 급격하여 접근조차 어려운 나라'이다. 산, 바위, 암초, 섬으로 둘러싸인 험준한 땅이며 계곡이 많은 매서운 북풍의 피난처이다. 한국은 그 지정학적 위치처럼 고립되고 폐쇄

조선과의 교역, 왕실관계, 외교관계 등을 잘 드러내고 있다. (M. Orange, *Archives françaises relatives à la Corée*, Collège de France, Paris, 1987) 한편 여행기로는 작가인 로티와 외교관인 플랑댕과 샤이에-롱 베의 저서가 있으며 이 밖에도 한불관계 자료를 참고로 하였다.

3) 하멜 표류기의 불어 번역판은 1670년에 출판되었다. 이 책은 재판을 거듭하면서 한국을 '악어가 많은 나라'로 기술하는 등 왜곡되거나 과장된 정보를 유포하기도 했다. 이는 대중의 흥미를 돋우기 위해서였다.

4) *La grand encyclopédie*, II, Lamirault, 1890, pp. 960-964. *Les Français dans L'extrême Orient*, Librairie de J. Lefort, 1862-1898, pp. 216-223. 그 외에 주베르와 주앙의 병인양요 문헌에 나타난 내용을 참고한다.

되어 있을 뿐만 아니라, '없어진 글자'처럼 그 이름조차 들은 바 없을 정도로 외교 교류가 없는 생소한 국가인 것이다. 사실 당시 한국은 중국과 일본 사이에 끼인 위치로 인해 유럽인들에게 '일본이나 중국과 유사 혹은 다른 나라'에 불과했다. 한국은 이러한 공간적 고립으로 말미암아 외부와 단절되어 닫혀 있는 '은자의 왕국'이라는 이미지로 표상되고 외부나 바깥세상과 교류나 무역도 없는 폐쇄된 땅이 되었던 것이다.

이처럼 한국에 대한 수식어들은 '알려지지 않은', '먼', '폐쇄된', '은밀한', '고립된', '닫힌' 등 부정적 이미지가 대부분이지만, 18세기 계몽주의 이후 형성된 동양에 대한 관심과 이국취향으로 프랑스인들은 우리나라를 '신비스런 나라', '은자의 왕국' 등 낭만적으로 표현하기도 했다.

프랑스인들의 한국에 대한 첫 이미지는 조선에 왔던 서양인을 억류하고 돌려보내지 않았던 사건이나 피의 대가를 치렀던 프랑스 선교사 박해와 연관되어 있다. 그 때문에 한국은 낯설고 위험한 나라라는 부정적 선입관의 형태로 프랑스인의 의식 속에 남게 되었고, 이러한 이미지는 한국전쟁 이후 1950년대까지도 한국에 대한 대표적 상징으로 인식되었다.

2. 체험된 한국

19세기 중반까지 프랑스 문헌에 나타나는 한국은 그 지정학적 위치처럼 고립과 폐쇄의 나라였다. 실제로 이 시기까지 한국의 국경은 외국인에게 완전히 폐쇄되어 있었다. 그러나 구한말 이후 문화가 개방되기 시작하면서 한국의 문화와 사회가 대외적으로 좀 더 상세하게 알려졌다. 역사적 사건이 남긴 기록들, 외교 문헌 자료 등을 통해 살펴보면, 당시 한국을 체험했던 프랑스인들의 한국에 대한 묘사는 다양하며 모순적이다.

병인양요 당시 한국 정벌에 참여하여 한 달 동안 체류할 기회를 가졌던 프랑스 장교들이 한국을 직접 체험한 후 남긴 기록들은 한국의 자연과 한국인에 대해 생생하게 묘사하고 있다.[5] 또 제2대 한국 주재 외교관으로 2년간 한국에 체류했던 이폴리트 프랑댕은 당시의 체험을 자신의 저서『한국에서』에 담아내었다.[6] 지금부터는 이들의 묘사를 '한국의 자연'과 '한국인'으로 나누어 살펴보자. 이는 문학작품에서 말하는 '풍경·장소 묘사'와 '인물 묘사'의 두 가지 관점에 근거한 것이다.

1) 한국의 자연

병인양요 때 강화도에 도착한 프랑스 군인들은 한국의 자연 풍경을 보고 깊은 인상을 받는다. 때는 11월 가을 무렵, 맑은 하늘과 화창한 가을 풍경이 돋보일 시기였다.

> 한국의 기후는 쾌적하다. 특히 계절로 보면 강화에서 가장 좋은 날씨 같다. 아침에는 흔히 짙은 안개가 자욱하고 낮에는 좀 더운데, 하늘은 이탈리아의 하늘같이 높고, 밤에는 쌀쌀하다. […] 우리는 잎사귀가 떨어진 감나무를 흔하게 보게 되는데, 이 나무에는 굵은 사과 같은 금빛의 맛있는 과일이 주렁주렁 달려 있었다.[7]

---

5) 전쟁 참전 기록임에도 불구하고 사건의 참상이나 역사적 현장감은 은폐한 채 이국의 풍물에만 치중한 경향이 있다.

6) C. Vautier et H. Frandin, *En Corée*, Delagrave. 1905 : 이 책은 한국 문화에 대한 진정한 이해가 나타나 있지 않지만, 당시 유럽인의 일반적인 동양인식을 엿볼 수 있는 소중한 자료로 간주된다.

7) H. Jouan, 'Aperçu sur l'histoire naturelle de la Corée', *Mémoires de la société*

> 한국의 풍경은 단조롭다. 오른편으로 맑은 하늘에 우뚝 서 있는 가파른 산이 있고, 왼편으로는 끝없는 섬의 행렬이 수평선 시야를 가로막고 있다. 숲이 언덕을 둘러싸고 있는데, 한국인들이 신성하게 여기는 이 작은 숲에는, 전설에 의하면 국가를 보호하는 수호신이 살고 있다고 한다. 겨울에 심하게 몰아치는 서북쪽의 바람을 피해 자리 잡은 몇몇 인가들을 길가에서 볼 수 있었다. [⋯] 산 정상 아래, 숲으로 둘러싸인 멋진 섬 근처에는 군함이 물 위에 정박해 있었다.[8)]

그들이 묘사한 한국의 자연은 단조롭지만 평화로운 모습이다. 주베르가 직접 그린 삽화는 고요함과 태평스러움, 느림이 묘사된 한 폭의 전형적인 동양화 같다.[9)] 단풍이 타들어 가는 건조한 산과 대비되는 파란 하늘은 이탈리아로 비유되고, 금빛 감이 달린 감나무의 모습 등에서는 낭만주의적 이국취향을 발견하게 된다.[10)] 수많은 섬이 수평선을 가리고 있지만, 바람과 물이 넘나드는 사이로 보이는 몇몇 인가들의 잔잔한 풍경은 강가에 정박된 군함의 모습과 대비된다. 다른 한편으로는 '들판에 가득한 태양', '금빛 나는 감', '금', '노란 구리', '놋그릇' 등의 금빛이나 노란색이 주는 회화적 이미지가 두드러지게 표현되어 있다.[11)]

---

impériale des sciences naturelle, 1867, pp. 74-77.

8) Zubert, "Une éxpédition en Corée", *Le tour de monde*, Librairie Hachette, 1873, p. 406.

9) 프레데릭 불레스텍스, 『착한 미개인 동양의 현자』, 청년사, 2001, p. 116.

10) 많은 자료에서 한국은 위도가 비슷하고 반도국가라는 점 때문에 흔히 이탈리아와 비교된다.

11) 18세기 제주도와 울릉도, 북쪽의 산악지대가 있는 해안을 둘러본 해군 라페루즈는 『라페루즈의 아틀라스 여행기』(1789)에서 한국을 '아름다운 풍경의 나라'로 소개하면서 이전과는 다른 회화적 모습으로 기술하였다.(프레데릭 불레스텍스 p. 84)

나는 오랫동안 이 강화도 섬의 탐험을 즐거이 기억할 것이다. 날씨가 정말 멋졌고, 약간 안개가 끼었지만 공기는 상큼했고, 들판과 숲은 태양이 가득 비치고 있었다. 바람은 노란 나뭇잎을 하늘거리게 했고, […] 주민들이 우리에게 감과 맛좋은 찬물을 내밀었다.[12)]

금빛이나 노란색은 흔히 동양인을 상징하는 색상이지만 금을 찾아 떠나는 서구인의 탐욕을 상징하는 것으로 볼 수 있다. 그들은 한국의 풍부한 지하자원, 특히 금이 많은 한국을 캘리포니아와 비교하면서 금을 개발하지 않는 것을 아쉬워하기도 했기 때문이다.[13)] 당시 외국 문헌들에서 한국이 금과 보물이 많은 나라로 소개되면서 실제로 서양의 동인도회사 선박들이 '보물섬 원정'이라는 사명을 띠고 한국탐험을 시도했지만 풍랑 때문에 실패한 적도 있었다.[14)]

작가 피에르 로티는 프랑스 해군 소속으로 여러 나라를 여행하면서 자신의 체험을 여행기로 남겼다. 특히 그는 일본 체재 경험을 기록한 기행 수필집 『매화부인의 제3청춘기』(1901)에서 10일 동안 조선에 머물렀던 경험을 「서울에서」라는 소제목으로 담아내었다. 그는 '조용한 아침의 나라'의 정체성 停滯性과 슬픔의 정서를 무채색의 시적 이미지로 풀어낸다.

아침부터 이 거대한 회색빛 도시는, 둥근 형태로 둘러싼 톱니 모양의 성벽

12) H, Zuber, p. 415.
13) 주앙도 한국을 '풍부한 광물이 산출되는 국가'로 묘사하였다. 그의 책에는 '석탄, 주석, 구리, 철, 금광과 은광이 발견되지만 국가에서 개발을 허락하지 않는다는 사실'도 함께 기록되어 있다.
14) 지명숙, 왈라벤, 『보물섬은 어디에 : 네덜란드 공문서를 통해 본 한국과의 교류사』, 연세대학교 출판부, 2003, pp. 87-90.

속에 갇혀 태양에 이글거렸다. 이 수많은 물상 위에 군림하듯 사방에 산이 있었다. 희끄무레한 바위로 이루어진 무서운 벽처럼 하늘로 치솟아 도시를 빙 둘러싸고 있는 즐비한 산들은, 마치 서울의 슬픔과 정체성을 가두어 유지하고 농축하는 것처럼 보였다. 바다에서 멀리 떨어진 이 고도에는, 새로운 사조나 물건들을 실어다 줄 배들이 들어올 만한 포구마저도 없다.[15)]

낭만적인 이국취향 속에 퇴폐적 분위기를 담은 작가 로티의 표현과 달리, 한국 주재 외교관 자격으로 우리나라를 상세하게 관찰할 기회를 가졌던 이폴리트 프랑댕의 묘사에는 민족주의적 우월감에 뒤섞인, 18세기 말기의 이국취향이 빚어 낸 낭만적 정서가 깊이 배어 있다. 한국에 대한 열정에도 불구하고 그 역시 있는 그대로의 한국을 받아들이기보다는 자신의 정서에 맞추어 한국의 이미지를 재현하고 있다.

폭풍우가 몰아칠 때면, 바다는 저 깊이 해저에서 솟아올라온 산더미 같은 모래 더미를 밀고 와 언덕에 쌓아, 섬에다 자연적인 방파제를 만들어 놓곤 했다. 햇빛이 비치면 이 사주沙洲는, 마치 장려한 여신의 거대한 보석 목걸이처럼 빛났다. 그것은 참으로 눈부신 광경이었다.[16)]

그는 제물포에서 바다와 섬이 완벽한 조화를 이루는 모습에 감탄한 나머지, 해안의 모래언덕을 여신을 장식하는 보석 목걸이로 비유하고, 장성을 알파벳 'I' 자나 프랑스 도로의 이정표로 표현하기도 한다. 이러한 사실로부터

15) P. Loti, *la troisième jeunesse de madame prune*, proverbe, 1994, p. 104.
16) C. Vautier et H. Frandin, pp. 10-13.

우리는 그가 여전히 서구인의 시각에서 벗어나지 못하며 민족주의적인 정서마저 강하게 드러내고 있음을 느끼게 된다. 이국취향의 문학에서 자주 인용되는 일출과 일몰의 장면에서도 민족주의가 여지없이 드러나, 일몰의 화려한 순간에도 그가 발견한 것은 바람에 흔들리고 있는 프랑스 삼색기였다.

> 붉게 물든 원반 같은 태양이, 지평선 저 너머로 천천히 파묻히며 사라지자, 창공의 오묘한 빛 위로, 잿빛 안개가 퍼져 나갔고, 곧이어 어둠이 깔렸다. 슬픈 신비를 지닌 황혼 내내, 만상의 침묵 속에 영혼의 목소리가 퍼져 나갔다. 이젠 풍경도 희미해져 버렸고 소음들도 사라졌다. [⋯] 서울을 굽어보는 언덕 위에서 나는 산들바람에 가볍게 나부끼는, 줄무늬의 천 조각을 보았기 때문이었다. 그 천 조각, 바로 프랑스의 국기였다.[17)]

반면에 샤를 바라가 『조선기행』에서 기술한 제물포 아침 풍경은 문학의 한 장르인 기행기에서 볼 수 있는 이국 풍경의 대표적 장면이자, '조용한 아침의 나라'에 대한 전형적인 묘사이다.

> 그것은 내 평생 처음 보는 장관이었다. 해안선과 항구를 이루는 크고 작은 섬들을 따라 아기자기한 산봉우리들이 다채롭게 솟아 있었고, 항구 전체를 녹원의 둥지처럼 완벽하게 감싸 안은 가운데, 마침 떠오르는 아침햇살이 눈부시게 빛나고 있었다.[18)]

---

17) C. Vautier et H. Frandin. pp. 39–40.

18) Charles Varat & Chaillé–Long, *Deux voyages en Corée*, Kailash, 1994, p. 30 : 샤를 바라는 민속학자, 지리학자, 탐험가의 임무를 띠고 1888–1889년 최초로 서울과 부산을 횡단하여 많은 골동품을 수집해 갔다. 현재 프랑스 동양 박물관인 기메박물관에 그가

결국 산이 많은 지형 때문에 접근이 쉽지 않다는 한국에 대한 그들의 고정관념은 한국의 자연을 직접 체험하면서 바뀌게 되었다. 또한 한국에 대한 표현도 더욱 다채로워진다. 마을과 평야와 강이 있는 전원 풍경이 부각되고 물과 바람과 대지와 더불어 자연과 조화를 이루며 살아가는 동양적 이미지로 표현된다. 더 나아가서 우리 고유문화의 기저에 깔린 풍수지리 사상과 농경의 사회에 대한 이해마저 보여주기도 한다.[19] 그런데 가난과 같은 한국의 현실적 상황보다는 풍경이나 자연에 대한 기술에 더 무게를 두고 있는 것은, 새로운 체험과 대상을 서술하는 서구의 일반적인 글쓰기 방식으로 인한 것이지만, 프랑스인의 정서를 반영하는 것이기도 하다. 당시 프랑스에서는 낭만주의 사조에 이어 등장한 바르비종파의 영향으로, 자연을 소재로 한 풍경화가 선풍적인 인기를 끌고 있었기 때문이다.[20] 그러나 이러한 문예사조의 영향으로 인해 이국 풍경을 접한 개인의 정서는 자연의 서정미에 몰입하지만, 제국주의로 인한 민족주의적 이데올로기를 드러내는 이중적 모습을 지닌다. 따라서 이 시기 프랑스 문헌에 나타나는 한국의 이미지란 서양인의 범주에서 인식된 타자의 복합적 표상임을 알 수 있다. 이러한 점은 '한국인'에 대한 기술에서 더욱 두드러진다.

기증한 한국 골동품들이 전시되어 있다. 이러한 민속품의 풍부한 문화적 가치를 그는 자신의 저서 『조선기행』에서 인정한 바 있다. 샤이에-롱 베는 미국 외교관의 자격으로 2년 동안 한국에 체류하면서 한국의 지리, 역사, 풍습을 삽화와 함께 『한국 또는 조선(조용한 아침의 땅)』이라는 책을 출판하였다. 이 책에 그는 금강산과 제주도에 체류한 경험도 실었다.

19) C. Vautier et H. Frandin, p. 55 ; "풍수 Foug-Shouéi란 물과 바람이라는 뜻으로 한국인들이 매우 존중하는 두 가지 신성이다. 사람이 빚어 내는 사건들은 자연과의 조화를 해치는 것으로 그들은 생각하였다."

20) 19세기 당시 바르비종파 화가들은 자유분방한 색채를 구사하여 자연을 그렸다. 대표적인 그림으로 밀레의 '만종'을 들 수 있다.

2) 한국인

병인양요 당시 프랑스인이 보는 한국인에 대한 평가는 단순한 낯섦을 넘어 적대감으로 나타난다. 이해할 수 없는 타인은 비난의 대상이 되기 쉽기 때문에, 그들에게 한국인은 미개인이자 야만인의 이미지로 다가온다.[21]

> 장교들과 몇몇 군인들이 강화에서 좀 떨어진 육지에 상륙하여 작은 마을을 방문했고, 그곳 주민들이 그들을 맞이했다. 이 미개인들은 풀밭에서 조용히 식사를 시작하였다.[22]

풀밭에서 식사하는 한국인들을 멀리서 바라본 그들은 '미개인'이라고 했고, 가까이 다가가 주민들을 관찰한 후에는 "자그마하고 부지런하며, 사람 좋고 호기심이 많다.", 또 "민첩하고 질투심이 많으며, 걱정이 없는 평화로운 사람들이지만 외국의 침입과 약탈을 경험한 불쌍한 사람들이며, 어린아이같이 순진하다."라고 적고 있다. 이는 18세기 프랑스 계몽주의자들이 제시한 개념, 즉 타민족에 대한 유토피아적 시각에서 비롯된 '착한 미개인'의 개념과 관련이 있다. 이는 서구 물질 문명과는 거리가 먼, 순수에서 비롯된 자연 상태의 타 민족에 대한 인식이기도 하다. 당시 실증주의에 근거한 이성중심주의적 시각을 지닌 서구인들은 동양인들을 행동방식, 대화방식, 사고방식이

---

21) 프랑스 로베르 사전은 '미개인'을 다음과 같이 정의한다. : 1. 낯선, 2. 뒤지고 원시적이고 야생적인, 3. 제도를 반대하거나 거스르는, 4. 잔인하고 비인간적인.: 한국인을 '미개인'이라고 표현한 이면에는 프랑스 선교사의 처형과 천주교인의 학살이라는 사건이 연관되어 있지만, 당시 이는 극동의 일반적인 이슈였다.

22) H. Jouan, L'expédition en 1866, Episode d'une station navale dans les mers de chine, *Mémoires de la société nationale académique*, Cherbourg, Bedelfontaine et Syffert, 1871, p. 188.

열등한 존재로 보았고, 한국인을 가난하고 왜소하며 이상한 민족으로 간주하며, 어린아이나 노예에 비유하기도 했다. 이러한 점에서 그들이 서구인으로서의 우월감을 갖고 있음을 알게 된다.

> 작고 부지런한 이 민족은 사람 좋고, 아이 같고, 호기심 많고, 아주 민첩한 사고를 가진 이들처럼 보였다. 또 그들은 아내에 대한 의심과 질투가 많다고도 한다.[23)]

> 리델이 통역하며 발표문을 공포했다. 그러나 전쟁은 정부의 문제이지, 이 평화로운 이들은 그들의 삶이나 재산에 대해 전혀 걱정하지 않는 것이다. 각각 조용히 일을 할 뿐이었다. 불행하게도, 가장 원칙이 분명한 집단이라도, 정복당한 국가의 미래는 격하될 수밖에 없다. 그러나 일본 정복자들이 저지른 혹독한 과거의 기억을 지닌 이 가난한 사람들은 고통과 무한한 기쁨의 과정을 거치면서, 이를 벗어난 것을 아이처럼 기뻐하며, 괴이하게 춤추면서 힘찬 발걸음으로 떠났다.[24)]

더구나 이폴리트 프랑댕은 한국인의 미개함이 노예근성 혹은 힘도 의지도 없는 무능함과 게으름에서 비롯된 것이라고 지적한다.

> 한국인들은 힘도 의지도 없다. 그들은 의지의 결과물인 권력의 노예이다. 그들은 무지해서 상류계층에 무조건 복종한다.[25)]

---

23) H. Jouan, 1867, p. 80.
24) H. Jouan, 1871, p. 181.

그러나 이 담론들을 분석해 보면 한국인들은 그들에 의해 철저히 대상화되어 있음을 알 수 있다. 즉 한국인은 의사소통이 가능한 담화의 2인칭 상대인 '당신'이 아니라, '그 혹은 그들', '사람들', '이 민족들', '한국인들'로 타자화된다. 이는 철저히 거리를 두고 있는, 화자와 관찰대상 간의 관계를 보여 주는 것인데, 관찰은 전적으로 화자의 관점에 의한 외적 시점에 의존한다. 한국인에 대해 '~처럼 보인다', '~인 것 같다', '흔히 말하기를' 같은 어구들을 사용함으로써 직접적인 대화가 부재한, 진지한 동양인식이 아닌 서구에 의해 정의되고 이해되고 기능하는 타자로서만 존재하게 하는 그들의 인식의 한계를 분명히 드러낸다.[26]

한편 당시 한국 지식층에 대한 프랑스인의 견해는 더 이상 '동양의 현자'의 이미지에 머무르지 않는다. 특히 프랑스 외교관들은 조선의 관료나 양반에 대해 노골적으로 못마땅해 한다. 이폴리트 프랑댕은 외교적 수완이 뛰어난 외무대신 조병식에 대해 "타협심이란 부재하므로 교육을 시켜야 한다."라고 하거나 관리들의 비합리성을 비판한다.[27] 이러한 비난은 관료들의 부정부패나 게으름 탓도 있지만, 고유문화에 대한 상호 이해 부족에서 비롯된 오해 때문인 경우도 많았다. 이러한 문화적 차이로 인한 그들의 고충을 외교문서에서 다음과 같이 기록하였다.[28]

> 중국인들이나 아시아인들은 늙은 아이와 같다. 모든 점에서 그들의 사고방식은 기독교 국가나 여타 서구 국가의 지적 사고의 습관과는 아주 다르다.

25) C. Vautier et H. Frandin. p. 87.
26) 에드워드 사이드, 박홍규 옮김, 『오리엔탈리즘』, 교보문고, 1999, p.15.
27) M. Orange, p. 198.
28) M. Orange, p. 47.

지적인 방식이나 반박에 의한 토론으로 상대방을 설득하여 사실을 바로잡지 않는다. 때로 그들은 국가의 존립에 대한 원칙과는 대립되는, 편견이나 관습에 쉽사리 판단을 맡기고 만다.

병인양요 이후 조선은 스스로 외부세계와의 교류를 단절한다. 그러나 그간 축적된 정보들로 인해 외부 세계에 보다 많이 알려지게 된다. 그리고 이때부터 이전과 다른 관점이 등장한다. 즉 한국은 약탈이 빈번하게 일어나는 안전하지 않은 국가이며, 한국인들은 호전적이고 대담하다는 지적이 발견된다.

강화에서 발견한 군수품이나 대규모의 무기를 비축하여 국방을 강화한 것을 보면서, 이 민족은 전사의 본능을 지닌 것 같다는 생각을 하게 되었다.[29)]

한국인들은 자신의 집에만 머무르는 것에 만족하지 않는다. 중국 배보다 더 훌륭하게 건조된 그들의 선박으로 바다를 지배할 장비를 갖추었다. 그들의 해적 행위는 대담하여 말레이시아 해역에서는 매일 엄청난 일들이 벌어지고 있다. 중국 동해안에서도 이러한 약탈 행위에 대해 중국인들의 불만이 많다.[30)]

우리는 한국을 저항이 없는 나라처럼 기술한다. 그러나 그 정반대로, 갈수록 호전적인 정신의 흔적을 발견하였다. 그리고 군수품과 무기가 적재되어 있어 서울 점령은 불가능할 뿐 아니라 무모한 시도이며, 우리의 무기로는 맞설

29) H. Jouan 1871, p. 80.
30) H. Zuber, L'illustration, *Journal Universel*, 1867.

수 없다는 것을 곧 깨달았다. 게다가 겨울이 성큼성큼 다가오면, 한국인은 가장 무서운 적군이 된다.[31)]

인종학적 관점에서 한국인을 묘사한 주베르의 기록 역시 같은 맥락이다. 몽골족처럼 광대뼈가 튀어나오고 코는 납작하며 피부는 노랗고 머리는 검다는 일반적인 설명에 덧붙여, 키가 크고 건장하며 군인 같은 태도를 지니고 있다는 내용이 나온다. 실제로 무관武官의 모습을 17세기 프랑스 근위병에 비유하기도 했다.[32)] 19세기 초 한국을 묘사한 여러 삽화에 나타나는 '활 쏘는 한국인'의 모습도 이러한 사실을 반영한 것이다. 한국인의 이러한 민첩함은 산과 가까이 사는 관습 때문이라고 그들은 지적한다.

한국인들은 몽골족의 분파이다. 그들은 타타르인(몽골)과 닮았고, 일반적으로 크고 아주 튼튼하다. 그들의 민첩성은 매우 놀라운데, 이는 그들이 특별히 좋아하는 산에서 같이 모여 뛰어다니면서 생겨난 듯하다.[33)]

이후에도 이폴리트 프랑댕을 비롯한 많은 프랑스인들은 한국인의 신체적 우수성과 용맹, 나아가 이웃을 침략하는 대담성을 '야만성'과 연관 짓고 약탈자로서의 이미지를 강조한다. 그러므로 미개하거나 호전적인 한국인의 '야만성'이 강조됨으로써 18세기 계몽주의 시대에 형성되었던 '동양의 현자' 이미지는 점차 그들의 기록에서 자취를 감추게 된다.[34)]

31) H. Jouan, 1871, p. 212.
32) H. Jouan, 1871, p. 185.
33) H. Zuber, 1873, p. 407.
34) '동양의 현자'와 '미개인'은 서양인의 시선을 통해 설명된 동양 이미지의 대표적 예이다.

그들은 자신의 신체적 우수성에 대해 아주 자랑스러워 한다. 그 자부심은 용맹을 불러일으켰다. 생기 있는 시선과 유연한 움직임은 몽골계 선조로부터 이어받은 것이다. 교활한 이들은 무례하게 이웃을 약탈하곤 한다.[35]

반면에 조선의 입장에서 외세를 보는 시각은 어떠했을까? 조선은 오랜 역사와 고유의 문명을 가진 평화로운 민족을 침입한 이방인을 향해 단호히 항변한다. 조선인에게 프랑스인은 총과 칼을 앞세운 침입자로 비쳐진다.

1865년에 프랑스인이라고 불리는 사람들이 이곳에 상륙했다. 그들이 어떻게 왔는지 물어보고 싶다. 우리 민족은 4천년의 자랑스러운 역사와 문명 속에 살아 왔으며, 더 이상의 욕심은 없다. 다른 나라를 괴롭힌 적도 없다. 그런데 무엇 때문에 우리를 괴롭히러 왔는가? 우리나라는 극동에 위치하며, 당신들은 서쪽의 끝에 있다. 무슨 동기로 그 넓은 바다를 가로질러 왔는가? [...] 여러 가지 무기들로 노략과 살인을 일삼고 있고, 살인을 저질렀다. 우리의 땅을 원하는가? 불가능한 일이다. 우리와 교역을 원하는가? 불가능한 일이다.[36]

이처럼 두 나라의 직접적인 접촉에도 불구하고 진정한 교류는 불가능했다. 제국주의 '서양에 의해 정의된 동양의 기술'이라는 정형화된 표현에도 불구하고, 그들이 남긴 기록들 가운데 점점 복잡하고 모순되는 수사들이 발견된다.

이는 18세기 계몽주의자와 교권주의자들이 각각 자신의 주장을 합리화하기 위해 도입된 상반된 개념이다. (정해수, 「Le voyageur français : 18세기 프랑스 사회에 투영된 조선 시대의 모습, 그리고 작가가 조선을 바라본 시선의 의미」, 『프랑스학 논집』, 제25집, 1998.

35) C. Vautier et H. Frandin, p. 7.

36) H. Codier, *Histoire des relations de la Chine*, Félix Alcan, 1901, p. 393.

가까이 바라본 한국인은 소박하고 불쌍하며 노예근성이 있다고 했다가도, 호전적이고 남을 잘 속이며 약탈이 일상사인 민족으로 소개하기도 한다. 그러므로 서로의 공간적 거리는 좁혀졌지만 의사소통은 여전히 부재하며, 친밀감도 형성되어 있지 않다. 한국의 자연은 아름답지만 한국인이나 풍습에 대해서는 거부감이 많다. 또 선입관에 입각한 관찰에 의존하고 있어 진정으로 체험된 한국이라고 보기 어렵다. 그리하여 한국인을 향한 시선은 이국의 풍경에 매혹되는 낭만적 취향과 역사적 관점 및 제국주의 관점 사이에서 양면화되어 있다. 이는 19세기 전반의 낭만주의와 후반의 사실주의 사이에 있는 19세기 프랑스 지식인들의 시대정신이 반영된 결과이기도 하다.

3. 문명화란 무엇인가?

병인양요의 대의명분은 외교 문서에 기록되어 있듯이 "야만적 행위에 제동을 걸어 문명화로 이끌고, 교인들이 안심하고 하나님에게 기도할 수 있게 해 주고 국민들에게 복음을 전하는 선교사의 삶을 보호하는 데"에 있었다.[37] 이처럼 19세기 식민주의 외교담론 중 대표적 표현이 '문명'이나 '진보'의 개념이다. '문명'이란 용어는 18세기 계몽주의 시대의 산물로서 야만성에서 벗어나 합리적인 이성과 지식을 기반으로 한 보편적인 인류 문화의 의미로 해석된다. 그렇다면 그들이 주장하는 문명화가 조선의 현실 인식과 더불어 어떻게 해석되고 있는지를 조선의 근대화와 개방에 대한 군인 및 외교관의 담론들을 통해 살펴볼 필요가 있다.

---

37) M. Orange, p. 247.

사실 '문명화'란 모델이나 후견인으로서 서구나 유럽의 역할을 확고히 하는 체계로의 유입을 의미한다. 종교와 과학, 무역이라는 그들의 목적은 숨긴 채, "조선을 문명화로 이끈다."라거나 "아시아의 편견을 없애고 기독교와 인본주의를 꽃피우자."라는 주장을 내세우며, 근대가 형성한 개념인 이성, 문명, 발전, 진보의 담론을 비서구 지역에 적용한다. 산업화로 인한 시장 개척의 필요성을 철저히 은폐한 채, 그들은 유럽의 제국주의 진출을 합리화한다. 이러한 개방을 위한 첫 단계가 통상과 수호를 위한 조약의 체결이었다.

한편으로 여느 서양 열강국가와 달리 한불통상우호조약의 특수성은 제9조 2항에 명시한 선교의 자유를 의미하는 '가르치다'라는 어구에 있다. 이러한 선교권의 보장은 양국 간의 자유로운 문화적 교류를 포함시키기 때문이다.[38)]

> 학문을 연구하기 위해 또는 어문, 과학, 법률이나 예술을 가르치기 위해, 조선에 가게 될 프랑스인들은 항상 도움과 구호를 받을 수 있다. 프랑스로 가는 조선인들도 동일한 혜택을 누린다.

한국에 대한 영토·경제·전략적 욕망이 상대적으로 적었던 프랑스는 우선 두 나라의 관계가 문화·종교 협력의 관계이기를 원했다. 마찬가지로 이폴리트 프랑댕 역시 선교의 자유와 조선의 문명화는 밀접한 관련이 있음을 특별히 강조하고 있다. 그의 논지는 한국인들이 가톨릭 선교사의 접촉을 통해 누적된 악습이나 미신을 정화하는 조선의 진보적 본능을 일깨워야 한다는 것이다. 그가 판단하는 조선의 문명화 방식은 무엇보다도 가톨릭 선교에 의한 악습

38) 한불통상우호조약 제9조 2항

타파이다.

> 한국인들은 아직도 별 상관없는 옛날의 맹목적인 편견을 추종하고 있을 뿐이다. 우리는 그들에게 외국인, 특히 가톨릭 선교사들을 접촉하게 하여 그들의 진보적인 본능을 일깨워 악습을 없애면서 풍습을 정화시켜 나가는, 느리지만 확고한 과업을 수행해 갈 것이다.[39)]

이어서 그는 서구의 힘에 의해 한국이 개방될 것이고, 개방의 성패는 서구 식민 개척자들이 전해 주는 비법에 달렸다는 주장을 펼치면서, 개척될 '땅'인 한국의 가능성과 잠재성을 강조한다. 또한 처녀지인 한국이 고립보다는 비옥한 대지처럼 새로운 미래를 갖기를 원한다고 말한다. 요컨대 그는 한국이 가진 가능성이나 잠재성, 그리고 미래의 비전을 긍정적으로 평가하고 있는 것이다.

> 한국의 자연은, 때로 도저히 이해할 수 없는 과거에 빠져 있는 것 같으나, 사실은 미래를 향해 몸을 내맡기고 있다. 또한, 시간 속에 고립되는 것보다는 그 반대의 상황을 추구하는 것 같다. 한국의 자연은 또한 자신이 비옥하게 되기를 열망한다. 황폐함이야말로 가장 싫어하는 것이다. 그러면서도 한국의 자연은, 풍요로운 결실을 도리어 부담스러워 하듯, 도끼나 쟁기 같은 농기구의 날카로운 칼날에 자신의 옆구리를 들이밀어 그 풍요로부터 해방되고자 한다. 비옥하지만 아직 개간이 안 된 처녀지는 수치스러울 것이기에 몇 안 되는 식민지 개척자들이 속삭여 주는 개척의 신비스런 비법을 자연은 전수받기를

39) C. Vautier et H. Frandin, p. 112.

꿈꾼다.[40)]

마찬가지로 보덴스도 한국이라는 작은 왕국에서 극동의 패권이 결정될 것이라며, 한국은 서구의 정신이 뿌리를 내릴 수 있는 무한한 가능성을 가진 '땅'의 이미지로 설명한다. 땅이나 농기구 같은 표현은 한국이 무엇보다 농업 국가라는 점에서 비롯된 것이다. "이 조용한 아침의 이미지는 외세의 압력에도 불구하고 손상되지 않으면서 소란스런 이웃을 압도하고 잘 참아 낼 것"이라는 그의 지적은 식민주의 담론과 교차하면서 한국을 역동적 이미지로 소개한다.[41)]

그런데 문명화에 관한 이들의 담론을 자세히 들여다보면, 조선은 미개하고 야만적이라는 인식과는 반대로 조선 문명의 독창성과 완벽성을 높이 평가하고 있는 문헌들도 발견할 수 있다. 특히 주베르나 주앙은 아시아 문화에 대한 동경을 표현하면서 한국문화가 뛰어난 가치를 지닌다고 설명한다. 강화에 보관되어 있던 왕의 서고인 외규장각 도서나 유물의 이송도 이러한 문화적 동경이 약탈의 형태로 나타난 것이다. "가장 가난한 집에도 책이 있다."라는 지적처럼, 한국의 문자사용과 일반 교육의 중요성에 주목하며 종이, 장의품, 비단, 인쇄 서적 등은 바로 진보된 문명의 증거라고 말한다. 프랑댕 역시 한국인이 보유하고 있는 자기, 칠기와 나전, 금과 상아의 상감 등의 세공 기술은 실로 경탄할 만한 것이라며 조선 공예문화의 우수성을 인정한다.[42)]

---

40) C. Vautier et H. Frandin, pp. 18-21.
41) G. Baudens, *La Corée*, Berger-Levrault, 1884, pp. 37-38.
42) C. Vautier et H. Frandin, p. 67,

최소한 초등 교육은 대단히 일반화되어 있다. 가장 초라한 초가집에서도 책을 발견하게 된다. 강화에는 아주 훌륭한 도서관이 있고, 역사책이나 제례집, 자연과학이나 의학 혹은 순수문학 서적 등도 있다. 중국 전문가가 이 책을 발견해서, 이 신비로운 국가의 흥미로운 서적들을 대부분 파리로 보냈다.[43)]

한편 작가 로티는 왕궁에서 본 무희의 춤을 통해서 조선 이미지를 권태와 느림으로 이미지화하면서도 리듬감 있고 우아한 예술에 대한 느낌을 역설적으로 묘사한다.

호랑이춤을 출 때와 마찬가지로, 고함치는 듯한 재미없는 음악에 맞추어 교태를 부리는 것같이 부자연스럽고 반복되는 느린 몸짓이 이어졌다. 마치 인생의 한없는 권태를 표현하듯, 신비로울 만큼 조용하며 지루한 춤을 우리 모두는 잘 구경했고, 음악을 들으며 약간 매료되기도 했다. 이 모든 것에 우아함과 리듬, 예술이 담겨 있었다.[44)]

그러나 외교 문서에서 보여 주듯, 구한말 혼란기 동안의 왕권 약화, 동학군 봉기, 8천여 명의 일본군 입성과 왕궁 침입, 명성왕후 시해, 단발령, 상인들의 납세 거부 등 모든 비극적인 정치적·경제적 사건에 대해 외교관들은 냉정하지만 걱정스러워 하는 제3자의 입장에 서서 본국에 간략하게 보고하였다.[45)]

---

43) H. Jouan, 1867, p. 82.
44) P. Loti, p. 114.
45) M. Orange, pp. 155-159.

해군이자 작가인 로티는 깊이 있고 서정적인 언어로 대한제국 시절 외세의 물결 속에서 거칠어지고 황폐해 가는 상황을 흰색이나 회색의 무채색 이미지로 표현하였으며, 고유의 전통문화와 서구의 문물이 뒤섞이는 혼란과 시대의 역동성을 놋그릇의 시들지 않는 구릿빛에 비유하였다.

> 주위에, 6월의 태양이 서울의 회색 풍경 위에 축제의 불빛처럼 흩어졌다. 서울은 극동의 옛 도시 중 가장 완벽한 회색빛 도시였다. […] 특히 수천 가지의 물건을 만들 수 있는 질이 뛰어난 구리는, 폐기되는 도금처럼 창백하지만 그 빛은 시들지 않는 잔과 향로와 그윽한 우아함을 지닌 촛대가 되었다.[46]

외교 문서에 나타나듯 프랑스와 한국은 상당히 적극적인 문화적 교류를 시도하였다. 특히 고종황제는 프랑스 문물에 자극을 받아 프랑스의 책과 군인의 복장, 무기 제조 등에 큰 관심을 나타낸다. 그러나 프랑스 측은 값싼 제본의 책을 선사하거나 한물간 구식 모델의 총기를 선물하는 등 진지함이 결여된 적도 많았다.[47] 접근 불가능성과 불간섭주의 때문에 조선과 프랑스의 관계는 외교적으로 늘 평행선을 그렸지만 이 역시 1895년을 전후로 변화한다.[48] 철도와 광산 부설권을 획득하게 된 프랑스는 조선의 개방에 보다 적극적으로 참여하게 된다. 철도, 광산, 교육, 법률, 우체국 등의 분야에 고용된 프랑스인들이 근대화의 선봉에 서 있었다.[49] 그러나 로티는 작가의 시선으로 한 문명이 사라지고 있음을 슬퍼하였으며, 조선의 근대화에 대해서도 부정적이다. 그에게

46) P. Loti, pp. 104-105.
47) M. Orange, p. 61.
48) 장 끌로드 알랭, “고종 재위기간의 한불관계”, 『한국정치외교사논총』3, 1986.
49) 경기도박물관, 『먼 나라 꼬레』, 경인문화사, pp. 77-117,

신식군대의 복장을 한 한국인의 모습은 왠지 어색해 보였다.

> 이 이상한 나라 조선은 앞으로 얼마나 존속할까? […] 늙은 황제는 오랫동안 바위처럼 굳어 있다가 깜짝 놀라 정신을 차리기 시작했고, 날이 갈수록 점점 더 서구식의 부드러운 문화가 밀착되어 오는 것을 느낀다. 그는 철도와 연기가 나는 공장을 원한다. 그리고 빨리 군대를 무장하고 더 빨리, 더 멀리 있는 적을 죽이기 위해 우리가 가진 귀여운 것들, 즉 총과 대포를 사들이고 있다.[50]

마찬가지로 주베르도 그들의 역할과 임무 수행을 회의하면서 아시아 문화의 독창성이 서구 문명에 의해 퇴색되어 가는 데 대한 안타까움을 표현한다. 극동에서 서구 문명을 가장 먼저 받아들이고 제국주의 정책을 펼친 일본을 비꼬면서, 서구 세계가 동양을 침략하고 식민지화하고 서구 문명을 이식하려 한 나머지, 문화가 세계화되고 획일화되니 각국의 고유한 문화가 사라져 가는 것을 유감스러워 한다.[51]

이처럼 조선의 근대화와 개방에 대한 군인 및 외교관의 담론은 문명의 필요성을 역설하면서도 조선을 향한 문화적 동경을 담고 있다. 그들 스스로 동양의 무분별한 서구 모방을 비판하는 동시에 문명화의 주체로서의 역할을 회의한다는 점은, 그들이 주장하는 '문명'이나 '진보'의 의미가 보는 관점에 따라 다양한 해석이 가능하므로 일관성이 없음을 드러낸다. 제국주의에 대해 외교관이나 군인들이 내린 이러한 회의적 진단은 동양을 타자화하는 근대 서구의 종말을 예고한다.

---

50) P. Loti, p. 115.
51) H. Zuber, 1873, p. 416.

실제로 한국에 대한 역할에서 보듯, 프랑스인들의 궤적은 서양의 제국주의의 흐름에서 소외되거나 고립될지도 모른다는 두려움을 앞세워, 선교의 열정에서부터 무력에 의한 침략까지 다양한 양상을 보인다. 이후 프랑스는 한국에 대한 신뢰 부족으로 재정 지원을 유보함으로써 양국 간의 교류는 단절되었다. 한국에 대한 프랑스인의 기술이 시대적 상황과 주관적 인식의 산물임을 확인할 수 있었다. 그러나 프랑스 식민지 정책의 특징인 문화적 교류를 통한 자연발생적 관계 추구에 걸맞게 선교사나 민간인, 학자, 외교관들의 상호교류는 한국의 근대화에 많은 자극이 되었고 서구 사회에 한국에 대한 인식을 일깨우는 계기가 된 것도 사실이다. 1905년 을사조약 전후에 한국에 대한 프랑스 서적이 많이 발간되어 대중의 관심이 한국을 향해 쏟아지기 시작했는데, 1900년 전후로 출판된 한국 관련 서적만 20여 종이나 된다.[52] 이러한 일련의 노력들은 미지의 나라, 은자의 나라인 한국의 문화를 1900년 파리 만국 박람회에 전시하는 성과로 이어졌다. 비록 만국박람회가 근대 서구 문명의 과시장이자 전시장이 된 것은 사실이지만, 파리의 한국관에는 궁전을 모방한 건축물을 비롯하여 다양한 물건들이 전시되어 한국문화를 널리 알렸다.[53] 외교관의 통역관이자 한국학의 선구자인 모리스 쿠랑은 이 기회를 빌려 조선 문화에 대한 동경을 신문에 싣고, 한국에 대한 부정적 이미지인 고립과 폐쇄를 한국의 겸손함과 수줍음의 미덕으로 대체하며 한국의 전통문화를 재평가한다.

---

52) 팡쥐의 『한국에서』(Hachette, 1904), 부르다레의 『한국에서』(Plon, 1904), 뒤크로의 『가련하고 정다운 나라, 조선』(1904), 갈리의 『극동에서의 러일전쟁』(1905) 등에서 우리는 제국주의 정책을 펼치기 위해 프랑스가 한국에 대해 수집한 풍부한 정보를 볼 수 있다.

53) 이때 출품된 물건으로는 인쇄물, 설비와 생산품, 책과 그림책, 옛날 화폐와 메달, 전통악기, 기계, 도구, 금속과 목재가공품, 토목공학 재료와 도구 및 방식에 대한 설명, 4륜 마차 제조와 채탄, 마구 제조업과 칼붙이 제조업, 통상용 항해물품, 농촌 경작 도구와 방식에 대한 설명, 농산물, 식물 등이 있다.

한국관에서 발견하는 것, 그것은 한 문명의 요약이었다. 잠시 그곳에 멈추어 보아야 한다. 색깔이 다채롭고 가스처럼 가벼운 비단이 있고, 생생하고 대조적인 빛깔의 염색이 아주 부드럽게 조화를 이루고 있다. 비단을 짜고 염색하고 다루는 것은, 인내심이 아주 많이 필요하고 섬세한 작업이라는 것을 안다. 비단은 미래에 대한 보장이며 세련된 문명의 표현이다. 한국인들은 누에고치에서 다양한 비단을 만들고 있으며, 이는 중국에서 온 것으로서 1세기에 벌써 숙달이 된 상태다.[54)]

특히 눈길을 끈 비단은 문명국의 가스처럼 가벼우며 한국의 미래를 상징한다.[55)] 또 기존의 노란색에서 벗어나 다양한 빛깔의 생기와 조화로움을 강조하기도 한다. 비단을 통해 한국이 섬세하고 인내심 많은 나라이며, 우수한 재질의 종이로 만든 책과 금속활자, 금속, 도자기 제조를 통해 오랜 역사와 진보된 문명국가임을 알린다.[56)]

결론적으로 프랑스는 한국의 역동성을 대지나 비단으로 상징화한다. 그러나 한국을 향한 그들의 문명화 방안은 군인이나 외교관의 담론에도 구체적으로 나타나 있지 않다. 이폴리트 프랑댕은 문명화를 게으름이나 악습을 정화하는 선교에 의한 종교적 교화로 보았으며, 주앙이나 주베르의 경우는 한국에

54) Collège de France, *Cahiers d'études coréennes, études coréeens de Maurice Courant*, Léopard d'or, 1983, p. 225 : 모리스 쿠랑은 초대 프랑스 외교관인 콜랭 드 플랑시의 통역 고문관으로 약 8년 동안 총 3,821권의 한국 고서 목록을 작성하여 『조선서지학』이라는 완벽한 문헌 연구 서적을 남겼다. 그는 파리 만국박람회의 소책자에서 한국문화의 우수성을 보다 적극적으로 서방에 알렸다.

55) 비단은 '실크로드'가 의미하듯 동서교역의 상징이었으며 서양의 동양에 대한 매혹을 대변하는 상징성을 가진다.

56) 모리스 쿠랑은 "한국의 예술과 문화는 옛날 중국에서 전수받고 일본으로 전해 준 오랜 전통을 간직하고 있다."라고 지적한다.

문명화가 필요하다고 보았지만 무분별한 서구 모방에 대해서는 문명의 주체로서 비판하고 회의했다. 로티는 오랜 왕국의 비극적인 운명을 통해 사라짐과 덧없음의 낭만적 정서를 반영하면서 한국의 근대화 과정에 대해 슬픔의 시선을 보낸다. 아무튼 프랑스는 문화적 관계를 통해 혹은 철도나 광산산업에 개입하면서 한국의 근대화에 참여하고 만국박람회를 통해 한국 문화에 대한 동경심을 구체화하였지만, 구한말 한국의 역사적 운명을 걱정스럽게 지켜보는 타자에 머물러 있었기 때문에 양국 간의 교류는 제한적으로 이루어졌다.

그들의 눈에 비친 한국의 이미지는 미개와 진보, 순수와 호전, 폐쇄와 개방, 정체와 역동 사이에서 분열되어 나타난다. 이렇게 분할되고 파편화된 이미지들의 종합을 시도하는 과정에서 우리는 19세기 혼란했던 양국의 정치적 상황과 제국주의의 영향 등을 함께 고려해야 한다. 또 그 과정에서 과도기 프랑스 지식인들의 지적 고민, 즉 개인의 자각과 이데올로기와의 갈등을 읽게 된다. 그리하여 유럽의 동양관이 호의와 혐오에서 엇갈리고 있는 것처럼, 가까이서 본 한국과 멀리서 본 한국이 교차하면서 한국은 미개의 나라에서 진보된 문명국으로, 고립과 폐쇄의 땅에서 개척의 가능성이 보이는 땅으로 복수화되어 나타난다. 또한 당시 프랑스인들이 보여 주었던, 다른 민족이나 문화에 대한 서구인으로서의 우월감과 한국의 문화적 가치를 인정하는 모순을 통해 문명과 야만에 대한 서구적 사유의 이중성을 재확인할 수 있다.

또 제국주의라는 이데올로기 아래 구한말 한국을 체험한 이들의 기록들은 저술자의 성향에 따라 혹은 문체에 따라 차이를 보이면서 부정적 기술과 긍정적 기술이 교차된다. 정치·군사·사회적 문제를 중점적으로 다루는 외교 군사적 담론에서조차 우리는 이중의 담론, 아이러니의 담론을 발견한다.

이러한 모순된 인식의 양면성은 타자에 대해 가지는 일반적인 인식의 한계점이기도 하다. 서구를 향한 대립과 비판이 될지도 모르는 조선에 대한 서양의 수사를 살펴보면서, 무엇보다도 그 담론이 서양이 만들어 낸 기준이며 그들 스스로의 심리적 투영이라는 결론에 이른다.

서양의 전형적인 권력 담론조차 이데올로기를 정복한다는 점은 대립을 극복하는 상호보완적 형식의 메시지를 찾는 작업이 가능함을 알게 한다. 동서양 간 비교뿐만 아니라 시대 간 의사소통을 시도하는 이러한 연구는 한 시대 사람들의 사고나 인식을 규정하는 이론적인 체계를 도출할 수 있다. 그리하여 감정적으로 다가가기 쉬운 문화 간 차이를 극복하고 더 발전시켜 창의적으로 나아갈 수 있는 문화적 전망을 제시한다는 점에서, 서양인이 기술한 한국에 대한 사료연구는 앞으로도 더욱 풍부한 해석의 여지가 가능한 개척 분야라 할 수 있겠다.

제4장

조르주 뒤크로의 『가련하고 정다운 나라, 조선』에 나타난 조선의 이미지

19세기에 서양이 그들을 위하여 동양을 고정된 이미지 속에서 조작하는 것은 기행문학, 즉 저자가 동양이라는 이국적이고 매력적인 현실을 자신의 상상력의 원천으로 삼으려는 예술 장르에서 잘 드러나고 있다. 이 사실은 여행기야말로 동양에 대한 서양인들의 잘못된 표상을 가장 잘 보여 주는 전형적인 텍스트로 작용했다는 사실을 말해 준다.[1] 이때 저자들에게 작용한 오리엔탈리즘이라는 지배이데올로기는 플로베르나 네르발 등의 작가들이 동양에서 겪은 체험을 여행기에서 옮기고자 할 때 그들의 풍부한 상상력에까지 영향을 미치는 것이었다.[2]

1) 박지향, 「여행기에 나타난 식민주의 담론의 남성성과 여성성」, 『영국연구4』, p. 145. (경기도 박물관, 『먼나라 꼬레(Corée)』, 경기도, 경인문화사, 2003, p. 216에서 재인용)
2) 에드워드 사이드 / 박홍규 옮김, 『오리엔탈리즘』, 서울, 교보문고, 1991, p. 305.

인류학자이자 시인이었던 조르주 뒤크로[3]가 출판한 『가련하고 정다운 나라, 조선 *Pauvre et douce Corée*』(1904)도 오리엔탈리즘의 식민주의적 인상이 농후한 문학[4]의 좋은 보기이다. 그는 문학적 · 인류학적 호기심에 충만하여 루이 마랭[5]과 함께 조선을 여행한 후 이 여행기를 기록하였다. 뒤크로의 조선 여행은 여행기의 서문에서 장 노엘 쥐테가 설명하듯이 여행 목적과 선택한 여정에서부터 식민주의적인 관점을 잘 보여 준다. 당시 프랑스에서 조선은 여러 가지 문헌들을 통하여 공상을 없앨 정도로는 알려져 있었고,[6] 프랑스는 러일전쟁이 임박한 조선에서 외교적·군사적 이권을 주장하기보다는, 프랑스가 러시아와 맺은 동맹을 통해 교회와 광산, 철도, 우체국 등의 분야에서만 영향력을 행사하는 정도였다. 그들이 19세기 후반이 지나기까지 오리엔탈리즘에 관한 한 세계의 수도[7]였던 파리를 떠나 프랑스의 직접 보호령이었던 인도차이나로 가지 않고 유럽 대륙을 횡단하여 모스크바, 시베리아, 몽고와

3) 조르주 뒤크로(Georges Ducroq, 1874-1927)는 조선을 방문할 당시 스물 네 살이었다. 프랑스에 돌아가서는 신문기자가 되었다. 제1차 세계대전 이후에는 중동지방에 근무하면서 동양적 서정을 띤 『슐레이만의 꿈』, 『아름다운 리바네즈』 등의 작품을 발표했으나 오늘날 그의 문학작품은 잊혀지는 추세이다. 프랑스에 조선을 소개한 『가련하고 정다운 나라, 조선 *Pauvre et douce Corée*』은 그의 작품 중 가장 독창적인 것으로, 1904년에 샹피옹에서 초판이 나왔다. 이 장은 쥘마에서 1993년에 재판한 것을 참고하였다. 이 여행기는 『가련하고 정다운 나라, 조선』(최미경 역, 서울, 눈빛, 2001)으로 번역되어 있다.

4) Georges Ducrocq, *Pauvre et douce Corée*, Paris, Zulma, 1993, p. 7.

5) 정치가였으며 보수적 투쟁가이자 교육자였던 루이 마랭(Louis Marin, 1881-1960)은 20세기 초 프랑스의 사회과학, 특히 민속학 분야에서 중요한 존재였다. 또한 탐험가이기도 했던 마랭은 1901년 뒤크로를 여행길에 오르게 하는 대탐험의 계획자였다. 그 또한 조선기행을 *Voyage de 1901 en Russie-Sibérie-Mongolie-Mandchourie-Chine-Corée*에 기록했으며, 그가 한양에서 찍은 사진 중 18매가 1904년판 뒤크로의 우리말 번역본에 실려 풍요로움을 더해주고 있다.

6) 조선은 1830년부터 입국한 프랑스 선교사들과, 그들의 뒤를 이은 상인, 기술자, 군인, 지리학자, 외교관, 고고학자, 민속학자들이 조선을 관찰하고 쓴 문헌을 통해 프랑스에 어느 정도 알려져 있었다.

7) 『오리엔탈리즘』, p. 102.

만주를 거치는 여정[8]을 선택한 것도 당시 극동에서 러시아가 승리하는 것을 목격하는 데 관심이 있었기 때문이다. 이미 그들의 여정에 반영된 식민주의적 관점은 그들이 1901년 12월 5일에 제물포에 도착하여 크리스마스를 전후한 2주간을 한양에서 체류한 후 이듬해 2월에 다시 파리로 돌아갈 때까지, 조선에서 프랑스의 우월한 위치를 확인하고 이로 인해 프랑스인으로서 무한한 긍지를 느끼는 데서도 여전히 나타난다. 이러한 뒤크로의 입장은 그가 조선을 그들의 나라에 알린다는 사명감을 가지고 출판한 이 여행기의 곳곳에서 잘 드러나고 있다.

한편, 이 여행기는 두 가지 점에서 당시 조선에 대해 기록한 다른 여행기와 차이가 있다. 먼저 인류학자로서 그는 한양에서의 직접 체험을 통해 이전의 텍스트로부터 전수받았던 조선에 대한 편견에서 벗어날 기회를 얻는다. 따라서 그는 이 시기의 가톨릭 선교사들이 조선인을 전교의 대상으로 보거나, 외교관들이 조선을 정치적·문화적으로 열등한 나라라고 본 것과는 달리 조선인의 일상적인 삶에 주목하여 유서 깊은 조선 문화의 독자적 가치를 잘 알아보았다. 뿐만 아니라 시인이었던 그는 플로베르나 네르발이 동양 체험에서 그랬듯이, 그가 발견한 조선의 매혹적인 아름다움을 풍부한 서정미 속에 담아냈다. 시인 이브 본느프와가 뒤크로의 여행기에 대해 "배후에서 진행 중이던 대립과 식민화과정을 넘어선, 아직도 자유로운 깊은 전통을 간직한 조선을 그림으로써 인류학적 가치는 물론 문학적 가치 역시 높은 작품"[9]이라는 평을 내린 것도 이러한 이유에서이다. 따라서 이 장에서는 그 이전까지 조선을 거쳐

---

8) 그들이 선택한 여정은 당시의 다른 여행가들, 가령, 같은 해에 조선을 여행하였던 피에르 로티나 다른 외교관, 기술자, 기자들이 해로로 일본을 경유했던 것과는 차이가 있다.
9) 조르주 뒤크로 지음 / 최미경 옮김, 『가련하고 정다운 나라, 조선』, 서울, 눈빛, 2001, p. 137.

간 여행자들과는 달리 뒤크로가 인류학자로서 찾아낸 조선의 숨겨진 모습은 어떤 것인지, 시인으로서 그가 풍부한 이미지 속에서 형상화시킨 조선의 모습은 어떤 것인지, 그럼에도 불구하고 이 텍스트는 어떤 점에서 여전히 오리엔탈리즘의 맥락 속에 놓여 있는지를 살펴보고자 한다.

1. 여성적인 나라 조선

남산을 거쳐 한양에 도착하였을 때 나뭇가지 사이로 조르주 뒤크로의 시선에 들어온 한양은 초가지붕이 잔뜩 덮인 가난한 모습이었다. 그는 이것을 볼품없는 농촌 아낙 같다고 표현하고 있다.

> 처음에는 굴뚝 연기에 휩싸인, 이 초가가 가득한 마을이 조선의 수도인 한양이라고 믿어지지가 않는다. 그러나 끝없이 늘어선 초가들과 시가를 둘러싸고 있는 성곽, 웅장한 성문들을 보게 되면 더 이상 의심의 여지는 없어진다. 여기가 바로 한양이며, 한양은 마치 겉보기가 볼품없는 농촌의 아낙 같아 보인다.[10]

그러나 그는 초가를 초라하다고 보지 않았다.

> 이런 까닭에 한양은 적은 비용을 들여 세운 수수한 도시라는 인상을 주지만

---

10) 이 장에 사용된 번역문은 『가련하고 정다운 나라, 조선』, 최미경 역, 서울, 눈빛, 2001. 에서 인용한 것이다. 이 번역문은 이 책의 67쪽에서 인용하였다. 원문은 Georges Ducrocg, *Pauvre et douce Corée*, Paris, Zulma, 1993이다.

결코 초라해 보이지는 않는다. 조선인이라면 누구나 자신의 집과 따뜻한 화로와 자신만의 삶이 있다. 한양의 집들은 밀집고깔 속에 얼굴을 감춘, 별로 부유해 보이지는 않지만, 그래도 행복한 농촌의 아낙네와 같다.[11)]

'햇볕에 움츠린 나른한 고양이 같은 자태의 초가'는 '밀집고깔 속에 얼굴을 감춘, 부유해 보이지는 않지만 그래도 행복한 농촌 아낙네'처럼 포근한 인상을 주는 것이다. 한양의 초라한 모습에 대한 그의 따뜻한 시선은 비슷한 시기에 조선을 여행했던 다른 프랑스인들이 한양의 초가에 대해 묘사한 것과는 달리 정감 있는 분위기를 자아낸다. 예를 들면, 뒤크로가 한양을 여행했던 1901년에 역시 한양을 여행한 피에르 로티가 한양의 초가에 대해 '낮고 게딱지만 하며 우스꽝스럽고 단조로운 회색인, 중국과 거의 비슷한 모양의 집'[12)]이라고 말한 것이나, 이폴리트 프랑댕이 '거북의 등딱지가 우글우글 모여 있는 것 같은 마을'[13)]이라고 가차 없이 묘사한 것에 비하면 미지의 나라를 바라보는 뒤크로의 시선은 긍정적이다. 뒤크로는 '수수하지만 초라해 보이지는 않는다'

---

11) 『가련하고 정다운 나라, 조선』, p. 71.

12) 피에르 로티 / 이진명 옮김, 「새벽을 깨우는 王宮의 나팔소리」, 『신동아』, 1992. 6. p. 515. 피에르 로티(Pierre Loti, 1850-1923)는 뒤크로가 조선을 여행했던 1901년에 한양 주재 프랑스 해군 파견관이었다. 그는 이때 관찰한 조선을 그의 『매화부인의 제3의 청춘기 *La troisième jeunesse de Madame Prune*』에서 자서전적인 내밀한 문체로 기록하고 있다.

13) 클라르 보티에, 이폴리트 프랑댕 지음 / 김상희 · 김성언 역, 『프랑스 외교관이 본 개화기 조선』, 서울, 태학사, 2002, p. 34.
이폴리트 프랑댕 *Hippolyte Frandin*은 이탈리아에서 태어나 러시아에서 자란 프랑스인으로 파리 동양어학교에서 공부하였다. 외교관의 길로 들어선 그는 1880년에는 톈진, 그리고 1891년에는 조선에 부임했다. 1892년 4월 조선 주재 제2대 프랑스 영사 및 전권공사로 조선에 첫발을 디뎠고, 1894년 2월에 프랑스로 돌아갔다. 그는 아주 날카로운 호기심을 가진 서양인의 눈으로 서울에 왔으며, 모친상을 당해 다시 본국으로 돌아가기 전까지 3차례에 걸쳐 조선 일주를 했다. 원제는 Madame Claire Vautier, Hippolyte Frandin, *En Corée*, Paris, Librairie C. H. Delagrave, 1900이다.

라든지, '부유해 보이지는 않지만 행복하다'는 식의 대조적인 표현을 통해 그동안 프랑스 문헌들이 조선에 대해서 말하지 않았던 새로운 사실을 드러내고 있다. 즉, 그동안의 문헌들이 조선에 대해 '가난', '비참', '미개' 등의 어휘를 사용해 부정적으로만 묘사하면서 조선의 실상을 드러내지 못했다면, 그는 인류학자로서 일상성에 주목하여 한양의 감추어진 모습을 발견하고, 그것을 시인의 필치로 아름답게 표현했다. 그동안 서구에 은자의 나라라고 알려진 조선을 묘사하기 위해 뒤크로는 또 한 번 농촌 아낙을 대표 이미지로 사용하고 있다.

> 혹 외국인이 불쑥 집에라도 들어가면, 여인네들은 문을 내닫으며 달아난다. 때때로 뜰의 짚자리 위에 비단신을 떨구고 가는 일도 생기는데, 이 신이야말로 그녀들의 삶에 대해 긴 이야기를 해 줄 것만 같다.[14)]

외국인이 다가설 때 조선 여성이 수줍은 모습으로 달아나는 것은 그들이 항상 갇힌 자로서 내밀한 공간 속에서만 살아왔기 때문이다. 조선인의 수줍음은 '불구자와 같은 상태로 신랑에게 인도되어 외출할 때를 제외하고는 언제나 안채에 은거'하는 새색시와, '비단 장옷 속에 얼굴을 감춘 채' 외출하는 조선 여인과, '갇혀 사는 궁녀'의 이미지와 더불어 더욱 강해진다. 숨어 있지만 긴 이야기를 가진 듯한 농촌 아낙은 바로 폐쇄적이었으며 서구에 잘 알려지지 않았지만 깊은 이야기를 가지고 있는 조선을 표상하는 것이다.

---

14) 『가련하고 정다운 나라, 조선』, p. 102.

명조의 오랜 황실의 피를 받았고, 우리 유럽보다 더 오래된 그들만의 전통이 있다는 것을 알면서도 어떤 대담한 양반은 유럽식 생활을 시도한다. 그 양반이 우리를 맞이한 곳은 문짝과 창에 유리를 끼운 돌집이다. 영국제 은찻잔에 차를 대접하며 안락의자에 앉아 여송연을 태우고 스위스제 뻐꾸기 시계도 벽에 걸어 놓았다. 그러나 빌려 온 듯한 이 집을 밝게 해 주는 옅은 색 한복과 충동적인 기질과 이 민족 특유의 예의바름은 한결같다. […] 그러나 그는 우리가 떠나자마자 이 집 뒤에 가려져 있는 한옥으로 돌아갈 것이다. 한지로 도배한, 부인과 아이들과 조상의 담뱃대가 있는 따뜻한 집에서 제 집에 돌아온 편안한 느낌을 만끽할 것이다. 근대식 집을 가지고 있는 것에 대해 자부심을 가지면서도 행복한 것은 옛집에 있을 때일 것이다.[15)]

뒤크로가 조선을 명나라 황실의 오래된 후손이라고 말한 것은 인류학자였던 그조차 당시 조선을 다루었던 프랑스 문헌들의 오류로부터 자유롭지 못했음을 보여 준다.[16)] 그럼에도 불구하고 뒤크로는 인류학자의 시각으로 조선인이 유럽보다 더 오래된 전통이 있는 민족이라는 사실을 포착했다. 즉, 그는 당시 교황이 샤를 달레의 『한국천주교회사』의 서문에 보낸 축전에서 '조선은 그 자신의 고유의 역사를 갖지 않는 나라'[17)]라고 말한 것과는 달리 한반도의 지속성과 독립성을 인정하는 것이다. 그는 조선의 가옥들이 프랑스의 가옥과는 다르지만 조선의 추위와 바람을 막기 위한 자연친화적인

15) 『가련하고 정다운 나라, 조선』, p. 118.
16) 이러한 오류는 오리엔탈리즘과 관련하여 동양을 다룬 텍스트가 가지는 중요한 특성 중 하나이다. 이 텍스트들에 오류가 많은 것은 저자가 자신의 직접 체험에 의존하기보다는 선행 텍스트들을 통한 간접 체험에 근거하여 서술한 것이 많기 때문이다.
17) 샤를 달레, 『한국천주교회사』, 서울, 한국 교회사 연구소, 1979, p. 19. (원저는 *Histoire de l'église de Corée*, Paris, Librairie Victor Palmé, Editeur, 1874이다.)

구조를 지니고 있다는 사실을 주목했다. 또 그는 민속학자의 시각으로 조선인들의 목공예 솜씨가 뛰어나며, 조선인들이 일본인들보다 훨씬 앞서서 작고 섬세한 찻잔에 차를 마셨다는 사실을 알아보았다. 뿐만 아니라 그는 조선의 수예품이 '강한 색채와 전원에서 맛보는 신선함 때문에 아침에 피는 꽃의 광채'와 같아서 일본이나 중국의 것과는 견줄 수 없을 정도로 우수하다는 사실도 인정하였다. 유서 깊은 조선인은 농촌아낙이 가난한 초가에 갇혀 있지만 '패랭이꽃이라도 한 뿌리 심어져 있어서 자유롭게 바람을 쐴 수 있는 초가집 안의 작은 뜰' 때문에 슬프지만은 않듯이 자신의 옛집에서 더 행복해 한다. 즉, 그가 본 조선인은 부유층이든 서민층이든 가진 것이 없어도 행복한 민족이다. 은둔자 중의 은둔자로서 자신만의 긴 이야기를 가진 조선 여성은 뒤크로가 조선의 이국적 아름다움을 표현하는 데도 가장 적절한 이미지로 사용된다.

> 인생의 고달픔을 겪는 것은 아낙네들이다. 나이가 들어 가면서도 그네들의 검은 눈의 광채는 여전하며, 행동거지는 위엄을 잃지 않는다. 그중에서도 아주 아름다운 여인들은 감탄할 만한 이마의 선, 대담함이 느껴지는 눈썹의 곡선, 생기 있는 시선, 빈정거리는 듯한 코, 작은 입, 달걀형의 턱을 하고 있다. 섬세하면서도 연약해 보이는 이 아름다움은 시간이 흐름에 따라 약간 둔화됐지만 결코 쇠락하지 않는, 아주 오래된 이 민족의 특성인 듯하다. 이 가난한 사람들에게서 가장 값진 것은 그들의 머리채이다. 흑단처럼 검게 빛나는 숱 많은 머리채는 부드러운 데다가 기름을 발라서 윤기가 흐른다. 조선 여인네가 이런 머리채를 잘라서 중국인 가발상에게 근으로 달아 팔 때에는 정말 가난에 찌들어 어쩔 수 없는 처지에 놓여 있을 때뿐이다.[18]

'아름답다'는 어휘는 뒤크로의 여행기에 가장 빈번히 등장하여 여행기 전체를 아우르고 있다. 이 아름다움은 이국적인 아름다움이다. 그는 한양이 그에게 제공하는 이국적 사건을 열거한다. 마치 플로베르나 네르발 등이 동양여행에서 그들 앞에 펼쳐지는 기이함을 향유하듯이 뒤크로 역시 그 앞에서 펼쳐지는 여러 가지 사건과 인물들, 그리고 배경이 제공하는 조선만의 매력을 즐기는 것이다. 황제가 지나갈 때 절은 하여도 갓은 벗지 않을 정도로 모자를 좋아하는 조선인의 모습, 대낮에 빛의 자락이 지나가는 듯한 결혼식 행렬, 야밤을 비추는 수백 개의 등불로 뒤따르는 사람을 현혹하여 극적 효과를 자아내는 장례식 행렬에 매혹된다. 뿐만 아니라, 등바대, 소맷부리를 파는 사람, 베옷 속에 입어서 한여름에 옷과 피부의 접촉을 막고 베옷의 형태를 유지하게 하는 대등거리를 파는 사람들처럼 상상도 할 수 없을 정도의 기이한 직종들에 놀란다. 등, 상장, 베옷 일체를 비롯하여 성대한 장례식에 필수적인 물품들, 필요하다면 자손들에게 눈물까지도 빌려 주는 곡꾼들을 공급하는 상점들까지 모든 것이 뒤크로에게는 기이한 것이다.

그리고 이 이국적 아름다움은 곧 조선 여인의 아름다움과 동일시된다. '흰 족제비의 눈처럼' 아름다운 시선과 검은 머리채는 오랜 시간 축적된 고달픈 조선 여인의 삶과 어우러져 타 민족에게서는 볼 수 없는 이국적 미의 극치로 나타난다. '섬세하면서도 연약해 보이는 이 아름다움'을 뒤크로는 시간이 흐름에 따라 약간 둔화됐지만 결코 쇠락하지 않는, 아주 오래된 이 민족의 특성과 연결시킨 것이다. 조선 여성에 대한 이러한 묘사는 "조선의 여인은 예쁜 것과는 거리가 멀었으며 헤어스타일도 그러한 단점을 커버하지 못했다."[19]고 한

18) 『가련하고 정다운 나라, 조선』, pp. 74-75.
19) Charles Varat, Charles Chaillé-Long Bay, *Deux voyages en Corée*, Paris, Editions

샤를 바라의 관점과는 전혀 다른 맥락에서 나타난 것이다. 뒤크로는 조선의 이국적 아름다움을 찾고자 했고, 그것을 조선 여성의 아름다움에서 수렴했던 것이다. 한편, 조선의 또 다른 모습을 뒤크로는 수줍은 여인들이 밤에 보여주는 전혀 다른 분위기의 대담하고도 감성적인 모습에서 찾아내고 있다.

> 밤이야말로 질투심이 강한 남정네들에게 하루 종일 답답하게 갇혀 있던 아낙들이 풀려나 바람을 좀 쐬는 것이 허락되는 시간이다. […] 어쨌든 여성들은 자유롭게 밤을 누리는 습관을 계속 간직하고 있다. 조금 사는 집 여성들은 젠체하기 위하여 비단치마를 서너 개 두르고 소매가 펄럭이는 장옷을 입고 나이 먹은 하녀 옆에 붙어서 도보로 시내를 한 바퀴 돈다. 아주 부유한 집 아낙은 네 명의 하인이 우직하게 어깨에 지는, 내부를 표범가죽이나 비단으로 장식한 가마 속에 앉아 시내를 돈다. 어두컴컴한 길가에서 이 여성들의 존재는 참 신비스러운 것이다. […] 많은 여성들이 이 시간을 이용하여 연애를 하거나 연애편지를 받거나 자신의 연서를 남의 집 문지방에 꽂아 두고, 동반한 노파가 공모라도 하면 님을 만나러 간다. 한양은 아주 감성적인 곳이라 대부분의 조선인들은 연애를 하는 중이다.[20]

한양은 가난하지만 감성과 낭만과 사랑이 넘쳐흐르는 곳이다. 한양이 뒤크로에게 이러한 인상을 주었다면 그것은 바로 밤이 되면 가장 자유롭게 활기를 되찾는 조선 여성들 덕분이다. 조선 여성들은 하루 종일 답답하게 갇혀 있다가 밤이 되면 신분의 지위고하를 막론하고 자신만의 감성을 지니고 외출을 했다.

Kailash, 1994. p. 267.
20) 『가련하고 정다운 나라, 조선』, pp. 91-92.

그 모습 또한 사랑스럽다. 한양은 이러한 조선 여성을 포용하는 사랑의 도시이다. 한양은 '이별은 마치 우리의 심장을 태우는 불과 같고 서러운 눈물은 그 불을 잠재우는 비와 같아라 […]'와 같은 사랑의 고통과, 떠난 님을 그리워하는 탄식 등을 노래한 통속문학으로 가득 찬 곳이다. 뒤크로의 여행기에서 밤이 되면 감성이 넘쳐 나는 한양과 밤이 되면 자유를 찾는 여성은 서로 분리할 수 없는 이미지로 섞이는 것이다. 그러나 뒤크로가 밤에 왕궁에 속한 무희들이 그들의 남편인 고수들의 장단에 맞추어 춤을 추는 것을 보았을 때 그는 무희들로부터 농촌 아낙에게서 느낄 수 있었던 행복감과는 다른 감정을 느낀다.

> 이때 이 기녀들은 왕실을 상징하는 색색깔의 등 행렬 속에 화려한 비단의 사각거리는 소리를 내며 도착한다. 가장 아름다운 비단, 가장 귀한 모피는 이들을 위한 것이다. […]
> 그럼에도 불구하고 이 아름다운 기녀들은 즐겁지 못하다. 춤 공연의 유일한 매력은 허리가 올라간 긴 치마 속에 감춰진 길고 유연한 허리에서 오는 우아한 동작이다. 이들은 조정에 도착하면서부터 완전히 갈피를 못 잡고 있다.
> 고향산천을 떠난 슬픔은 왕궁에서의 환영잔치 · 성공 · 보석들로도 위로가 되지 않는다. 노루 눈처럼 커다랗고 검고 우울해 보이는 아름다운 눈에는 우수가 깃들어 있다. 그 시선은 번민을 드러내며 아름답고 반듯한 이마에는 슬픈 생각의 흔적이 역력하다. 고관들의 싱거운 찬사를 떨쳐버리게 하는 고향의 풍악소리가 들리면 이들은 조금 생기를 띤다. 손을 치며 천천히 돌면서 춤을 추는 이들 중의 여럿은 예전 일을 회상한다. 고향마을에서 자신을 사모하던

볼품없는 농부 앞에서도 이렇게 춤을 추었던 일을. 매일 저녁 떨리는 손으로 그가 가져다주던 패랭이 꽃을 다시 받을 수 있다면 화려한 옷과 비취 귀고리라도 기꺼이 내놓겠다고.[21]

뒤크로는 조선의 슬픈 모습도 놓치지 않았다. 그는 무기력하게 외국에 문호를 개방하여 전통을 잃어 가며, 뿌리가 단절되는 듯한 슬픈 조선의 모습을 아름답지만 슬픈 궁중무희들의 모습을 통해 부각시키고 있다. 뒤크로는 시나리오 속에서 행동화시키는 듯한 독특한 인물묘사를 통해 비밀스럽고 신비스러운 무희들의 존재를 드러냈다. 그는 무희들의 아름다움 위에 가난 때문에 보호받지 못하고 정든 고향으로부터 버려진 탓으로 인한 슬픔의 정서를 덧입히고 있다. 뒤크로는 무희들의 아름다움과 슬픔이 서로 대조를 이루도록 탁월하게 묘사한다. 흑담비 털로 된 가마를 타고, 다람쥐 가죽으로 안을 댄 소맷부리가 달린 청여우 가죽 저고리와 큰 호박알이 달린 눈부신 오렌지색 비단 웃옷을 입고 손가락마다 반지를 낀 무희들은 아름답게 치장하여 누구보다 화려하지만, 그녀들의 시선은 우수와 번민을 담고 있으며, 반듯한 이마에도 슬픈 생각의 흔적이 서려 있다. 뒤크로가 무희들에게서 엿본 슬픔의 색채는 서민층 여성의 슬픔이 아니라 당시 조선 왕국 전체의 슬픔이었다. 그는 명성황후라는 한 여성의 시해 사건을 통해 조선의 위기와 슬픔의 본질을 밝혀낸다.

황후 민비가 일본군에 의해 암살당한 후에 황제 고종은 북악산 밑에 자리한 경복궁을 떠나서, 외국 공사들이 위치한 도심의 경운궁(현 덕수궁)으로 거처를 옮겼다. 그러나 버려진 경복궁과 그보다 더 오래된 창덕궁은 황실 소유로

21) 같은 책, pp. 93-94.

남아 있으며, 군사들이 지키고 있다. 이 궁들은 수도의 거의 북쪽 외곽에 위치하고 있으며, 조용하고 한적하다. 궁 안의 큰 정원들은 버려져 황폐했으며, 정자와 별채들은 보존이 잘 되지 않아 시간이 흐름에 따라 점점 파손되어 가고 있다. [⋯] 이 가운데 가장 유감스러운 것은 예전에 그렇게 훌륭하게 꾸며졌던 정원, 아름다운 곡선을 따라 심어진 잔디밭, 진달래꽃들, 소나무 숲 등등의 이 유서 깊은 궁의 아름다움이 보존되지 못하고 심지어 벽을 다 덮어 버리기도 한 상태로, 그나마 빈민들에게 나무갈퀴로 쓸어내게 하는 일마저 시키지 않았더라면 땅이 완전히 덮여 버릴 것이다.[22)]

마치 오리엔탈리스트들이 유럽인의 감성을 가지고 사라져 가는 이집트의 웅장함을 아쉬워하듯, 뒤크로 또한 더 이상 지켜지지 못하는 이국의 흔적들 앞에서 쓸쓸함을 느낀다. 그에게 사라져 가는 고왕국, 즉 조선은 일본이라는 강대국에 의해 시해당한 후 말이 없는 명성황후의 이미지와 중첩된다. '살아 있을 때 제대로 보호받지 못했던' 명성황후는 일본의 침략에 대항해 나라를 지키려 했지만 끝내 일본군에 의해 시해당해 역사 속에 사라져 버렸다. 명성황후 시해사건은 이미 여러 프랑스 문헌을 통해서 알려졌던 만큼, 뒤크로는 그가 명나라의 후손이라고 알고 있는 조선의 황후가 사라지고 말이 없는 데서, 그리고 그가 거처하던 옛 궁이 황폐해지는 데서 조선의 운명을 보았고 비감에 젖었다.

지금까지 살펴보았듯이 뒤크로는 그의 인류학자적인 시각으로 포착한 조선의 독특한 일상성을 가난하지만 초라하지 않고, 갇혀 있었지만 자신만의

---

22) 같은 책, pp. 111-113.

뿌리 깊은 역사 속에서 행복하며, 슬픈 이국적 아름다움을 지니고 있던 조선 여성의 모습과 결부시키면서 드러내고 있다. 이 과정에서 때때로 뒤크로가 조선을 긍정적으로 묘사한 것은 이전까지 다른 프랑스인들이 조선에 대해 부정적으로 묘사한 것과는 차이가 있다. 그러나 뒤크로 또한 조선에 대한 근본적인 인식의 측면에서는 다른 오리엔탈리스트들과 동일한 사고 경향을 지닌 것으로 보인다. 조선을 여성에 비유하는 것은 당시의 대표적인 오리엔탈리스트라 할 수 있는 프랑댕이나 "남성조차도 여성의 이미지를 풍긴다."[23]고 한 루이 마랭 등 다른 프랑스인의 관찰에서도 공통적으로 나타나는 것이기 때문이다. 결국 동양을 수동적이고, 운명에 순응하며, 보호받을 수밖에 없는 여성으로 타자화하고 스스로에게는 남성의 정체성을 부여함으로써 동양을 지배의 대상으로 바라보는 서구 오리엔탈리즘의 관점을 뒤크로 역시 완전히 피해가지는 못하였던 것이다.

2. 어린아이 같은 조선인

한편, 뒤크로는 한양의 초가를 어린아이의 꾸밈없는 모습과 비교하면서 점차적으로 묘사해 나간다 :

> 초가들은 꾸밈이 없어 보이며, 무척 가난해 보이기는 하지만 결코 처량하지는 않다. 아주 밝고 은은한 햇빛이 이 가난해 보이는 정경을 포근하게 감싸 안는다.[24]

---

23) *Voyage de 1901 en Russie-Sibérie-Mongolie-Mandchourie-Chine-Corée*, pp. 185-186.
24) 『가련하고 정다운 나라, 조선』, pp. 67-68.

시인인 그의 시선을 거치면서 한양의 누추한 외관은 밝고 따뜻한 공간으로 바뀌어 가고 있다. 그가 보기에 꾸밈없는 어린아이 같은 소박함 속에서 살아가는 조선인은 순한 민족이다. 그들은 자신들이 입은 흰옷 속에서 경쾌하게 살아간다.

> 한민족의 의복은 흰색이 으뜸을 차지한다. 흰색이야말로 순한 한민족에게 가장 잘 어울리는 색이다. 시골에서 보는 바지저고리, 신, 갓은 눈부신 흰색이며, 도시인들은 모두 펄럭이는 흰 두루마기를 입는데, 아내들의 수고로 두루마기는 희고 풀이 빳빳하게 먹여져 윤이 난다. 한양의 거리는 밝은색의 의관 덕택에 매일 축제인 양하며, 조선인들도 그것을 잘 안다. 만약에 이들이 흰옷을 입지 않게 된다면, 이들의 쾌활함은 절반으로 줄 것이다.[25]

우선 뒤크로는 흰옷으로 눈을 맞은 듯한 이 "백색왕국"[26]의 "눈부신 흰빛"에 매혹당해 있다. 당시 조선인은 사막에서 사는 것도 아니면서, 또 건조한 기후에 때가 잘 타는데도 흰옷을 입으며, 또 겨울 추위가 매서운데도 베옷을 입었다. 뒤크로 역시 이것을 비과학적으로 보았다. 그러나 그는 조선을 음울한 회색[27]으로 본 로티나 흰색을 상복이나 슬픔의 빛깔로 본 야나기 무네요시[28]와는 달리 흰빛 덕분에 조선인이 순박하고 경쾌하게 보인다고 생각했다.

당시 조선인들은 경쾌하게 살아갈 수 있는 처지는 아니었다. 그러나 그들

---

25) 같은 책, p. 77.
26) 백성현·김한우 지음, 『파란 눈에 비친 하얀 조선』, 서울, 새날, 1999, p. 33.
27) 『새벽을 깨우는 王宮의 나팔소리』, p. 516.
28) 『파란 눈에 비친 하얀 조선』, p. 31.

은 풍전등화 같은 나라의 위기 앞에서도 주어진 삶에 순응하고 있었다. 순박한 아내들은 그들의 피곤한 운명에 불평하지 않는다. 그녀들은 새벽같이 일어나 아직도 달이 뜬 시간에 밥이나 국수를 준비하고, 개장국 혹은 호박국 등을 끓여야 하며, 떡도 하고 특히 밤낮없이 남편의 흰 의복을 반질거릴 때까지 손질한다. 남편은 아내의 수고 덕택에 윤이 나는 빳빳한 흰 두루마기를 펄럭거리며 거리를 활보할 수 있었다. 소박해서 가난하지만 주어진 삶에 순응하는 조선인들의 모습은 뒤크로에게 마치 순한 어린아이처럼 보였다. 깨끗한 흰옷을 입고 한양의 장터를 활보하는 조선인은 '색동옷을 입고 봄꽃이 활짝 핀 들판에서 형형색색의 나비 같은' 어린아이들처럼 경쾌하다.

> 가진 것이 없어도 조선 사람들은 행복하다. 길을 나서면 항상 기분 풀 거리가 있으니 말이다. 아침이면 시골 농부들이 황소 등에 땔감과 야채를 싣고 도시로 팔러 들어온다. 농부들은 길가에서 손님을 기다린다. 종각 부근의 사거리 일대는 순식간에 가축시장이 되어 버린다. [⋯] 이들이 시내에 들어올 때는 특유의 쾌활함과 함께 시골 냄새와 소나무 향기를 묻혀 온다. 그리고 큰길가에 자리를 잡고는 행인들에게 우스갯소리를 던지곤 한다.[29)]

설정된 무대 속에서 살아 움직이게 만드는 뒤크로의 독특한 인물 제시에 의해 조선인들은 참신한 활력을 지닌다. 따라서 독자는 마치 배우들이 경쾌한 걸음걸이로 등장하는 연극을 눈앞에서 보는 것 같다. 가장이 훤히 빛나도록 의복을 손질하기 위해 다듬이 방망이질을 하는 아내들, 흰옷을 입고 자랑스러

---

29) 『가련하고 정다운 나라, 조선』, pp. 81-82.

워 하는 남편들, 주막에서 욕지거리 하는 사람들, 얼음을 지치다가 폭소를 터뜨리는 사람들, 제기차기를 하는 계집아이들, 주전부리 하는 사람들, 악동노릇을 하는 아이들, 가끔씩은 대담하게 푸른 사과색, 빨강 복숭아, 버찌, 살구색에 가까운 옷을 입는 시골 사람들, 맑은 눈동자의 주름진 노인들, 이 모두가 경쾌하고 맑은 어린아이의 이미지 속으로 모여든다. 그가 포착한 구름 한 점 없는 하늘의 투명한 햇살 아래 이 가벼움은 이들이 주로 입는 하늘색, 연분홍, 담회색, 패랭이색, 연보라 등의 색채와 어울려 맑은 수채화 한 폭을 연상시킨다.

이들의 경쾌함은 속담을 만들어 내는 조선인들의 재치 속에도 배어 있다. 뒤크로는 "고래 싸움에 새우 등 터진다.", "지렁이도 밟으면 꿈틀한다.", "나무에 올려 놓고 흔드는 격"과 같은 속담이야말로 어려운 상황 속에서 오랫동안 이웃나라에 시달려 온 조선인들의 예지를 담고 있는 것이라 보았다. 이것은 조선인이 결코 잃어버린 적이 없는 생생한 시정 詩情의 표현이며, 때로는 개방적인 사고방식을 가지고 악의 없이 우스꽝스러운 사람들을 조롱하면서 현실의 무게를 순간적으로 가볍게 만들어 주는 풍자와 해학의 한 단면이라는 것을 뒤크로는 인류학자답게 조선에 대해 수집한 정보를 통해 보여주는 것이다.[30] 한편, 그는 조선인들에게서 나타나는 어린아이 같은 경쾌함을 긍정적으로만 보지 않았다.

---

30) 이 외에도 뒤크로는 "뱁새가 황새를 따라가다 가랑이가 찢어진다.", "우물가에서 숭늉을 찾는다.", "꿀 먹은 벙어리", "우물을 파도 한 우물을 파라.", "철면피 회쳐 먹을 비위", "왕도 포도밭에서 당황한다.", "하늘의 별따기", "단삼 적삼 벗고 은가락지 낀다.", "하룻강아지 범 무서운 줄 모른다.", "행렬을 꼭 만져 봐야만 할까", "먹기는 발장이 먹고 뛰기는 말더러 뛰란다.", "산살구 지레 터진다." 등의 속담을 소개하면서 조선인의 기질을 보여 준다.

대부분의 사람들은 하릴없이 돌아다니는 사람들로 장죽을 물고 다니며 이웃에게 인사를 하기도 하고, 서로의 건강과 좋은 날씨에 흡족해하며 새 옷을 뽐내기도 한다. 쌀가마니나 보리 가마 주변을 어슬렁거리는 한량들은 대서소 앞에 멈추거나 농부들을 불러 세우기도 하고 하릴없이 시간을 보낸다. 이 무사태평한 사람들 사이로 근심 없는 표정으로 급히 지나가는 사람이 있을 때는 업신여기는 웃음을 띠고는 길을 내준다. 불행하게도 그는 일을 해야 하는 관리이기 때문이다. 심지어 "거지 팔자가 도승지 팔자보다 낫다."라는 속담도 있다.[31]

그는 경쾌함의 이면에 숨어 있는 무심함, 무사태평을 겨울날 연날리기를 하는 어린아이들과 비교한다. 이 두 어휘는 뒤크로의 여행기에서 조선인을 묘사하기 위해 가장 빈번히 등장하는 것이다.

아이들은 연도 날리는데 적어도 열댓 명이나 되는 아이들의 미래의 운을 연에 띄워 본다. 유성 같은 연들이 매일 한양 하늘을 떠도는데, 가장 높이 나는 연에게 행운도 따른다. 다른 연들을 다 제치고 가장 높이 뜨는 연줄을 쥔 아이의 긍지란 대단한 것이다. 혹 연이 떨어지면 지붕 위로 찾으러 올라가기도 하고 담에 기어 올라가 뜰 구석에서 꺼내 오기도 한다. 그리고는 다시 연날리기가 시작된다. 어쩌면 여기에서 조선인들의 큰 결함이 비롯되지 않았나 싶다. 이들은 뜬구름 속에서 사는 듯하다. 그러나 얼마나 재미있게 사는 민족인가.[32]

---

31) 같은 책, p. 83
32) 같은 책, p. 83

뒤크로는 마치 연을 날리면서 뜬구름 속에 있는 듯한 어린아이 같은 조선인의 경쾌함을 결함으로 보았다. 그리고 이 결함이 부드럽지만 진지함을 지닌 조선 여성보다는 남성들에게 더 자주 나타난다는 사실을 지적했다. 그는 특히 조선 여성보다는 경쾌함과 무사태평함 속에서 꿈꾸듯 살아가는 조선 남성을 어려움에 직면하지 않고 생각 없이 사는 순진한 어린아이와 연결시킨 것이다. 그러나 그가 보기에 조선 남성은 이 어린아이 같은 성정 때문에 일본인이나 중국인과 구별되었다. 또한 조선 남성은 어린아이 같은 무사태평함 덕분에 오랜 시간 지속된 핍절한 삶을 견딜 수 있었다.

> 이들은 일본이나 중국 사람들과는 다른 독특한 요소를 가지고 있다. 조선인의 몸에는 아직도 원시인을 느끼게 하는, 시베리아의 오래된 족속의 피가 흐른다. 얼굴표정은 일상적으로 온화한 모습이며, 눈은 가늘고 꿈을 꾸는 듯하다. 행동거지에는 상당한 무사태평과 관용이 엿보인다. 가난에 익숙해진 나머지 이런 단순한 사고방식을 갖게 되었고, 이들로 하여금 근대적 생활방식에 개의치 않게 한 듯하다. 이들이 바라는 것은 그저 평온하게 살아가는 것이다.[33)]

뒤크로는 조선 남성이 지닌 어린아이 같은 무심함을 역사적 상황 속에서 체득한 기막힌 체념에서 비롯된 것이라고 해석했다. 그는 무사태평함을 오히려 조선인들의 정이 배어든 관대함과 연결시켜 볼 정도로 조선인의 성정을 깊이 있게 파악하였다. 대부분의 프랑스 문헌들이 조선인의 게으름과 무심함을 부정적으로 해석한 반면, 무심함 속에 배어든 비상의 꿈을 보았던 그는

---

33) 같은 책, p. 74

이것을 오히려 무거운 현실을 가볍게 느낄 수 있는 힘으로 해석한 것이다. 이런 점에서 뒤크로의 여행기는 대부분의 여행기들이 문화적 현실, 직업생활, 예술, 문학 등에 대해서는 관심을 가지고 보려는 시도조차 하지 못하고 피상적인 단계에 머물렀던 것과는 대조적이다. 그가 본 조선인들은 결코 서두르지 않으며, 오히려 바쁜 사람들을 비웃는다. 그들에게는 항상 "내일이나 모레"라고 말하면서 여유를 부리는 신장수들이야말로 항상 앉아서 생각할 여유도 있고, 창가를 지을 여유도 있기 때문에 동네의 재사才士인 것이다. 가난하지만 어린아이처럼 꾸밈없고 경쾌하고, 여유로운 이들은 '조용한 아침의 나라'[34]에서 운명에 순응하며 사는 순한 민족이었다. 결과적으로 뒤크로는 인류학자답게 한양의 일상을 직접 보고 체험하면서 조선인이 "이질적이지만 명확하게 조직된 그 자신의 세계에 살고 있으며, 그 세계는 독자적인 민족적·문화적·인식론적인 경계를 가지고 또 내재적인 논리정합성의 여러 원리를 갖추었다는 사실"[35]을 인정하면서 조선에 고유의 생명력을 부여할 수 있었다.

한편, 조선인들을 문화적으로 더 우수한 외세의 영향을 받아들이는 학생의 모습과 연결시켜 설명할 때의 뒤크로는 어른으로서 우월감을 느끼는 프랑스인의 한계를 보여주기도 한다.

> 그런 이유로 프랑스학교[36]에는 학생이 많다. 학생은 아직도 머리를 땋은 젊은이이거나 상투를 튼 가장도 있다. 그런 나이 먹은 학생이 힘들여 불어를

---

34) *Voyage de 1901 en Russie-Sibérie-Mongolie-Mandchourie-Chine-Corée*, p. 181.
35) 『오리엔탈리즘』, p. 83.
36) 1886년에 설립된 이 학교는 조선의 행정하에 놓여 있었으며, 최초의 교사였던 에밀 마르텔(1874-1940)이 1901년 당시 교장이었다. 에밀 마르텔은 50여 년을 조선에서 보냈고, 지금은 양화진에 있는 외국인 묘역에 잠들어 있다. 그가 황제 앞에서 여러 번 프랑스의 이익을 보호했던 것이 프랑스에게는 상당히 유용한 일이었다.

배우고 받아쓰기를 하며, 하얀 지도에다 프랑스의 강, 지명을 써 넣느라 이맛살을 찌푸리고 있는 것을 보면, 이 선량한 사람들에 대한 호감이 절로 생긴다. 골지방에서 이렇게나 멀리 떨어진 곳에서 조선인의 조금 어설픈 발음이라 해도 모국어를 듣는 것은 정말 기분이 좋다. […] 머나먼 지구 끝의 나라에서 베르생제토릭스, 잔 다르크, 바이야르, 뒤게슬랭의 이름을 듣고 우리들과 사뭇 다른 외국인이 우리 역사에 관심을 가지고 있다는 사실은 참으로 즐거운 일이 아닐 수 없다. 조선 학생들은 칠판 위에다 대문자 끝을 굴리면서 조심스러운 필체로 이렇게 쓴다. 프랑스는 세계에서 가장 아름다운 나라이다.[37]

프랑스 사람들로부터 프랑스어를 배우는 조선인은 나이에 상관 없이 선진 문명을 배우려는 약자의 이미지로 연결되고 있다. 당시 조선은 약소국이었고, 프랑스는 비록 조선을 식민지화하려는 야심은 버렸지만 여전히 철도, 관광, 우편제도 등을 통해 조선에 자국의 문화를 전수한다는 사명감과 긍지를 가지고 있었다. 때문에 이 경우 프랑스어를 배우는 조선인은 보호를 필요로 하는 어린아이들이며, 프랑스인은 긍지를 지닌 어른들이다. 뿐만 아니라 그는 아직도 머리를 땋은 젊은이들이나 상투를 튼 가장이 힘겹게 프랑스어를 배우는 모습을 보면서 이들에게 어른이 아이들에게 느끼는 호의를 갖게 된다. '프랑스를 좋아하는 조선인에게 또 그곳에서 그들을 좋아하게 한 프랑스인에게'라는 이 여행기의 헌사와 "이들 중에 누구도 프랑스에 오는 일은 없을 것이다. 그러나 이들은 불어를 말하고 쓸 것이며, 프랑스 국민들에 대한 겸허한 우의를 간직할 것이다. 우리는 이 우의를 가벼이 여겨서는 안 될 것이다."라는 글에서

37) 『가련하고 정다운 나라, 조선』, pp. 122-123.

볼 수 있듯이, 그가 조선인들에게 가졌던 호의는 자신의 보호와 가르침하에 있는 학생에게 교사가 베푸는 호의와도 같은 것이었다. 이것은 곧 연민이 담긴 우월감의 또 다른 표현이었다. 마치 "그 자신들 사회의 문명의 영광에 대한 입장을 다른 미개민족의 후진성에서 발견"하려는 초기 인류학자답게 뒤크로는 여전히 오리엔탈리즘이라는 당시의 보편적 사고경향에서 벗어날 수 없었다.[38] 초기 인류학이 "제국주의의와 식민지 지배의 학문이고 서구중심주의사상에서 출발하였던 만큼"[39] 뒤크로가 조선에 대해 가진 우월감은 서구문명의 침략성 아래 원주민 사회가 파괴되어 가는 것에 대해 인류학자 레비스트로스가 느꼈던 분노와는 거리가 먼 것이었다. 뒤크로는 조선 군대가 유럽식으로 훈련을 받는 장면에서도 미성숙한 피교육자로서의 조선인들의 이미지를 확인한다.

> 조선이 유럽식 군대를 키우기 위하여 자국군대를 해산한 이후부터 군대에 대한 지출이 큰 비중을 차지하고 있다. 신식 군대는 매일 아침 왕궁의 뜰에서 훈련을 하는데, 진전이 전혀 없어서 군인들은 여전히 발도 제대로 못 맞추며, 나팔수는 항상 음정이 틀린다. 징집된 장병들은 꼭 달라붙어 활동이 불편한 제복을 입고 난처해하며, 상투 위에 얹은 군모, 흔들흔들하는 말총모자, 군화 때문에 발이 아파한다. 목도리를 두르고 손은 주머니에 찔러 넣고, 총은 팔 밑에 낀 채 군인들이 훈련받으러 온다. 기병대도 신통치 못하기는 마찬가지이다.[40]

---

38) 레비 스트로스 / 박옥줄 옮김, 『슬픈 열대』, 경기도, 한길사, 1998. p. 87.
39) 노길명 외, 『문화인류학의 이해』, 서울, 일신사, 1998, p. 5.
40) 『가련하고 정다운 나라, 조선』, pp. 119-120.

뒤크로가 발도 제대로 맞추지 못하는 조선 군인들, 음정이 맞지 않는 나팔수, 제복을 불편해 하는 조선인들, 발이 아픈 군화를 신고 있는 조선인들을 보며 느끼는 것은 조선이 과거의 야만적이지만 찬란했던 용맹을 점차 상실하고 타인의 세력에 의해 해체되어 가고 있으며 보호해 줄 누군가를 필요로 한다는 것이다. 우월감과 연민이 섞인 그의 이중적인 감정은 명동성당의 미사를 보고 절정에 이르렀다.

> 성가는 라틴어인데 어린이 성가대원들은 노래를 썩 잘한다. 성가대는 오래된 프랑스 성가까지도 불렀는데 그 노래는 아직도 프랑스의 시골에 가면 부르는 우렁찬 글로리아로 끝맺는 '노엘'이었다. 캐롤이야말로 성당에서 부르는 것들 중에서 가장 아름다운 것이다. 더구나 성당의 고딕식 홍예 회랑 밑에서 들을 때는 한층 더 감동적이다. 그런데 그 노래들을 한양에서 프랑스식 건축양식으로 지어진 성당에서 오래된 성가의 후렴을 따라 부르려고 애쓰는 이 흰 그림자 같은 사람들과 들을 때의 느낌이란 정말 놀라운 것이며, 측은한 생각마저 들게 한다. [···]
> 충실한 신자들을 앞에 두고 제단에 선 주교의 흰 수염과 연로한 모습이 성인의 모습처럼 다가온다. 그의 절제된 위대한 얼굴이 촛불을 받아 빛난다. 주교는 환희에 찬 성탄절을 이 성당 안에서 자신의 어린 양들과 같이 맞이하게 되어 몹시 기쁜 듯하다. 그것이 노정에 쌓인 피로에 대한 보답인 것이다.[41]

당시 프랑스가 동양에서 문화의 전수자로서의 임무를 가장 충실히 실행할

---

41) 같은 책, pp. 126-127.

수 있었던 분야는 가톨릭 전교의 분야였다.[42] 따라서 그들이 우상숭배자로 가득 차 있다고 생각했던 조선에 프랑스 선교사들의 피나는 노력으로 가톨릭이 전파되고, 조선 신자들이 미사를 드리는 것을 지켜보는 것은 프랑스인으로서의 긍지를 느낄 수 있는 가장 감동적인 순간이었을 것이다. 뒤크로는 프랑스인이 세운 명동성당을 보고 벅찬 감동을 받았으며, 특히 어린이 성가대원들이 부르는 프랑스 성가를 들을 때의 느낌은 말로 표현할 수 없을 정도였다. 그러나 이와 동시에 "흰 그림자 같은" 조선인들은 마침내 그의 가슴에 측은함을 불러일으키기에 이른다. 뒤크로는 더 진보된 문명 앞에서 자신의 것을 유지하지 못하고 내어놓아야 하는 조선인들의 모습에서 존재의 소멸 앞에서 느껴지는 근원적인 슬픔 같은 것을 느꼈다. 이때 뒤크로는 그들보다 문화적으로 열등한 조선인에 대해 후견인으로서 가지는 우월감과 사라지는 것에 대한 아픔을 동시에 느꼈던 것이다.

지금까지 뒤크로가 묘사하였듯이 경쾌하며, 꿈꾸는 듯하지만, 프랑스어를 배우고, 새로운 군대 훈련을 받으며, 가톨릭 안에서 후견인을 필요로 하는 조선인들의 모습 속에는 꾸밈없고 순박한 어린아이의 이미지들이 섞여 들고 있다. 이때 조선인을 살피는 뒤크로의 시선에는 보호와 교육을 필요로 하는 어린아이를 바라보는 어른의 이중적 심리가 잘 나타나고 있다. 즉 그는 실제 조선 어린아이의 모습을 통해 당시 조선의 "유아적 상태"를 드러내는 것이다. 그가 조선에게 부여한 "유아적 상태" 또한 유럽이 그들의 보호와 지배의 대상이던 동양에 빈번히 부여하던 "여성"의 이미지와 더불어 동양을 상징하는 전형적인 위상 중 하나였다.

42) 『오리엔탈리즘』, p. 304.

19세기의 프랑스인이었던 시인 뒤크로는 조선과 조선인의 모습을 조선 여성과 어린아이 같은 모습에 투사하면서 시적으로 형상화했다. 그의 여행기 속에서 조선은 동 시기에 조선에 대해 이야기한 프랑스의 다른 여행기나 견문기에 빈번히 사용되었던 '미개', '비참' 등의 진부한 상투문자로 나타나지 않는다. 오히려 그는 한양에 직접 체류하면서 이전의 텍스트에서 전수받은 잘못된 지식을 바로잡고 인류학자의 지식을 바탕으로 조선의 비밀스런 모습을 밝혀낸다. 조선의 종속성보다는 독자성을 인정하며, 때로는 결함으로 보이는 조선인의 부정적인 모습을 조선의 오랜 역사와의 관련 속에서 깊이 있게 이해하여 그때까지 무겁고 어두운 면이 강조되어 있던 조선의 이미지를 가볍고 경쾌하게 만들어 주고 있다. 그가 드러낸 조선의 모습은 폐쇄적인 북쪽의 나라이기보다는 햇살 아래 따뜻하게 느껴지는 밝은 땅의 이미지에 더 가깝다. 또한 그는 자신이 발견한 조선의 숨은 모습을 시인의 감성으로 아름답게 묘사함으로써 남루한 인상에 신선한 생명을 부여한다.

그러나 뒤크로의 여행기는 그것이 지닌 인류학적·시적 가치에도 불구하고 여성과 어린아이의 이미지를 빌려 조선을 다소 유치하게 다루었다는 점에서, 또한 궁극적으로 이 두 가지 이미지가 '스스로 자신을 대변할 수 없고 다른 누군가에 의해 대변되어야 하는' 당시 슬픈 동양의 모습으로 귀결된다는 점에서[43] 여전히 오리엔탈리즘의 맥락 속에 있다. 뒤크로의 여행기는 사이드의 지적대로 동양을 여행하는 순례자는 누구나 사물을 자기류로 바라봄에도 불

43) "Sie können sich nicht vertreten, sie müssen vertreten werden." 이 말은 마르크스가 동양인에 관하여 말한 것이 아니라 프랑스의 분할지 농민의 상황에 대해 서술한 것인데, 동양의 경우에도 똑같이 적용된다고 생각하여 사이드가 인용한 것이다. 그렇지만 실제로 마르크스는 동양에 대해서 그러한 사고방식을 가지고 있었다.(『오리엔탈리즘』, p. 52에서 재인용)

구하고 여전히 그들의 시선에는 한계가 존재했다는 사실[44]을 잘 보여주는 것이다.

그럼에도 불구하고 조선의 매력을 깨끗한 시적 이미지로 아름답게 형상화한 뒤크로의 여행기를 읽으면서 우리는 타자의 시선이라는 맑은 거울 앞에 서게 된다. 뒤크로가 조선에 대해 여행기를 썼던 구한말이 사이드의 지적대로 우리가 우리 자신에 대해 말할 힘을 가지지 못했던 시기라고 전제한다면, 그 무렵의 역사적 상황 속에 놓인 우리에 대한 타인의 시선은 우리 자신을 살필 수 있는 소중한 기록이 될 것이다. 뒤크로의 애정 어린 깊은 시선 앞에서 우리는 우리를 부정적인 토포스[45] 속에서 묘사한 대부분의 다른 텍스트 앞에서와 같은 부자유스러운 느낌 대신 오히려 유영하는 듯한 느낌을 가지게 된다. 특히 역사의 현장에 있지 못했던 오늘날의 우리로서는 조선 말기를 지켜본 타인의 진심 어린 증언을 통해 역사적 감각을 되짚어 볼 수 있을 것이다. 아울러 일제점령기와 근대화라는 급속한 물결 속에서 사라져 버려 다시 회복해야 할 정체성과, 미래에 창조적으로 발전시켜 나가야 할 한국 문화의 본류가 무엇인지를 고민할 수 있게 된다. 이것이 우리를 비추는 타자의 시선을 우리 또한 따뜻하게 바라보는 이유라고 하겠다.

---

44) 같은 책, p. 302.
45) 인용구의 집합이며 특징점의 집합을 의미한다. (같은 책, p. 317.)

제2부 | '타자'가 본 한국의 일상문화

제5장

샤를 달레의 『한국천주교회사』에 비친 조선의 가족문화

선교를 통해 미개한 나라를 문명화시키고, 침체된 문화를 활성화한다는 전제 아래 19세기에는 많은 프랑스 가톨릭 선교사들이 조선에 입국하였다. 프랑스 외교관, 민속학자, 여행가들이 그 뒤를 이었는데, 이들은 학술 서적, 여행기, 가톨릭 관련 서적 등을 통해 각자의 시선에 비친 조선의 모습을 다양하게 기록하였다.

이들이 묘사한 조선의 모습 중에서도 조선의 가족생활은 그들이 쉽게 접할 수 있는 일상생활로서 거의 모든 문헌에서 빠짐없이 다루어지고 있다. 프랑스인들은 조선의 가족문화가 가부장제의 특성을 지니고 있다는 것과, 가부장제가 가족 내의 불평등한 위계구조와 집단주의의 폐해를 초래하고 있다는 사실을 공통적으로 지적한다. 오늘날 프랑스 한국학의 토대를 쌓았다고 일컫는 레옹 드 로니는 조선을 직접 방문하지는 않았지만 중국연감 등 학술 자료들을 참고하여 조선의 역사, 지리에 대해 정리하면서 조선의 가정생활을 다음과 같이 기록하고 있다.

> 조선에서 여성이 처한 상황은 아주 열악한 것 같다. 일부다처제가 통용되며 남자들은 그들이 돈을 주고 사서 부양할 수 있을 만큼의 아내들을 거느릴 수 있다. 고위 계층 여자들은 다른 외부의 접촉으로부터 보호된 일종의 '내실'에 갇혀 있다. 그녀들이 외출을 해야 할 때는 행인들의 부주의한 시선으로부터 보호해 줄 수 있는 완전히 차단된 가마나 의자에 앉아서 간다. 들판을 걸을 때나 산책할 때 그녀들은 자신의 얼굴을 숨길 수 있는 양산으로 반쯤 가리고 다닌다. 평민 계층 사람들은 조선의 엄격한 에티켓이나 범절을 훨씬 덜 준수하는 편이다.[1)]

레옹 드 로니가 지적한 조선 남녀의 불평등한 생활상은 프랑스 외교관이었던 이폴리트 프랑댕의 관찰 속에서도 찾아볼 수 있다.

> 조상이 정한 법식은 아무도 침범할 수 없는 최고의 권위를 가진다. 보통한 가정에서 가장 윗대 어른인 증조부나 조부 혹은 부의 말이 최고의 권위를 가지며 이들이 없을 때는 남편이 어른으로 행세한다. 그는 가정의 재산을 마음대로 관리하고 의사를 결정지으며 어떤 경우에는 가족의 생명까지도 좌지우지하게 된다.[2)]

---

1) Léon De Rosny, *Etudes asiatiques de géographie et d'histoire*, Paris, Challamel ainé, 1864, p. 118.

2) 클라르 보티에·이폴리트 프랑댕 / 김상희·김성언 옮김, 『프랑스 외교관이 본 개화기 조선』, 서울, 태학사, 2002, p. 90. 이 번역본의 원문은 Madame Claire Vautier et Hippolyte Frandin, *En Corée*, Paris, Librairie CH. Delagrave, 1910이다.

프랑댕의 관찰은 그가 외교관으로서 조선의 문화를 미개하다는 편견 속에서 피상적으로만 관찰했다는 지적을 받고 있다. 그러나 당시 조선에서 프랑스의 가톨릭 세력을 대표하던 뮈텔 주교의 가톨릭 전교 일기를 참고할 때 조선의 가족에 대한 이들의 관찰은 일관성이 있음을 알 수 있다.

> 나는 1882년에 이곳을 방문한 적이 있었다. 집은 같은데 증축이 되었을 뿐이다. 노인인 문 회장은 74세의 고령에도 건강했고 그의 오소리 가죽모자가 그를 특히 돋보이게 했다. 고해자는 100여 명. 오늘 저녁부터 성사를 주기 시작해도 내일 하루로는 벅찰 것이다. 교우들은 가난하고 순박한 가장 중심의 생활을 하고 있다.(1900년 11월 14일)[3]

이처럼 프랑스의 학자, 외교관, 선교사들이 한결같이 조선 가정의 가부장적 특성을 지적했던 까닭은, 무엇보다도 그들이 목격한 조선의 가족생활이 그들의 가정생활과 현저한 차이를 보였기 때문이라고 짐작된다. 당시 프랑스 사회는 자유, 평등, 박애의 이념을 기치로 한 프랑스 대혁명 이후 이미 근대화된 사회로 탈바꿈을 시도한 이후였다. 당시 프랑스는 집단의 이익보다는 개인의 자유와 발전을 더 중시했고, 진보와 합리주의적 사고방식 아래 건전한 시민사회를 추구하였으며, 국민의 행복을 생산하고 분배하기 위한 협동과 사회 발전을 도모하고 있었다. 그리고 이러한 변화는 무엇보다도 평등한 가족구조를 지향하는 변화 속에서 잘 드러나고 있었다.

한편, 이들이 관찰했던 조선 사회는 건국이념인 유교가 순기능을 다하지

---

3) 천주교 명동교회 편 / 한국교회사연구소 역주, 『뮈텔 주교 일기 II』, 서울, 한국교회사연구소, 1993, p. 505.

못하고 있었다. 대내적으로는 정치가 부패하여 봉건제도가 흔들리는 상황이었고, 대외적으로는 제국주의 열강의 침투로 정치, 사회, 문화 전반에서 심각한 도전을 받고 있었다. 즉, 조선은 이미 근대화된 사회의 일원인 그들이 보기에 여전히 전근대적 특성인 불평등한 위계 질서 속에 머물러 있음으로써 그들에게는 개화의 대상으로 인식되었다.

이 장에서는 19세기에 조선을 방문한 프랑스인들이 조선의 가족문화에 많은 관심을 가졌다는 점에 착안하여 샤를 달레[4]가 집필한 『한국천주교회사』[5]를 중심으로 조선의 가족에 대한 그들의 기록을 살펴보기로 한다. 샤를 달레의 이 문헌은 첫째, 프랑스가 한국과 관계를 시작했던 시기의 가톨릭 관련 문헌으로서 무엇보다도 개항 이전 조선의 모습을 살펴볼 수 있는 자료적 가치를 지니고 있다는 점에서 소중하다. 모방을 비롯한 가톨릭 선교사들은 조선이 1876년 일본과 강화도 조약을 체결함으로써 외국에 정식으로 문호를 개방하기 훨씬 이전인 1836년부터 조선 사회에 비밀스럽게 들어와 체류하면서 오랫동안 조선을 관찰할 수 있었다.[6] 특히 이 문헌은 조선에서 가장 오랫동안

---

4) 샤를 달레(Claude Charles Dallet, 1829-1878)는 프랑스 파리 외방전교회 소속의 선교사로서 1850년에 사제서품을 받았다. 이후 두 차례에 걸쳐 인도에서 일시적으로 선교 활동을 한 후 20여 년 동안 프랑스 각지에서 시무했다. 한국에 입국한 적은 없으나 1872년 여러 차례 박해를 받은 적이 있는 조선 교구에서 전달된 자료를 보고 집필을 결심하게 되었다. 그의 『한국천주교회사』는 1594년 임진왜란 당시 일본군을 따라왔던 선교사의 행적부터 1871년 신미양요에 이르기까지 조선의 천주교회사를 상세하게 서술한 책으로 한국 천주교사 연구에 중요한 자료이다.(이배용, 「개화기 서양인 서술에 나타난 한국 여성에 대한 인식」, 『韓國思想史學』, 第19輯, 2002, p. 542)

5) 샤를 달레 원저 / 안응렬·최석우 역주, 『한국천주교회사』, 서울, 한국교회사 연구소, 2000. (원서명, 출판사 및 출판연도는 *Histoire de L'Eglise de Corée, Paris*, Victor Palmé, Éditeur, 1874이다. 『한국천주교회사』 외에도 『조선교회사』(이능식·윤지선 공역, 대성출판사, 1947) 등으로 번역되어 있으나 이 장에서는 『한국천주교회사』의 번역문을 인용하였다.)

6) 조현범, 『문명과 야만』, 서울, 책세상, 2002, p. 45.

생활하면서 많은 기록을 남긴 다블뤼 주교[7]의 기록을 포함하여 조선 여성의 지위, 양자, 친족 등 조선 가족의 모습을 어떤 프랑스 문헌보다도 상세하게 소개하고 있다.[8] 둘째, 이 문헌은 프랑스 대혁명 이후 근대화를 겪은 프랑스인의 입장과, 이와는 모순되어 보이는 가톨릭 사제라는 글쓰기 주체의 두 입장을 함께 반영한다는 점에서, 당시 프랑스인들이 자신이 처한 입장에 따라 자국의 사회를 어떻게 느끼고 있는가를 유추해 볼 수 있다는 점에서도 흥미로운 자료이다.

여기에서는 우선 가부장제의 특성을 반영하는 부자간의 관계, 부부간의 관계, 친족 중심의 관계 등으로 나누어 이 문헌을 살펴볼 것이다.

1. 아버지 중심의 가족문화

샤를 달레는 『한국천주교회사』의 서문에서 조선의 가족문화를 이끌어 가

7) 다블뤼 주교(Antoine Daveluy 安敦伊, 1818-1866)는 제5대 조선대목구장이자 아콘 Acône의 명의주교 名義主教. 19세기 조선에서 활동한 천주교 선교사들 가운데 가장 오랫동안 체류하였다. 1845년 10월 12일에 입국하여 1866년 3월 30일에 순교할 때까지 22년 동안 조선에서 생활했다.(같은 책, p. 62)

8) 앞에서도 언급하였듯이 19세기에 조선에 들어온 프랑스인들은 대부분 조선의 가족생활을 주목하였다. 그러나 대부분의 기록은 조선의 가족생활을 한 문단 혹은 한두 페이지 속에서 개괄적으로 소개할 뿐이다. 반면, 각각 6백여 페이지에 이르는 두 권의 책으로 출판된 샤를 달레의 『한국천주교회사』는 제1권에 수록된 서문에서 가톨릭이 전파되던 조선 후기의 실정들을 15개의 장으로 나누어 항목별로 소개하고 있다. 그중 제9장과 제10장은 여성의 처지와 가족제도를 양반, 평민, 하층 계급 등 다각도에서 관찰하여 기록하고 있다는 점에서 가족문화를 살피고자 할 때 다른 어떤 문헌보다도 대표성을 지닌다고 할 수 있다. 뿐만 아니라 제9장과 제10장을 포함하여 총 192페이지에 걸쳐 소개되고 있는 자연지리, 조선의 역사, 조선의 왕실, 정부조직, 사법제도, 과학과 교육제도, 조선어, 사회신분, 종교, 조선인의 성격, 오락, 주거와 풍습, 산업과 국제관계 등의 내용도 조선의 가족문화를 짐작할 수 있는 중요한 정보들을 담고 있다.

는 유교 윤리가 무엇보다도 부자관계에서 잘 드러난다고 서술한다. 유교 윤리에 의하면 아버지와 아들은 왕과 신하, 스승과 제자 등과 함께 조선을 떠받치는 3대 지주, 즉 군사부일체의 한 축이었던 것이다. 그러나 샤를 달레는 유교 문화 속에서 아버지를 대하는 아들의 모습을 부정적으로 평가한다.

> 아들은 아버지의 하인이다. 흔히 그는 아버지에게 식사를 갖다 드리고, 식사 시중을 들고, 잠자리도 보아드린다. 집에서 나갈 때나 집에 돌아왔을 때에는 아버지에게 공손히 절을 해야 한다. 아버지가 늙거나 병이 들면, 그의 모든 필요에 응하기 위하여 거의 잠시도 곁을 떠나지 않고 잠도 가까운 데에서 잔다. 아버지가 감옥에 갇혀 있으면, 아들은 그와 쉽게 연락하고 그에게 다소의 위로라도 드러내기 위하여, 그 이웃에 가서 산다. 그리고 그 감옥이 禁府의 감옥일 때에는, 아들은 옥문 앞 지정된 곳에 무릎을 꿇고 앉아 밤낮으로 아버지의 운명이 결정되는 것을 기다려야 한다. 어떤 죄인이 귀양을 갈 때에는 그 아들은 적어도 온 여정을 동행하여야 하고, 가정 사정이 허락하면, 그도 아버지가 귀양살이하는 곳에 가서 산다.[9)]

그는 아들이 아버지에게 보이는 효성을 덕목으로 보기보다는 오히려 부자간의 위계질서가 지나치다고 생각한다. 아들은 아버지와 놀거나 그 앞에서 담배를 피우거나 그가 있는 앞에서 자유로운 자세를 취하거나 해서는 안 된다. '아들은 아버지의 하인이다.'라는 표현 속에는 아버지 중심의 가족구조에서

---

9) 샤를 달레 원저 / 안응렬, 최석우 역주, 『한국천주교회사』, 서울, 한국교회사연구소, 2002, p. 200에서 인용하였다. 이 번역본의 프랑스어 원문은 Claude Charles Dallet, *Histoire de l'Église de Corée*, Paris, Victor Palmé, Éditeur, 1874이다.

아버지가 아들에게 군주와 같은 권력을 행사하는 모습이 강조되고 있다. 사실, 군신 관계와 같은 부자 관계는 대혁명이 일어나기 전 프랑스에서도 마찬가지로 존재하던 현상이었다. 그러나 '진보적 혁명가'들은 '진보적' 가족입법의 실현에 앞장섰으며, 그 결과 프랑스 대혁명 이후 가부장제는 위기에 처하게 되었다. 또한 위기에 처한 가부장의 권위를 묘사한 소설이나 그림을 보면서 성장한 혁명기의 입법자들은 1789년 이후 아버지의 권위를 법으로 제한하려는 조치들을 취하였던 것이다. 이러한 변화를 겪은 프랑스인의 시선에는 조선의 아버지 중심의 가족 모습이 시대에 뒤떨어진 폐단으로 느껴졌을 것이다. 더구나 대혁명의 평등 정신과 아울러 유교사회의 신분제 타파를 주장하고 들어왔던 가톨릭 선교사의 입장에서 보았을 때도 양반사회의 지나친 부자간의 위계질서는 개선되어야 할 문화로 해석되었다. 샤를 달레는 프랑스의 개인주의와는 달리 결혼에서도 자녀의 의견이 전혀 존중되지 않는 조선 가족의 집단주의적 경향에 대해서도 부정적인 견해를 나타낸다.

> 아이들이 결혼할 나이가 되면 그들과 의논하지도 않고, 그들의 취미는 상관하지도 않고, 또 흔히 그들이 싫어하는데도 정혼을 하고 결혼을 시킨다. 쌍방에서 염두에 두는 것은 다만 한 가지, 양가의 지체와 지위가 어울리느냐 하는 것뿐이다. 장래 부부 될 사람들의 재능이나 성격, 육체적인 장점이나 결점, 상호 간의 혐오 같은 것은 별로 문제가 되지 않는다.[10)]

자녀의 의사를 존중하지 않는 조선의 결혼문화는 부모 자식 사이의 엄격한 위계질서를 반영한다. 프랑스에서는 시민사회로 들어서면서 사회를 이루는

---

10) 같은 책, p. 186.

세포라고 할 수 있는 가족구조에서부터 평등을 추구하려는 노력이 이어졌고, 이와 더불어 아버지의 권한은 계속 약화되어 갔다. 1790년 3월 프랑스국민의회는 차남 이하의 아들과 딸에게는 본질적으로 불공정하다는 비판을 받은 장자상속제와, 독재적이라고 비판을 받은 봉인장의 관행을 폐지하였다. 같은 해 8월에는 부모와 20세 이하 자녀 간의 분쟁을 처리할 가족협의회 또는 가족법정을 세울 것을 규정하였는데, 이는 아버지라는 유일한 권력을 친척들이라는 더욱 넓은 협의회로 대체시킨 것이다. 나아가 1791년 4월의 개혁으로 유언장이 없는 상속재산의 경우 평등분배가 의무화되었으며, 그로부터 2년 후인 혁명력 2년 17일에는 평등분할과 어긋나는 모든 상속관습이 폐지되었다. 아울러 1792년 8월에는 성인들이 더 이상 가부장의 권위에 종속되지 않는다고 선언되었으며, 동년 9월에는 성년의 연령이 21세로 낮추어졌다. 뒤이은 1793년 1월 루이 16세의 처형은 여러 면에서 가부장의 지위박탈을 의미하는 것이었다.

이렇듯 가족적 영역과 정치적 영역은 상호 관련되어 있어서 자유에 대한 구속으로 여겨져 왔던 대가족의 가부장은 근본적으로 개인주의적인 프랑스 대혁명을 통해 그 권한이 약화되었다. 평등가족이라는 이상을 향해 동적으로 움직여 간 프랑스인들에게는 자녀의 결혼에 개인의 의견보다는 가부장의 의사가 결정적으로 반영되는 조선의 가족 상황이 아직도 평등과는 거리가 먼 근대화 이전의 정체 상태로 보였을 것이다.

한편, 프랑스인들은 아들이 없을 경우 조상숭배를 위하여 친족으로부터 양자를 입양하는 조선의 양자문화에 대해서도 종교적 이유에서 분명한 거부감을 표현했다.

양자는 조선에 매우 흔하다. 친자가 없는 사람은 친척 중에서 양자를 골라야 하는데 이런 풍습의 큰 이유는 이 나라의 종교적 신앙에 있다. 과연 조상을 일상 숭배하고 신주를 모시고 장례와 상례의 여러 가지 의식을 지키고, 제사를 드리고 하는 것은 자손들이다. 가문의 보존은 양자의 부수적 목적에 불과하다. 그러므로 딸은 결코 입양하지 않는다. 딸은 규정된 제사를 드릴 수 없기 때문이다. 한편 양자 올 사람이나 그 부모의 동의는 도무지 필요하지 않다. 왜냐하면 그것은 종교적 사회적 필요에 관한 문제로서, 필요한 경우에는 정부가 강제로 그 수락을 강요하기 때문이다. [···]

법적 양자는 예조의 특별한 허가로만 취소될 수 있는데, 그 허가를 얻기는 꽤 어렵다. 한 양자 관계가 해소되었으면 다른 양자를 마음대로 들일 수 있다. 양자 관계는 아무리 정식 수속을 다 밟은 것이라 할지라도 조선에서는 교회의 인정을 결코 받은 적이 없다. 그것은 대개의 경우 친부모와 아이들에게 강요된 것이기 때문이다.[11)]

조선의 양자문화는 가부장중심주의, 그리고 친족주의를 유지해 나가기 위한 가족제도이다. 가문계승 문화야말로 프랑스가 조선에 가톨릭을 전하고자 할 때 심각하게 부딪히는 벽이었으므로 가톨릭 교회는 가문계승 문화의 반영인 양자를 인정하지 않는다는 태도를 분명히 표명했다. 아울러 19세기에 조선에 진출하고자 했던 가톨릭 선교사들 역시 조선 가족문화에 대한 이 기록을 읽음으로써 조선을 직접 접하기도 전에 조선의 문화와 전통에 대해 공격적이고 부정적인 인식 태도를 갖게 되었을 것이다. 구한말에 가톨릭을 전하기

11) 같은 책, p. 201.

위해 조선에 체류하였던 뮈텔 주교 역시 조선 입국 전에 샤를 달레의 이 문헌을 미리 읽었을 것임은 쉽게 짐작할 수 있다.

> 1월 28일 온종일 고해성사. 안씨安氏 6형제는 이곳에서 함께 적어도 한 울타리 안에서 살고 있다. 4명은 이미 영세를 했고, 둘째는 오늘 자신의 아들 하나와 함께 영세를 받을 참이므로 남은 것은 맏이뿐이다. 그는 천주교의 진리를 잘 알면서도 아직 교우가 되지 않고 있고, 뿐더러 그의 노모가 영세를 받고자 하는 것까지 방해하고 있다. 오늘 저녁, 나는 그를 따로 불러 지나치게 강요하지 않고 점차 인간적인 체면과 집안의 전통과 인연을 끊도록 하려고 애써 보았다. 그는 맏이여서 그의 조상들의 신주神主를 모실 책임이 있고, 때문에 그는 교우가 되려면 이 모든 것을 포기해야 할 희생을 치르지 않을 수 없다.[12)]

신자가 되기 위해 조상숭배를 포기할 것을 주장하는 뮈텔 주교의 일기는 샤를 달레의 문헌보다 약 20년 뒤에 쓰인 것이다. 이것은 샤를 달레의 『한국천주교회사』와 더불어 19세기 프랑스의 천주교 해외선교운동의 방침을 가르쳐 준다. 프랑스는 19세기에 접어들면서, 18세기 예수회 선교사들이 펼쳤던 보유론적 선교정책[13)]과는 달리, 그들이 동양보다 더 우월하다는 인식에 뿌리를 둔 공격적이고 배타적인 선교 방침을 취했던 것이다. 이러한 선교방침을 반영하듯 이 기록은 신앙적 순수성과 절대성이라는 이름으로 타 문화를 배타적으

---

12) 『뮈텔주교일기』, p. 234.

13) 선교 지역의 전통적인 종교와 관습을 존중하는 선교정책을 말한다.(『문명과 야만』, pp. 32-33)

로 부정하면서 자신들의 문화를 그대로 이식하려는 의도를 숨기지 않는다. 또한 뮈텔 주교의 이 기록이 개항 이후에 나타났다는 점에 비추어 볼 때 그들의 배타적인 선교 방침은 개항 이후 프랑스 본국의 제국주의화가 진행됨에 따라 더 강화될 수 있었고, 결국 19세기의 가톨릭 선교와 정치적 제국주의화는 각자 또는 협력을 통해 조선을 식민지화하려는 동일한 목표 아래 움직였다는 사실이 드러나는 것이다.

가톨릭과 배치되는 가문계승 문화 속에서 가문을 이을 수 없는 딸은 하등의 중요성이 없으며, 그 결과 여성은 자연스럽게 가족 내에서 불평등한 지위를 가질 수밖에 없다. 이러한 위계질서적 가부장제는 자연스럽게 부자 관계에서 부부간의 관계로 이어진다. 샤를 달레는 조선 가족 내에서 여성이 차지하는 열악한 처지에 대해 별도의 장을 할애하면서 조선의 가정생활이 철저히 남편을 중심으로 이루어지고 있음을 보여주고 있다.

2. 남편 중심의 가족문화

샤를 달레는 유교사회의 남녀유별 문화에 대해서도 상세히 기록하였다. 그는 가부장제가 초래하는 남녀의 분명한 위계질서에 대해 여전히 부정적인 견해를 나타내고 있다. 프랑스는 군주제 대신 공화제를 채택한 1792년의 혁명에서 의인화된 국가라고 할 만한 군주의 인장과 초상화 대신 여성적 알레고리인 '자유'를 공화국의 심벌로 삼았다. 프랑스 대혁명을 통해 일어난 가장 큰 변화라면 이전까지 사적 공간 속에 고립되어 있던 프랑스 여성들이 비록 선거권에서는 배제되었지만 스스로를 정치의식을 가진 시민으로 생각하게 되었다는 것과, 또 그것이 실제로 부인되지 않았다는 것이다. 또한 국왕의 사형을 통해 가부장제를 상징적으로 해체한 것은 부자 관계의 평등뿐 아니라 남성과 여성 사이의 평등까지도 의미하게 되었다. 이로 인해 여성들은 의회에 청원을 하였으며 클럽을 창설하고 남편을 포함한 다른 시민들과 반말 tutoyer을 하게 되었다.[14] 이러한 프랑스인의 시선으로 볼 때 조선 여성은 동시대의 프랑스 여성과는 달리 극히 불평등한 조건 속에 있는, 무엇보다도 사적 공간 속에 고립된 존재였다.

> 사회의 상류계급에서는 남녀 어린이들이 여덟 살 내지 열 살 때부터 자리를 같이하지 않는 것이 예의로 되어 있다. 그 나이가 되면 사내아이들은 남자들이 거처하는 사랑방에 있게 된다.[15]

이것은 양반 계층에 대한 관찰이지만, 계층에 상관없이 조선 여성들이 갇힌 상태로 지낸다는 것은 프랑스의 다른 문헌에서도 일반적으로 발견할 수 있는 사실이다. 이러한 남녀유별의 문화는 가톨릭 미사를 드릴 때도 그대로 이어졌다고 하는데 그들이 보기에 이것은 우스꽝스러운 것이었다. 그는 이처럼 고립된 상태로 존재하는 여성들이 남성에게는 통용되는 규율로부터 예외적으로 존중받는다는 사실을 주목하기도 한다.

> 수령부인들은 이두마차를 사용할 권리가 있고, 서울 문안에서도 수종꾼들의 辟除소리를 중지시키지 않아도 되는데, 이 벽제소리는 감사나 대신 같은 매우 높은 관리들도 중지시켜야 되는 것이다. 여자들은 일정한 親等의 친척에

---

14) 김경근 지음, 『프랑스 근대사 연구』, 서울, 도서출판 한울, 1998, p. 32.
15) 『한국천주교회사』, p. 184.

게가 아니면, 그것도 소정의 예법에 의해서가 아니면, 아무에게도 무릎을 꿇고 절하지 않는다. 가마를 타고 가는 여자들은 대궐문 앞을 지날 때에 내리지 않아도 된다.[16)]

그러나 샤를 달레는 여성에 대한 이런 예외적 대우가 여성에 대한 존중과 예의에서 오는 것이 아니라 여성을 멸시하는 풍습과 관련되어 있다고 지적한다.

이런 관습은 예의 관념에서 요구되는 것 같으나, 분명히 여성에 대한 멸시와 풍기 문란에서 오는 다른 관습들도 있다. 가령 여자들은, 어떤 사회계급에 속하든, 어떤 위법행위를 범했든, 자기들 행위에 대하여 책임이 있다고는 인정되지 않으므로, 법정에 소환되는 일이 거의 없다. 가령, 또, 여자들은 집안 어디고 들어갈 수 있으며, 언제나 심지어 밤중이라도 서울 거리를 돌아다닐 권리가 있는데, 이에 반하여 남자들은 종소리가 통행금지를 알리는 저녁 아홉 시부터 새벽 두 시까지는 절대로 필요한 경우 이외에는 아무도 외출할 수 없고, 위반하면 막대한 벌금을 내게 된다.[17)]

결국 샤를 달레는 조선의 부패한 문명이 조선 여성의 열악한 처지의 원인이라고 단정한다.

아시아의 다른 나라들에서와 같이 조선에서도 풍속이 무섭게 부패해 있으며,

16) 같은 책, pp. 185-186.
17) 같은 책, p. 186.

그 필연적인 결과로 여성의 보통 처지는 불쾌하리만큼 천하고 열악한 상태에 놓여 있다. 여자는 남자의 반려가 아니라 노예에 불과하고, 쾌락이나 노동의 연장에 불과하며, 법률과 관습은 여자에게 아무런 권리도 부여하지 않고, 말하자면 아무런 정신적인 존재도 인정하지 않는다. 남편이나 부모의 지배 아래 있지 않은 여자는 누구나, 주인 없는 짐승처럼 먼저 차지하는 사람의 소유물이 된다는 것은 널리 인정되고 법정에서도 공인된 원칙으로서 논박하려고 생각하는 사람은 아무도 없다.[18]

그는 아이들을 아버지의 하인으로 보았던 것처럼 조선 여성을 남편의 동반자가 아니라 노예로, 쾌락이나 노동의 도구로 묘사한다. 그는 양반계층의 여성을 좀 더 높은 계급의 여자 종에 불과하다고 본다. 조선 여성은 결혼 여부에 관계없이 이름이 없었으며, 아무런 정신적 가치를 지니지 않음으로써 사회나 정치, 즉 공적인 공간으로부터 철저히 배제된 탈정치적·탈역사적 존재였다. 조선 여성은 필요할 때는 질서 속에 편입되지 않은 상태를 이용하여 위반의 가능성까지 지닌 존재이기도 했다. 이러한 가부장적 질서 속에서 아버지와는 지나치게 대조되는 자상한 어머니의 모습은 오히려 폐단으로 나타난다.

이 나라의 풍습에 의하면, 어머니는 아무것도 아니고 대수롭지 않은데, 아이는 너무 일찍부터 그것을 알게 된다. 어머니의 말은 잘 듣지 않으며, 복종을 하지 않아도 거의 벌을 받지 않는다. 아버지 말을 할 때에는 자주 嚴親 또는 嚴父라는 형용사를 붙이는데, 그것은 엄한, 두려운이라는 뜻으로서 그 속에는 깊은 존경의 뜻이 담겨 있다. 반대로 어머니 이름에는 慈親, 慈堂이라는 말을

18) 같은 책, p. 183.

> 붙이는데, 그것은 인자한, 너그러운, 무섭지 않은이라는 뜻이다. 이런 차이는 확실히 자연에서 발생한 것이지만, 이 나라에서처럼 지나치게 되면 통탄할 만한 폐단이 된다.[19]

이러한 관계 속에서 부부는 자연스럽게 애정을 표현할 수 없다. 따라서 조선의 부부생활은 그들이 추구하는 행복한 결혼생활과는 거리가 멀다.

> 조선에서 행복한 결혼, 잘 어울리는 결합이라는 것이 얼마나 드물리라는 것을 이해할 수 있다. 아내는 남편에 대하여 의무만을 지고 있는 데 반하여 남편은 아내에 대하여 아무런 의무도 지지 않는다. 부부간의 절개는 아내에게만 의무적이고, 아무리 모욕과 멸시를 당하여도, 아내는 질투하는 태도를 보여서는 안 되며, 그런 생각조차도 하지 못한다. 뿐만 아니라 부부 서로간의 사랑이라는 것은 풍습이 거의 불가능하게 만들어 놓은 희귀한 일이다. 예절은 남편이 아내를 존경하고 적당히 대우하는 것은 허용하나, 아내에게 참다운 애정의 표시를 하고, 아내를 일생의 반려로 사랑하는 사람은 몹시 조롱을 받을 것이다.[20]

지나치게 가장 중심으로 이루어지는 조선의 결혼생활에 대해 프랑스인이 부정적으로 보는 것은 그들에게는 대혁명 훨씬 이전인 16세기부터 부부 중심의 가족유형이 많았다는 점에서도 그 원인을 찾아 볼 수 있다.[21] 한편, 프랑스

---

19) 같은 책, pp. 199-200.
20) 같은 책, p. 191.
21) 프랑스와 르브룅 저 / 주명철 역, 『옛 프랑스인의 부부생활』, 서울, 까치, 1994, p. 62.

에서 여성과 어린이를 평등한 관점으로 인식하려는 태도는 신 중심의 질서에서 세속화로 바뀌는 대혁명 이후 가톨릭이 종교의 순기능을 회복함으로써 일어났다고 볼 수 있다. 전통적으로는 프랑스에서도 교회법학자들이 "여인들이여, 주님께 복종하듯 남편에게 복종할 지니, 왜냐하면 남편은 그리스도가 교회의 주인이시듯 여인의 주인이기 때문이니라."라는 성 바울의 가르침에 근거를 두고 언제나 남편이 우월하고 권위를 가졌다고 인정하였다. 아내가 살아야 할 곳은 남편의 집이며, 그녀가 복종해야 할 사람은 바로 남편[22]이라는 사실을 강조하였던 것이다. 그러나 대혁명 이후 프랑스인들이 무신론으로 입장을 바꾸거나 혹은 성서의 순수한 정신으로 되돌아가면서 여성평등에 입각하여 여성교육을 실시하였고 이것은 여성에 대한 인식 변화에 큰 요인으로 작용하였다. 즉, 가톨릭은 대혁명을 거치면서 원래 청산의 대상이었으나 사실상 그 교리는 자유와 평등의 요소를 포함하여 인간성을 고양시키는 결과를 초래하였다.[23] 따라서 근대화된 프랑스인의 시각뿐 아니라 가톨릭 사제의 입장에서 보더라도 조선 가족 내의 여성의 지위는 가톨릭을 모르는 미개한 민족의 대표적인 생활상으로 보였던 것이다. 그들은 이 폐단을 가톨릭이 해결해 줄 수 있을 것이라 믿는다.

> 시아버지에 대한 예법은 더욱 엄격하다. 흔히 꼬박 몇 해 동안이나 시아버지에게는 이따금씩 짤막짤막하게 대답하는 것을 제외하고는 감히 바로 쳐다보지도 못하고 말을 걸지도 못한다. 시어머니와는 좀 더 마음 편히 지내고 어떤 때는 잠깐씩 감히 이야기도 한다. 그러나 가정교육을 잘 받은 여자라면 그런

22) 같은 책, pp. 15-16.
23) 『프랑스 근대사 연구』, p. 22.

대화는 드물고 시간도 짧을 것이다. 조선의 천주교인들이 이런 우스꽝스러운 계율을 대부분 집어치워 버렸다는 것은 더 말할 나위가 없다.[24]

이 기록에는 그들이 조선에 대해 가지는 우월감이 배어 있다. 그들은 19세기 중엽을 지나면서 자기들의 문명이 비서양보다 앞서 있다는 인종적 우월감에 근거하여 문명이 앞선 서양이 비서양을 지배하는 것을 당연하게 여기는 "문명화의 사명"을 스스로에게 부과하고 있는 것이다. 그들은 이것이 자연스러울 뿐만 아니라 도덕적으로도 당연하다고 간주하였는데 조선의 가족문화를 보는 그들의 시선에도 이러한 입장이 자연스럽게 노출되는 것이다.

샤를 달레가 여성에 대해 이렇게 관찰한 것은 "우리는 아내와 결혼하고 첩과 사랑을 나눕니다."라는 선비의 말을 인용하면서 한국인에게 집은 있으나 가정은 없다고 보았던[25] 비숍 여사의 지적과 일맥상통한다.

서양인들이 조선에 머무른 기간과 상관없이 가장 많은 관심을 나타냈던 부분은 바로 여성에 대한 것이었다. 그들은 조선 여성의 열악한 환경과 지위에 대해 공통적으로 동정심을 드러내고 있다. 이들은 여성의 열악한 가족 내 처지를 전근대적인 가족의 가장 두드러진 특성으로 보았다. 특히 그들은 배우자가 죽었을 때 여성에게만 불평등하게 적용되는 재혼과 이혼제도, 조선의 축첩제, 서자에 대한 차별 등을 문제로 지적하였다. 동시대 프랑스에서는 축첩이 법으로 금지되어 있었다. 또 입법의회(1791-1792)의 마지막 법령의 하나로서 이혼을 규정한 1792년 9월 20일의 법에 따라 이혼은 개인의 자유에 속하는 것으로 규정되었고, 이혼 후 자녀에 대해서도 아버지와 동등한 권리가

---

24) 『한국천주교회사』, p. 191.
25) 이사벨라 비숍 지음 / 신복룡 옮김, 『조선과 그 이웃나라들』, 서울, 집문당, 2000, p. 394.

어머니에게도 부여되어 있었다. 결국, 가부장의 권력을 제한함은 물론 남편과 아내의 평등을 역설하면서 그것을 법제화한 문화 속에서 살던 프랑스인들에게 조선의 남편 중심의 불평등한 가정생활은 가톨릭 선교의 당위성을 제공해 주는 동기가 되었던 것이다.

3. 친족 중심의 가족

샤를 달레는 구한말 가족의 가부장적 특성이 혈연 중심, 친족 중심의 생활에서도 나타나고 있다고 설명한다.

> 조선에서도, 동양의 대부분의 나라에서와 마찬가지로 친족관계가 현대의 서양 여러 나라에서보다 훨씬 더 긴밀하고 훨씬 더 멀리까지 미친다. 부자이든, 가난하든, 유식하든, 무식하든, 벼슬아치이든, 거지이든, 그들의 사회적 지위가 어떠함을 막론하고, 15촌 내지 20촌에 이르기까지 모든 친척이 한 氏族, 더 정확히 말해서 단 하나의 집안을 이루고, 모든 집안 사람들이 공동이해관계를 가지고 서로 도와야 한다.[26)]

그는 친족중심주의가 조선인들의 게으름의 온상이 되고 있을 뿐 아니라 조선을 미개한 상태에 빠트리는 원인이 되고 있음을 지적한다.

> 일가가 좀 많은 집안에는 약간의 게으름뱅이나 타락한 자가 없는 일이 드문데, 그들은 어떤 일에 종사할 능력도 없고 정직하게 생활비를 벌지도 못하여,

---

26) 『한국천주교회사』, p. 202.

> 이 사람한테서는 소를 훔치고, 저 사람에게는 개를 훔치고, 또 다른 사람한테서는 피륙, 돈, 양식을 훔치며, 전혀 갚을 생각을 하지 않고 빌어 가고, 누가 기꺼이 주려고 하지 않는 것은 폭력으로 뺏고 하여 가까운 일가들을 등쳐 먹고 산다. 또 어떤 때는 집이나 땅 문서를 훔쳐다가 팔아 먹기도 하고, 심지어 가짜 문서를 만들어 남들에게 저당을 잡혀 먹기까지 한다. 그들이 처벌을 받지 않으리라는 것이 거의 확실하다. 왜냐하면, 이 나라의 풍속에 따르면 일가를 司直에 넘기는 것은 허락되지 않을 뿐 아니라, 그가 원에게 붙잡혀 가면, 모든 친척들이 그를 구원하고 옹호하게끔 되어 있기 때문이다.[27]

집단주의 사회에서는 자신의 생계를 스스로 해결하지 않아도 되는 만큼 게으름이 만연하게 된다. 이것은 남녀 간의 불평등한 관계와 더불어 남성들보다는 전반적으로 여성들이 고된 삶을 통해 진지한 자세를 취하게 되는 원인이 되는 반면, 조선 남성들로 하여금 무사안일주의, 유아적 상태에 빠지게 하는 폐단의 원인이 되기도 한다. 뿐만 아니라 그들이 보기에 가부장적인 집단주의는 당시 조선사회를 유지해 나가는 힘인 동시에 그 밖의 더 큰 공동체, 즉 사회나 나라에 대한 무관심을 초래하는 원인이기도 했다. 왕실이나 천민 등 계층에 상관없이 지적되는 이 공통점이 프랑스인들에게는 조선인들이 그들을 둘러싼 외국의 변화에 어두운 원인으로 보였던 것이다.

그러나 샤를 달레가 조선의 공동체주의에 대해 항상 부정적인 입장을 가졌던 것은 아니다. 그는 조선인의 집단주의를 큰 덕목으로 여겼으며, 인류애를 존중하는 조선인들의 선천적인 마음과 그것을 매일 실행하는 자세를 긍정적

27) 같은 책, p. 205.

으로 평가했다. 자신들과는 달리 자식을 극진히 사랑하는 조선인들의 태도는 바로 이 덕목의 결과라고 보기 때문이다.

> 조선 사람은 자식을, 특히 사내자식을 몹시 사랑한다. 사내아이는 조선 사람이 보기에는 계집아이보다 열 갑절이나 더 가치가 있지만 계집아이도 그에게는 귀중한 것이다. 그러므로 어린아이를 버리는 예는 거의 볼 수 없다. 어떤 때, 큰 흉년이 들면 굶어 죽어 가는 그런 극단적인 지경에 몰리는 수도 있으나, 그런 때에도 차라리 남에게 주거나 팔려고 애쓰고, 그 뒤에 그들이 모을 수 있는 최초의 자금은 아이들을 도로 사 올 수만 있다면 거기에 사용된다. 그들은 결코 자기들의 가족이 너무 많다고 생각하는 일은 없다. 그리고 말이 났으니 말이지만, 그 불쌍한 이교도들의 행위는 심판날에 우리들 그리스도교국에서 아이들을 교육하는 귀찮음과 고됨을 면하기 위하여 하느님의 법을 어기고 자연에 어그러지는 일을 하는 것을 두려워하지 않는 저 수치스러운 부모들의 치욕과 선고가 될 것이다. 조선 사람은 아무리 가난하더라도 언제나 아버지가 되는 것을 기뻐하고, 빈궁 속에서도 하느님이 그에게 보내 주시는 모든 식구를 먹여 살리고 기르는 데에 필요한 것을 찾아낼 줄을 안다.[28]

다블뤼 주교의 『조선사 입문노트』[29]에서 인용한 것으로 보이는 이 부분은 '문명화의 사명' 아래 조선을 개화의 대상으로 보는 평소 그들의 태도와는 매우 달라 의아하게 느껴질 정도이다. 샤를 달레는 조선에서 평민의 아이들이

---

28) 같은 책, p. 199.

29) 이 보고서의 원래 명칭은 *Notes pour l'introduction à l'histoire de la Corée*이다. 이것은 원본의 행방이 묘연하며 다만 그 필사본만이 파리외방전교회 고문서고에 보관되어 있다. 이 필사본은 21×31cm의 크기에 총 161쪽으로 이루어져 있다.(『문명과 야만』, p. 173)

제대로 돌보아지지 않는 것을 통해 조선인들의 야만 상태를 환기시키고 있지만 조선인의 자식 사랑 문화에 대해서는 오히려 그들이 부끄러워해야 할 점으로 여긴다. 이것은 그가 가톨릭 사제로서 프랑스 대혁명 이후 그들의 삶에 대한 망탈리테가 변화함으로써 나타난 근대적 이기주의에 대한 불만을 적극적으로 드러낸 부분이라고 할 수 있다. 망탈리테의 변화란 프랑스에서 성도덕의 쇠퇴로 인해 유아 유기 및 피임이 늘어난 현상을 지칭하는 것이다. 19세기의 저술가로부터 유럽의 다른 지역에서는 일어나지 않았고 근대 프랑스의 진정한 특성이라고 일컬어지는 피임이 성행했다는 것은 교회가 통제력을 상실했다[30]는 것을 의미한다. 다시 말해 피임은 기독교 윤리와의 근본적인 단절을 의미하는 것이므로 생명에 대한 종교적 심성을 지닌 사제로서 민감할 수밖에 없는 부분이다. 샤를 달레가 프랑스인들의 개인주의와는 달리 조선인의 집단주의를 이끌어 가는 '의리와 정한의 구조'[31]를 미덕으로 받아들인 것은 바로 이런 점 때문이라고 볼 수 있다.

한편, 이것은 우리를 보는 그들의 시선을 통해 가톨릭 사제들이 자국의 문화를 어떻게 반성하고 있는지를 알려 주는 중요한 부분이기도 하다. 즉, 그들은 근대화 이후 개인주의로 인한 사랑의 무질서나 이기주의보다는 비록 개인은 희생되더라도 공동체를 소중히 여겼던 대혁명 이전을 그리워하였던 것으로 보인다.

결론적으로 샤를 달레의 『한국천주교회사』는 조선 가족의 불평등성을 지적하면서 아시아를 종교적 교화 대상으로 보는 가톨릭 문헌이자 이후 조선을

30) 『프랑스 근대사 연구』, p. 25.
31) 최봉영, 『한국문화의 성격』, 서울, 사계절, 2002, p. 21.

정치적 식민지의 대상으로 여기는 다른 프랑스 문헌들과 함께 아시아에 문명화의 사명을 실천하려는 19세기 유럽의 시대정신을 공유하는 것이라 할 수 있다.

한편, 이 문헌에는 19세기에 서양이 스스로를 주체 또는 남성으로, 동양을 객체 또는 여성으로 비유하면서 동양을 자신의 문제를 풀어 갈 언어를 가지지 못한 사회라고 보는 유럽중심주의가 반영되어 있다. 이제 우리는 그들에게 우리 문화를 그들의 것보다 열등한 것이 아닌 또 하나의 문화라는 개념으로 설명할 수 있어야 할 것이다. 이를 위해서는 우리 자신에 대한 이해가 더욱 중요해진다. 아울러 샤를 달레가 조선의 가족문화 중에서 우호적으로 바라본 부분을 되짚어 보는 것도 탈식민주의적 관점을 가지고 서구 담론에 의해 포기되었던 우리의 것을 되찾고자 할 때 요구되는 태도라 할 것이다.

제6장

1950년대 이후 프랑스 문헌에 비친 한국의 가족문화 - 부부의 모습에서 살펴본 전통과 현대의 공존

19세기에 프랑스인들이 학술 서적, 가톨릭 관련 서적, 여행기 등의 문헌에서 그들에게 "은자의 왕국"으로 알려진 조선에 대해 기록했을 때, 그들은 당시 프랑스를 포함한 서양인들이 동양을 인식했던 오리엔탈리즘으로부터 완전히 자유로울 수 없었다. 프랑스인들은 가톨릭과, 그들이 먼저 겪은 근대화의 창을 통해 조선을 개화의 대상으로 차갑게 바라보았고, 조선의 가족문화조차도 유교적 가부장제로 인한 위계질서와 집단주의의 폐해를 보여주고 있다고 여기면서 그들이 '문명화의 사명'[1]을 실현할 수 있는 대상으로 보았던 것이다.

이처럼 구한말 조선을 그들의 전교와 정치적 피지배 대상으로 여겼던 프랑스였지만, 조선이 일제에 점령된 뒤로는 조선을 그들의 기억 속에 묻어 두게

1) 조현범, 『문명과 야만』, 서울, 책세상, 2002, p. 39.

된다. 그러나 일본으로부터 해방된 한국이 1950년의 한국전쟁, 1970년대의 군부독재와 경제발전, 1980년대의 민주화 운동, 1988년의 올림픽, 1997년의 경제위기, 2002년 월드컵 등을 통해 세계 언론의 주목을 끌게 되면서 프랑스는 다시 한국에 대해 관심을 가지게 된다. 〈르 몽드〉지 특집란에 실린 '성장 뒤에 감추어진 역사'라는 제목의 사설에서 다니엘 부셰즈[2]는 아래와 같이 말한다.

> 25년 전까지만 해도, 감히 한국 경제의 미래가 낙관적이라고 말할 수 있는 사람은 아무도 없었다. 1950년 한국전쟁의 이미지는 아직도 사람들의 기억 속에 남아 있었다. 과거의 어떤 기행문도, 어떤 연구물도 한국이 미래에 이토록 많이 알려지게 될 것임을 예측하지는 못했다. […] 오늘날 한국의 급작스러운 발전은 그래서 더더욱 놀라운 것이었다. 사람들은 말한다. 우리가 이 나라에 대해 한 번도 혹은 거의 들어보지 않았다는 사실이 믿어지지 않는다고.[3]

따라서 프랑스는 해방 이후의 한국에 대해서도 많은 문헌들을 생산하게 되는데, 이 문헌들은 마치 자신들이 유엔국의 일원으로 참전했던 한국전쟁을 통해 한국을 인식하게 되었다고 주장이라도 하듯 한국전쟁, 한국의 분단 및 재통일, 그리고 급속도로 발전한 한국의 경제성장에 초점을 맞추고 있다. 그리고 이러한 문헌들은 그동안 그들의 기억 속에 묻어 둠으로써 다시 '미지의

---

2) 프랑스 CNRS교수로서 조동일 박사와 함께 『한국문학통사』(1988)를 번역하여 *Histoire de la littérature coréenne*, Paris, Fayard, 2002.를 출판하였다.
3) 프레데릭 불레스텍스 지음 / 이행 · 김정연 옮김, 『착한 미개인 동양의 현자』, 서울, 청년사, 2002, p. 278.

나라'로 인식하게 된 한국을, 여전히 구한말의 전통 속에 머물고 있는 나라와 1950년 이후 서양의 영향을 받아 변화하는 나라라는 두 가지 주요 관점으로 해석하고 있다.[4)]

이처럼 한국을 전통과 현대의 두 시간 속에서 파악하려는 시도는 현대 한국의 가족문화를 바라보는 프랑스인들의 시선에도 그대로 반영된다. 따라서 이 장에서는 프랑스인들이 해방 이후의 한국 가족에 대해 기록한 문헌들 속에서 한국의 가족이 어떻게 전통을 답습하는지, 한국 가족이 겪는 변화는 어떤 것인지 등을 살펴보고 이 문헌들이 프랑스와 한국 사이에서 지니는 의미를 정리해보고자 한다. 프랑스인이 본 한국의 가족문화를 살피기 위해서는 한국의 일상생활을 기록한 자료들이 필요하다. 따라서 이 장에서는 한국에 다년간 체류하면서 한국의 일상문화를 체험할 수 있었던 언론인, 외교관, 학자, 작가 등의 문헌을 주요 분석대상으로 삼는다. 구한말 당시에 대한 연구에서도 선행문헌을 참고하여 자료를 정리하였던 학술 서적이나 가톨릭 관련 서적보다는 조선을 직접 방문한 여행가의 여행기가 당시의 일상생활을 짐작하는 데 더 유용했던 것처럼, 한국을 직접 경험한 이들의 생생한 글들이 분석의 일차적 자료가 되어야 함은 분명하다. 또한 프랑스인의 눈에 비친 가족문화에서 전통과 현대의 모습을 살피고자 할 때 먼저 부부 사이의 모습을 중심으로 하여 전개하고자 한다.

4) 이 부분에 대해서는 프레데릭 불레스텍스 지음 / 이행·김정연 옮김, 『착한 미개인 동양의 현자』, 서울, 청년사, 2002. pp. 298-312의 「다른 시간 속에 놓인 두 개의 한국 : 전통과 현대」를 참고할 것.

1. 전통적 가부장제와 남편 중심의 생활

조선의 가족사회가 엄격한 유교적 가부장제의 지배를 받았다는 것은 구한말에 외교관의 자격으로 조선에 체류한 이폴리트 프랑댕의 『프랑스 외교관이 본 개화기 조선』과 당시 조선 내 프랑스 가톨릭 세력을 대표하던 뮈텔 주교의 일기에 이미 잘 나타나 있다. 프랑댕이 "보통 한 가정에서 가장 윗대 어른인 증조부나 조부 혹은 부의 말이 최고의 권위를 가지며 이들이 없을 때는 남편이 어른으로 행세하고, 그가 가정의 재산을 마음대로 관리하고 의사를 결정지으며 어떤 경우에는 가족의 생명까지도 좌지우지하게 된다."[5]라고 기록한 것과 뮈텔 주교가 "교우들은 가난하고 순박한 가장 중심의 생활을 하고 있다."[6]라고 말한 것은 조선의 가부장 중심의 가정생활을 잘 주목한 결과이다. 특히 샤를 달레는 『한국천주교회사』의 서문에서 가부장적 가족 문화 속에서 남녀는 유별하였으며, 여성은 유교적 가치관에 내재한 엄격한 위계질서의 지배를 받았다는 사실을 다른 어떤 문헌보다도 상세하게 소개하고 있다. 그는 모든 것이 남성 중심으로 이루어지던 당시 가족 속에서 여성은 "남성의 반려가 아니라 노예에 불과하고, 쾌락이나 노동의 연장에 불과하며, 법률과 관습이 아무런 권리도 부여하지 않고, 말하자면 아무런 정신적인 존재도 인정하지 않는다."[7]는 것을 잘 보여 주었다. 백여 년 전에 나타났던 프랑스 문헌에서

---

5) 클라르 보티에 · 이폴리트 프랑댕 지음 / 김상희 · 김성언 옮김, 『프랑스 외교관이 본 개화기 조선』, 서울, 태학사, 2002. / Madame Claire Vautier et Hippolyte Frandin, *En Corée*, Paris, Librairie CH. Delagrave, 1910, p. 110.

6) 천주교 명동교회 편 / 한국교회사연구소 역주, 『뮈텔 주교 일기Ⅱ』, 서울, 한국교회사연구소, 1993, p. 505(1900년 11월 14일 일기).

7) 샤를 달레 원저 / 안응렬 · 최석우 역주, 『한국천주교회사』, 서울, 한국교회사 연구소, 2000. p. 183. 원서명은 Charles Dallet, *Histoire de L'Eglise de Corée,* Paris, Victor Palmé,

이처럼 묘사되었던 남편 중심의 부부 모습은 최근에 출판된 『베일을 벗은 한국』에서도 그대로 이어진다.

> 가족법의 일종인 호주제는 나이와는 상관없이 남자가 여자보다 우세하다는 것을 분명히 말하고 있다. 이혼을 할 경우, 흔히 아이의 양육은 아버지에게 주어진다. 그렇지만 아버지는 실제로 아이를 돌보지 않는다. 게다가 아버지는 조부모에게 아이를 맡기면서 아이의 양육을 거부한다. 또한 전처에게는 알리지 않고서 아이를 쫓아버리기까지 한다(고아원에 있는 아이들의 약 20%가 부모의 이혼으로 인해 들어온 아이들이다). 어머니가 아이들의 양육권을 획득한 경우에도 아이들은 여전히 아버지의 호적에 이름이 올라가 있다. 아버지는 전처와 아이를 더 이상 만나지 않지만, 호적 덕분에 세금 감면 혜택을 받는다. 어머니는 이러한 혜택을 받을 권리가 없다.[8]

이 문헌의 공동저자인 트리스탕 드 부르봉 파르므와 나탈리 투레[9]는, 조선이 구한말 프랑스인들에게 '미지의 나라'였던 것처럼, 그들이 한국을 직접 체험할 기회를 갖기 전까지만 해도 한국에 대해 아는 것이 거의 없었다. 그들은 2002년 월드컵 4강전과 한국의 신기술이 그들의 매장을 점령해 나간다는

1874이다.

8) Tristan de Bourbon-Parme, Nathalie Tourret, *La Corée dévoilée, 15 portraits pour comprendre*, Paris, L'Harmattan, 2004, p. 32.(이 문헌은 구한말부터 현재까지 나타난 프랑스 문헌 중에서 가족에 대해 가장 많은 분량의 기록을 담고 있다.(pp. 19-81))

9) Tristan de Bourbon-Parme는 서울에 체류할 동안 〈La Tribune〉, 〈Le Figaro〉, 〈Le Parisien〉, 〈Le Point〉, 〈L'Equipe〉, 〈L'humanité〉, 〈Le Soir et Le temps〉의 특파원이었다. Nathalie Tourret는 〈France Info〉, 〈la Radio Suisse Romande〉, 〈la RTBF〉와 〈la Radio Canada〉의 특파원이었다. 이 문헌은 교수, 학생 등 다양한 한국인들과 나누었던 인터뷰를 소개하고 있다.

것, 한국의 형제 국가인 북한이 핵무기 실험을 조장한다는 것 말고는 프랑스인이 한국에 대해 아는 것이 거의 없을 것이라고 간략하게 말한다. 뿐만 아니라 그들이 한국을 "1980년까지만 해도 공식적인 여행 말고는 해외여행이 어려운 나라, 한국을 둘러싼 세계의 발전으로부터 거의 배제된 나라, 1987년부터 해외유학생들을 허락하면서 고립상태가 줄어든 나라, 1989년부터야 모든 국민에게 여권을 허락하면서 실제적인 자유를 준 나라"[10]라고 소개하는 것은 그들을 포함한 현대 프랑스인의 한국 인지도가 높지 않다는 것을 말해 준다.

한국에 대한 그들의 인식 정도가 조선에 대한 옛 프랑스인의 인식 정도와 별 차이가 없는 것처럼, 그들이 관찰한 현대의 가족생활 또한 전통적인 가부장제의 영향 속에 있는 것으로 나타난다. 이 기록에 의하면 조선의 가부장제는 현재까지도 강력한 영향을 미치는 가족 이데올로기이며, 이러한 남성 중심의 문화를 유지해 나가는 호주제는 남성에게만 유리하게 적용된다는 것이다. 물론 2004년에 나타난 이 기록은 서구의 영향으로 현대에 와서야 빈번해진 이혼을 중심으로 한 사례이긴 하지만, 남성 중심의 가부장적 사회에서는 결혼을 하건 이혼을 하건 모든 것이 남성 중심으로 해석된다는 것을 보여 준다고 할 수 있다. 파리의 일본문화원장인 히사노리 이소무라가 지적했듯이 동일한 아시아 국가이면서도 서로 다른 한국, 중국, 일본을 연결시키는 것이며,[11] 한국인에게는 '인생의 목표'[12]라고 할 정도로 한국 제일의 풍습인 제사에도 아들만이 참여할 수 있다.

---

10) *La Corée dévoilée*, p. 37.
11) Henry Lelièvre, *Japon, Chine, Corée...Cette Asie qui dérange*, Bruxelles, Editions Complexe, 2000, p. 32.
12) Maurice Lelong, *La Corée intime*, Paris, La table ronde, 1978, p. 105.

그러나 여자들은 제사에 필요한 음식을 준비하는 것 말고는 제사에 참여하지 않는다. 여자들이 무덤 옆에 놓인 대리석 비에 기재되지 않는다는 것은 이미 내가 지적한 바 있다. 나는 한국의 이런 풍습이 우리 사회의 최근 풍습에 근접하지 않도록 조심할 것이다. […] 그리고 조상에 대한 예식은 남성 우월의식을 마지막으로 보존하는 것이 될 것이라고 감히 말하고 싶다. […] 한국 가족 내에서 여성이 이처럼 낮은 지위를 차지하고 있는데도 어떻게 그렇게 순조로운 하루를 보내는 것으로 보이는지 서양 남성인 나로서는 이해하기 어려운 점들을 표명했다. […] 내 질문에 대해 그들은 대부분 "전통은 전통이다."라는 동어반복을 통해 요약해 줄 뿐이었다.[13]

한국전쟁으로 인한 군사적 · 정치적 문제에만 집중되어 있는 해방 이후의 한국 관련 프랑스 문헌의 결함을 메우기 위해 모리스 르롱이 저술한 『친밀한 한국』에는 제사상, 위패, 죽은 자를 불러오기 위해 문을 열어 두는 모습 등 제사 광경이 잘 묘사되어 있다.[14] 그러나 정작 저자를 '사로잡은 다른 문제'[15]는 제사상에 꼭 필요한 음식을 차리기 위해 노동력을 제공한 여성들이 실제 제사에서는 배제된다는 것이었다.

그가 관찰한 제사 풍경은 친자가 없을 경우 '조상을 숭배하고 신주를 모시고 장례와 상례의 여러 가지 의식을 지키고, 제사를 드리기 위해'[16] 양자를 직접 입양했던 구한말의 상황과 많은 차이가 있다. 그러나 저자는 '지난 이십여 년 전부터 한국에서도 상황이 많이 바뀌었다는 것을 인정'[17]하면서도, 여성

13) 같은 책, pp. 108-109.
14) Maurice Lelong의 가족과 관련한 사항은 pp. 105-109를 참고할 수 있다.
15) 같은 책, p. 107.
16) 『한국천주교회사』, p. 201.

이 음식을 준비하는 것 말고는 아직도 제사에 참여할 권한이 없다는 사실에서 제사야말로 남성들이 여성에 비해 그들의 우월한 정체성을 확인할 수 있는 전통의 마지막 흔적이라고 보고 있다. 이 문헌보다 26년 뒤에 나타난 트리스탕 드 부르봉 파르므와 나탈리 투레의 문헌에서도 한국 여성의 상태가 '충격적'이라고 표현되는 것을 볼 때 저자가 한국 여성의 삶의 조건을 '가장 난해하고 복잡하며 논쟁의 대상'으로, 또한 '그들의 감수성으로 가장 단순화하기 어려운 문제'[18]라고 생각하는 것은 그다지 놀랍지 않다.

한편, 남성 중심의 가부장제 문화를 당연하게 받아들이는 한국인은 자국 여성의 조건과는 현저한 차이가 나기 때문에 의문을 가지는 프랑스인 저자에게 "전통은 전통"'[19]이라고 설명할 뿐이다. 이러한 대답을 통해 프랑스인은 가부장적 전통이 한국인의 가족 구성원에게 미치는 강한 영향력을 확인하는 것이다. 또한 저자가 "무슬림 사회의 여성에 대한 남성의 지배는 다른 성性에 대한 한 성의 승리나 경멸에서 나오는 것은 아니다."[20]라고 부연하는 것은 한국의 남성중심주의에 대한 저자의 비판적인 입장을 대변하는 것 같다. 남성만이 가족의 주인으로서 가부장제 문화를 향유할 수 있고, 여성은 문화의 흐름에서 배제되는 것이 그의 시선에는 부당한 것이다. 이처럼 남성이 문화의 뚜렷한 주체가 되는 현대 한국의 가족 풍습은 부부 사이의 덕목에도 동일하게 영향을 미친다.

---

17) *La Corée intime,* p. 108.
18) 같은 책, p. 108.
19) 같은 책, p. 109.
20) 같은 책, p. 108.

여자들은 대부분 남자들을 인정해 버리고 모든 것을 말하지 않는다. 많은 여자들은 전화에서조차 밉살스러운 남자친구의 행동을 기억한다. “약속을 정하는 데 있어서, 남자들 모두가 ‘여보세요. 나야. 거기서 그 시간에 봐.’라는 식으로 행동하죠. 내 의견은 물어보지 않고, 한마디도 더 않고는 전화를 끊어 버리곤 하죠.” 33세의 이미선은 이렇게 말한다.[21]

조선시대부터 가족 내에서 남성은 왕이었으며 여성은 남성에게 순종적이어야 했다. 한국에 외교관으로 있으면서 한국의 모든 면을 소개하고자 했던 프레데릭 막스는 산업화로 인해 대가족에서 핵가족으로 삶의 외형이 바뀐 현대에도 “아내가 남편보다도 두서너 걸음 뒤에 가는 것”[22]에서 이러한 수줍음이 부부 사이의 첫째 덕목으로 작용한다는 사실에 주목했다. 남성은 가부장제 문화가 그들에게 부여한 특권을 포기하지 않으며, 현대 여성도 그동안의 오랜 전통으로부터 내면화된 초자아적 덕목으로부터 쉽게 자유로울 수 없다. 가족 속에서 암묵적으로 지켜지는 ‘남성의 헤게모니’에 불만을 가지면서도 자신의 주장을 내세우지 않는 한국 여성은 한국 사회에서 제2의 성일 뿐이다. 남성은 이 성이 부드럽고 연약하기를 원한다. 이처럼 현대 한국의 가정생활이 프랑스인들이 관찰한 구한말의 가정과 크게 다를 바 없다는 점에서 한국은 여전히 전통의 시간 속에 있다.

여성의 순종이 ‘엄마로부터 전수’[23]된다고 보는 저자들의 주장은 무엇보다도 한국에서 개인에 대한 집단주의적 전통과 자식에 대한 부모의 힘을 잘

---

21) *La Corée dévoilée*, p. 28.
22) Frédéric Max, *La Corée du Sud*, Paris, l'Harmattan, 1984, p. 149.
23) *La Corée dévoilée*, p. 28.

파악한 것이라 여겨진다. 또한 한국 여성이 다른 나라 여성의 입지에 대해 전적으로 무지하다는 저자의 주장은 시몬느 드 보브와르의 『제2의 성』(1949)의 출판과, 1970년대의 '여성해방운동'[24]으로 인한 프랑스 사회의 변화를 환기시키며, 한국 여성의 무기력 상태를 비판하는 것 같다. 그들이 보기에 한국 사회는 이러한 변화와 너무 동떨어져 있다. 한편, 이 젊은 신문기자들은 온순한 여성을 선호하는 남성 중심의 가부장제 사회 속에서 말띠 딸을 낳지 않기 위해 제왕절개수술과 임신중절수술을 감행하는 한국 사회의 충격적인 모습을 포착한다.

> 말띠로 태어나는 여성은 불행하다. 실제로 말띠는 격렬하고 단호한 기질에 자기애로 가득 차 있다고 여겨졌다. 말띠 아들의 자질과는 달리 말띠 딸의 자질은 결함과 같이 여겨진다. 따라서 12년마다 한국에서는 전투 준비를 한다. 뱀의 해에서 말의 해로 넘어가는 날인 2002년 2월 12일 전에 제왕절개수술과 임신중절수술이 증가했다. 엄마들은 딸이 말띠 해의 예정일에 태어나는 것보다는 조산하여 뱀띠로 태어나는 것을 선호한다.[25]

한국의 현재 상황은 저자가 소개한 것과는 거리가 있음에도 불구하고 저자는 성에 대한 고정관념이 자아낸 비합리적인 사실들을 소개하고 있다. 아직도

---

24) 1968년 5월 혁명이 몰고 온 사회적 분위기에 의해 정치의식을 자각하게 되면서 이 운동은 구미를 휩쓸었다. 여성들은 당시의 프랑스 정부로 하여금 보다 많은 여성들을 고위 행정직에 임용하게끔 하였고, 여성의 권익을 위한 새로운 제도를 모색하게 만들었다. 1971년 4월 5일에는 '343인의 선언문'이 발표되었다. 이 선언문에서 예술계, 문학계, 연예계에 종사하는 343명의 저명한 여성 지식인들은 여성의 낙태시술을 합법화해 줄 것을 요구하였다.

25) 같은 책, pp. 28-29.

한국을 잘 알지 못하는 현대 프랑스인들은 이 기록을 통해 마치 백여 년 전 프랑스인들이 조선에 대한 직접적인 체험 없이 문헌에 의해 조선을 미개하다고 여긴 것처럼 한국에 대해 부정적인 인상을 갖게 될 수 있다. 더구나 현대 프랑스인들이 아직도 잔재가 남아 있는 한국의 남아선호사상, 아들을 낳기 위한 낙태, 아들을 낳기 위한 미신에 대한 집착, 더 나아가 출생성비 불균형, 인구 및 세대교체, 은퇴에 대한 위협[26] 등을 지적한 장 피엘의 문헌과 함께 이 기록을 읽게 된다면, 한국을 아직도 계몽되어야 할 점이 많은 나라로 인식하게 될 것이다. 한편, 남성 중심의 가부장제 가족 속에서는 성 의식 또한 남성에게만 개방적이다.

> 이미선이 증명한다. “제 두 번째 남자친구가 저의 이전 경험들에 대해 많이 의심하고 있음을 느꼈어요. 반대로 전 남자친구의 이전 경험에 대해 의심할 권리는 없었죠. 그가 다른 여자와 성관계를 가졌다는 것은 문제가 안 됐어요. 어느 날 남자친구가 제게 ‘나는 다른 남자들과는 달리 마음이 넓어 네 과거의 실수는 용서할게’라며 본심을 털어놓게 해서 우린 오랫동안 서로 다퉜죠.” 그 후 미선은 남자친구와 헤어졌다.[27]

저자의 설명에 따르면, 한국은 ‘여성의 오르가슴과 자위에 대해 말하는 것을 터부시’[28]할 정도로 여성에게는 성이 폐쇄된 나라이다. 간통은 남성에게만 관대하게 허용된다. 이처럼 남성과 여성에게 성윤리가 다르게 적용되는

---

26) Jean Piel, *Corée, tempête du Matin-Calme*, Arles, Philippe Picquier, 1998, p. 51 참고.
27) *La Corée dévoilée*, p. 29.
28) 같은 책, p. 36.

부부의 모습은 "부부간의 절개는 아내에게만 의무적이고, 아무리 모욕과 멸시를 당하여도 아내는 질투하는 태도를 보여서는 안 되며, 그럴 생각조차 하지 못했던"[29] 조선시대 부부의 모습과 크게 달라진 것이 없다. 즉, 프랑스인에 의해 관찰된 이러한 사실들은 "현재의 대한민국은 북한도 포함해서 조선 후기의 연장으로 간주해야 한다."[30]라고 주장하는 최준식의 의견을 정당화시켜 준다. 이처럼 아직도 전통의 굴레 속에 있는 여성은 한국 사회에서 '장애자나 동성애자처럼 여전히 소수파'[31]에 속한다. 한편, 그들이 묘사한 한국의 부부는 가부장제 문화가 강요하는 고정된 성 역할과 그로 인한 의사소통 장애로 인해 점차 소외되고 분리된다.

> 남자는 자신의 감정을 나타낼 수 없기에 강인해야 하고 과오를 범해서는 안 된다. 여자는 몹시 피로한 일과를 마치고 돌아오는 남편을 자신의 근심거리로 귀찮게 하지 않는다. 점차, 그 암묵적인 태도들은 부부 사이를 단절시키고, 그 단절은 곧 깊은 심연의 구렁으로 변한다.[32]

한국의 남성과 여성은 어릴 때부터 남녀칠세부동석의 전통 속에서 따로 성장한다. 그들은 의사소통 방법을 알지 못한 채 성인이 된다. 현대에 와서도 집단주의적 사고방식에 따라 개인의 애정이 아니라 가문끼리 결합하는 중매 결혼의 풍습을 답습하는 경우가 많다. 이러한 한국의 청년들은 5년 동안 한국에 머물렀던 줄리에트 모리오의 관찰대로 "결혼을 사랑의 결합이라기보다는

---

29) 『한국천주교회사』, p. 191.
30) 최준식, 『한국인에게 문화가 없다고?』, 서울, 사계절출판사, 2002, p. 22.
31) *La Corée dévoilée*, pp. 49-50.
32) 같은 책, p. 30.

아들을 낳음으로써 가문을 유지하는 수단"[33], 즉 가부장제를 존속시켜 나가는 수단으로 여기는 전통의 지배를 받는 것이다. 그 결과 "한국의 부부는 부모와 자녀를 중심으로 구성되는 가부장제 가족 속에서 중심 역할을 하기 어렵다."[34] 뿐만 아니라 결혼을 인생에 필요한 한 단계라고 받아들이기보다는 "단지 사회로부터 오는 부담을 경감시키기 위해 선택할 수밖에 없는"[35] 강요로 받아들인다는 점에서 한국 사회는 결혼생활에서 애정을 가장 중요하게 생각하는 서양 사회와는 큰 차이를 지니게 된다. 결혼하기 전에 자유 동거 등 서로에 대한 충분한 이해 끝에 평생의 배우자를 선택하는 프랑스와 '어떠한 성적 관계도 일어나지 않고' 결혼에 이르는 한국 사이에는 개인과 집단이라는 큰 문화적 잣대의 차이가 있는 것이다. 더구나 한국이 농경사회에서 산업사회로 넘어오면서 가정이 생산에 의해 지배를 받게 됨에 따라 한국의 부부는 남성은 직장, 여성은 가정이라는 공간 속에 더욱 따로 존재하게 되고 의사소통은 더 어려워진다. 마침내 그들은 바람직하지 못한 성문화를 답습하기에 이른다.

> 그 시나리오들은 한국 사회가 은밀하게 감춰 둔 현실 – 부부들의 만성적인 부정 행위 – 을 진술한다. 실제로 전통은 제도화되고 일반·보편화된 매춘부들과의 잦은 교제로 인해 그러한 현실을 풍속으로 동화시켰다. 남자들은 청소년기부터 친구들 사이에서 또는 직장 동료들과 함께 규칙적으로 모르는

---

33) Juliette Morillot, *La Corée, Chamanes, Montagnes et Gratte-Ciel*, Paris, les Editions Autrement, 1998, p. 116. 줄리엣 모리오는 10년 동안 파리의 국립동양어학교(Institut des Langues et Civilisations Orientales de Paris)에서 학생들을 가르쳤으며, 소설가이자, 극동 전문가이며, 명성황후와 위안부 등 한국 여성을 주제로 두 권의 소설을 발표하였다.

34) *La Corée du Sud*, p. 149.

35) *La Corée dévoilée*, p. 25.

> 여자들의 품으로 야간 외출을 한다. 모르는 여자들을 만나는 것보다 더 쉬운 것은 없다. […] 아내와 헤어져 살거나 가장 자유분방한 남자들만의 또 다른 가능성은 첩을 거느리는 것이다.[36)]

한국의 부부 사이에는 '진정한 사랑'이 없다. 저자들이 한국의 일상생활에 대한 노골적인 기록영화와도 같은 홍상수 감독의 〈강원도의 힘〉과 〈생활의 발견〉을 예로 들면서 전통이 간통을 조장하고 묵인한다고 주장한다. 한국의 집단주의적 전통이 한국 가족 구성원의 자유로운 의사소통을 방해함으로써 한국 가정이 개인에게 행복의 장소가 되지 못하고 있음을 지적하는 것이다. 따라서 그들의 눈에 비친 현대 한국의 부부는 "부부 서로 간의 사랑이라는 것은 풍습이 거의 불가능하게 만들어 놓은 희귀한 일이다. 예절은 남편이 아내를 존경하고 적당히 대우하는 것은 허용하나, 아내에게 참다운 애정의 표시를 하고, 아내를 일생의 반려로 사랑하는 사람은 몹시 조롱을 받을 것이다."[37)]라는 구한말의 기록으로 대체해도 무리가 없을 정도로 전통적이다. 또한 이 기록은 "우리는 아내와 결혼하고 첩과 사랑을 나눕니다."라는 선비의 말을 인용하면서 한국인에게 집은 있으나 가정은 없다고 보았던 비숍 여사의 기록[38)]과 "조선에서 행복한 결혼, 잘 어울리는 결합이라는 것이 얼마나 드물리라는 것을 이해할 수 있다."는 구절을 연상시킨다. 뿐만 아니라 저자들은 의사소통이 서투른 부부의 모습을 "아주 친한 친구들조차도 중요한 문제에 관해 함께 논하지 못하는"[39)], 즉 감정표현이 다른 나라에 비해 자연스럽지 못한

---

36) 같은 책, pp. 21–22.
37) 『한국천주교회사』, p. 191.
38) 이사벨라 비숍 지음 / 신복룡 옮김, 『조선과 그 이웃나라들』, 서울, 집문당, 2000, p. 394.
39) *La Corée dévoilée*, p. 30.

모든 한국인의 정서와 함께 보여 줌으로써 한국의 전통이 개인의 의사표현을 가로막는다는 사실을 강조한다. 그럼에도 불구하고 저자는 가정을 떠나지 않는 한국의 남성을 보여 줌으로써 한국인에게 가족은 무엇인가를 다시 한번 확인시켜 준다.

> 저는 45살이고 결혼한 지는 20년 가까이 됐습니다. 꽤 오랜 시간 이런 생활 후 사람들은 혼외관계로 돌아서지요. 서양의 기준에 따르면, 그들은 이혼하고, 새 여자를 만나야 할 것입니다. 그러나 한국에서는 여자들, 아이들, 친지들, 그 모든 사람들이 참고 살아가기 때문에, 가족을 깨뜨릴 수 없지요. 남자들은 떠나는 것이 허락되지 않습니다. 그리고 남자들은 가족과의 관례적 관계를 끊을 만큼 용감하지 못하죠."라고 유석춘 연세대학교 사회학 교수는 말한다.[40]

한국의 부부는 이처럼 서로 단절되어 있으면서도 완전히 결별하지 않는다. 서로에 대한 배려로 혹은 재정적인 의무로 인해 대다수는 간통과 이중생활을 선택한다. 프랑스인들은 유럽식의 맹목적 사랑과 유사한 한국인의 '사랑'과, 애정과 존중, 익숙함과 안락함, 그리고 상호 간의 후원이 미묘하게 혼합된 개념인 '정'을 구분하면서[41] 이미 사랑은 없지만 현실적인 문제와 책임감으로 가정을 유지하는 한국의 모습에 주목하는 것이다. 사랑을 제일 첫머리에 놓고, 그것을 개인의 행복의 요소 중 하나라고 보는 서양의 기준에 따르면 벌써 이혼을 해야 하는 상황이지만 '사랑은 감정이며 결혼은 현실'[42]이라고 생각하

---

40) 같은 책, pp. 32-33.
41) *Corée, tempête du Matin-Calme*, p. 47.
42) *La Corée, Chamanes, Montagnes et Gratte-Ciel*, p. 154.

는 한국의 부부는 부부의 형태를 허물지 않는다. 다시 말해 개인의 욕망에도 불구하고 가족은 쉽게 와해되지 않는다. 파스칼 와티에의 지적대로 가족에 대한 이러한 경직된 사고방식은 개인의 창의성을 떨어뜨리고,[43] 지나치게 코드화되어 타 집단에 대한 배타성으로까지 이어질 수도 있지만 여전히 '사회의 완충지대'이자 '누에고치'[44]로, '성채'처럼 견고하게 작용하는 것이다.

요컨대, 현대 한국 부부의 모습에 남아 있는 전통에 대한 이들의 시선은 대부분 우리가 살아가는 '삶의 틀'이요 '모양새'[45]인 가부장제로 인한 폐단을 지적하는 데 집중된다. 급속한 사회 변화에도 불구하고 여전히 한국 사회에 남아 있는 유교적인 가부장제의 전통 속에서 남성 중심의 생활이 가져오는 '가름과 나눔'[46]으로 인해 여성은 중심에서 주변으로 밀려나는 삶을 그대로 답습하게 되며, '만들어진 남성성'[47]이라는 고정관념 속에 묶인 남성들 또한 과도한 책임감과 잘못된 권위의식을 지니게 된다는 것이다. 이들에 의하면 현대 한국 부부는 전통으로 인해 부부 사이의 유기적 공동체를 이루지 못하고 있다.

2. 해방되는 여성과 변화하는 가정

지금까지 살펴본 것에 비추어 볼 때 마치 한국은 전혀 변하지 않고 가부장적 전통을 답습하는 나라처럼 보인다. 그러나 해방 이후 한국은 경제구조의

---

43) 『착한 미개인 동양의 현자』, p. 311. 1988년 〈제오〉지의 한국 특집호에 실린 '노동의 챔피언 Champions du travail toutes catégories'에서 발췌한 것.

44) *Corée, tempête du Matin-Calme*, p. 45.

45) 정유성 『따로와 끼리-남성지배문화 벗기기』, 서울, 책세상, 2001, p. 31.

46) 같은 책, p. 34.

47) 정유성은 여성성만 만들어진 것이 아니라 남성성도 만들어진 것이라고 주장한다.

변화와 함께 농촌의 도시화, 여성의 노동, 국제화, 일반적인 지식의 발달 등 급속한 변화를 겪었다. 프랑스인들은 해방 이후 '근대화'로, '세계화'로 빠르게 변하는 한국을 주목하며,[48] 아울러 가족관계의 빠른 변화에 대해서도 눈여겨 보고 있다. 앞에서 볼 수 있었던 부부의 전통적인 모습들이 낯설게 느껴질 만큼 도전적이고 새로운 부부 형태들이 프랑스 문헌에 나타나기 시작한 것이다. 이러한 변화는 겉으로는 여전히 전통적인 결혼 형태를 유지하고 있지만 그 속에서 여성이 변화함으로써 남편의 권위가 흔들리는 경우와 여성이 자신의 삶을 위해 기존의 결혼 형태를 거부함으로써 극단적으로 가정이 해체되는 경우로 나누어 생각해 볼 수 있다.

1) 전통적 가정생활 속에서의 변화

구한말 조선 여성은 프랑스인들로부터 가정에서 가장 열악한 삶의 조건 속에 있다고 주목을 받았지만, 해방 이후에 나타난 프랑스 문헌에서도 여성은 삶의 조건이 가장 많이 향상된 계층으로 관심을 끈다. 그만큼 한국 가정 내에서 여성의 위상은 많이 변화하였으며, 이에 대한 남편의 반응도 다양해지고 있다. 먼저, 전통적인 덕목으로 인해 남편에게 순종하면서 침묵할 수밖에 없었던 여성들은 이제 남편의 요구를 거절한다.

> 김만수 씨는 의기소침해짐과 동시에 화가 치밀어 올랐고, 깜짝 놀라 얼이 빠져 버렸다. 늘 그랬듯이 친구들과 함께 술을 마신 다음 자정쯤 집에 돌아와서 부인에게 저녁을 차려달라고 했던 것이다. 그러나 부인은 저녁을 먹고

48) *La Corée dévoilée*, p. 9. 대통령 선거에서 이회창이 아니라 노무현이 당선되는 사실에서 그 사실을 확인하고 있다. 이것을 '세대 간의 진정한 직면'이라고 기록한다.

싶으면 자신이 알아서 찾아 먹든가, 아니면 저녁 시간에 맞춰서 들어오라며 단호하게 거절했다. 상상할 수 없는 일이었다.[49)]

1992년 4월부터 1996년 9월까지 〈Radio France〉, 〈La Tribune〉, 〈La Croix〉의 한국 통신원으로 한국에 체류했던 장 피엘의 시선에 비친 한국의 아내는 더 이상 그들의 어머니 세대에게 어울렸던 "순종의 금메달"[50)]을 원하지 않는다. 이러한 여성의 모습은 "어려서부터 의지를 억제하도록"[51)] 교육받아 온 전통적 여성과는 다른 모습이다. 부부의 이런 모습은 남편과 부인 사이의 수평적인 관계보다는 수직적인 관계를 더 강조했던 유교 사회에서는 생각도 할 수 없었던 광경이다. 한편, 남편은 그가 어릴 때부터 보아 온 어머니의 모습과는 다른 아내의 모습에 당혹해 한다. 아직까지 스스로를 권위 있는 가장이라 생각하고 있었던 수많은 남편들은 그가 견고하게 디디고 서 있었던 가부장제 이데올로기로부터 부여받은 권위가 '벌거숭이 임금님'[52)]처럼 벗겨진 데 대해 우울해하거나 분노하는 등의 반응을 보이며 방황하게 된다. 이들은 존재의 위기를 느끼지만, 만약 이들이 여성에 대한 이해가 부족한 채 자기주장만 하다 보면 이 혼란은 부부 사이의 위기를 초래할 수도 있다.

프랑스 문헌을 통해서 볼 수 있는 부부의 변화는 여기서 멈추지 않는다. 그들은 한번 결혼하면 "엄마로서의 역할만 받아들여 더 이상 화장도 하지 않고, 검정이나 진보라 혹은 벽지 색의 잘못 재단된 긴 치마를 입은 채 '퍼머' 머리를 하고 다니는"[53)] 예전의 아줌마와는 다른 '미시'라는 새로운 기혼 여성

---

49) *Corée, tempête du Matin-Calme*, p. 44.
50) 같은 책, p. 46.
51) *La Corée, Chamanes, Montagnes et Gratte-Ciel*, p. 153.
52) 『따로와 끼리-남성지배문화 벗기기』, p. 50.

의 등장에 주목한다. 미시들은 미혼의 젊고 매력적인 여자를 의미하는 '아가씨'와 많은 경험과 성숙함으로 인하여 존경은 받을 만하지만 매력은 없는 나이 든 기혼여자를 지칭하는 '아주머니' 사이에서 새로운 여성 집단을 형성한다.

> '미스' 와 '미시즈'를 줄인 '미시'라는 말은, 결혼해서 아이들이 있지만 여전히 젊고 활동적이며 우아한 상태를 유지하고 있는 여성들을 가리키는 말이다. 개인적으로는 아무것도 놀랍지 않지만, 한국에서는 이것이 작은 혁명이나 다름없다. […] 미시들은 아주머니에서 나이를 거꾸로 먹는 것처럼 보인다. 그녀들은 옷을 잘 차려입고, 미장원에도 자주 간다. 그리고 집안에 갇혀 지내기를 거부한 채 자신의 전문적인 일을 찾아 나서거나, 쇼핑을 하거나 친구들을 만난다.[54]

미시는 산업화 이후 대가족이 핵가족으로 바뀌는 물리적 변화 과정에서 나타나게 되었다. 에릭 비데의 관찰대로 "90년대 초만 해도 충분히 볼 수 있었던 삼대가 함께 사는 가족은 줄어들었으며, 또한 출산율이 저하하여 식구 수가 줄어들며 지금은 단 한 명의 아이만 있는"[55]상황에서 한국에서도 서양처럼 점차로 "개인주의"[56]가 승리하기 시작하는 것이다. 서양처럼 교육을 받은

---

53) *Corée, tempête du Matin-Calme*, p. 48.

54) 같은 책, p. 48.

55) Eric Bidet, *Corée du Sud Economie sociale et société civile*, Paris, L'Harmattan, 2003, p. 176. 10여 년 동안 프랑스와 유럽의 사회경제를 연구한 후 아시아에 관심을 가졌다. 일본과 한국의 시민사회와 사회경제에 관한 연구인 이 문헌 외에도 그는 한국에 대한 여러 편의 논문과 한 권의 저서를 썼다. *La Corée : deux systèmes, un pays*, Le Monde poche, 1998.

한국여성들은 결혼 후에도 이전 세대와는 달리 개인 생활을 지키려 하며 우아함을 추구한다. 이들은 전통사회의 여성들보다 자기주장을 훨씬 강하게 표현하며 활동적이다. 이 여성들은 소비 성향이 강하며, 광고업자들로 하여금 이들이 주로 TV를 시청하는 시간에, 이들의 취향에 맞는 광고를 내보내게 할 정도로 사회 경제의 흐름에 영향을 미치기도 한다. 뿐만 아니라 현대 여성들은 주식 투자 등 다양한 방법으로 경제적인 힘을 가지기 시작하였으며, 가정의 재정도 관리하게 된다. 따라서 이러한 미시들은 가정에서 새로운 주인 역할을 담당하게 된다.

미시의 등장에 대해 "개인적으로는 놀랄 것이 없다."라는 저자의 말에 비추어 볼 때 그는 한국 가정의 서구화와 여성 지위 향상을 당연한 것으로 받아들이는 것 같다. 즉 한국 여성은 "여성에게 요구되는 부드러움이 부부간에 항상 갖추어야 할 첫 번째 자질은 아니다."[57]라고 주장하는 저자의 입장대로 바람직하게 바뀌는 것이다. 동시에 저자가 한국 여성의 페미니즘 의식이 "남성들과 동등한 임금을 받는다거나, 낙태 반대를 위한 투쟁을 하는 등의 행동을 하는 데 까지는 이르지 못했다."[58]고 한 것은 프랑스인들의 관점에서는 현대 한국 여성의 페미니즘 의식이 스스로를 남성과 동등하고 독립된 인격을 갖춘 자로 여기기에는 덜 투쟁적이며, 자신의 문제를 사회문제로 공론화시키는 데까지는 성숙하지 않았다는 것을 의미한다. 이러한 견해는 "체계는 바뀌었으나 정신 상태까지 바뀌는 것은 다른 문제"[59]라고 지적한 트리스탕 드 부르봉 파르므 및 나탈리 투레와 같은 것이다.

---

56) *La Corée, tempête du Matin-Calme*, p. 48.
57) 같은 책, p. 48.
58) 같은 책, p. 49.
59) *La Corée dévoilée*, p. 43.

마지막으로 한국 가정생활의 변화는 한 단계 더 나아간다. 경제구조에 의해 남성은 직장, 여성은 가정으로 양분되어 있었던 생활 형태가 최근 맞벌이 부부형으로 바뀌면서, 남녀 간의 고정된 성역할 구분이 사라지고 서로 협력하는 신세대 부부가 나타나기 시작한 것이다. 즉 남자들이 설거지를 하거나 아기 기저귀를 갈아 주는 등 서양에서는 자연스럽지만 유교 사상에 깊이 젖어 있는 한국 사회에서는 불과 십여 년 전만 하더라도 가히 '혁명적인 요소'가 되었을 일이 실제로 일어나고 있다는 것을 최근의 프랑스 문헌이 포착하고 있는 것이다. 물론 이것이 전적으로 남성들의 자발적인 변화는 아니며 가정에서 시끄러운 것을 피하기 위해서, 또는 두 사람이 버는 것이 한 사람이 버는 것보다 생활을 꾸려 나가기가 훨씬 수월한 현실적인 이유에 의한 것이지만 전통적인 성 역할 구분이 점차 사라지고 있는 것은 사실이다. 남자와 여자가 함께 요리하는 장면들을 광고와 드라마에서 점점 더 많이 볼 수 있다는 점에서 한국 가정의 변화는 엄연한 사실로 드러난다.

2) 전통적 가정의 해체

최근 현대 한국 여성들은 좀 더 자유로운 삶을 위해 전통적인 결혼과는 다른 새로운 형태의 결혼을 꿈꾼다. 개방적이고 감성적이라고 생각되는 외국 남성들과의 국제결혼을 원하는 것이다.

> 많은 한국 여성들은 그녀들의 짐을 덜어 줄 서양인과 결혼하기를 꿈꾼다. 그래서 외국어 교사, 외교단 위원, 완전히 망명한 자들 찾기가 시작되었다.[60]

---

60) *La Corée dévoilée*, p. 30.

'2001년부터 2003년까지 기자로서 한국에 머물기 전에는 역사시간에 배워 희미하게 기억나는 한국전쟁과 2000년 6월 남북 두 정상의 회담 외에는 한국에 대한 어떤 지식도 없었던' 저자들은 일상생활 속에서 남한 사람들의 행동과 반응을 분석하고 이해하고자 노력했다.[61] 이들은 한국인들의 좌절과 기대감을 다루고자 했다고 밝히는데[62] 이러한 국제결혼에는 많은 문제가 발생한다는 사실을 아울러 지적한다. 자유 동거관계라는 개념에 익숙한 프랑스인들에게는 누군가와 함께 산다는 것이 반드시 결정적인 결혼관계를 의미하지는 않는다. 따라서 프랑스 남자들은 그들의 결혼관계가 깨어졌을 때 한국여성에게 위자료를 지불함으로써 그들의 섣부른 이국주의에 대해 수백만 유로의 비싼 대가를 치른다고 보는 것이다. 이것은 또한 외국 남성에 대한 이해 없는 결혼으로 한국 여성 역시 이혼의 부담을 항상 지니게 된다는 것을 의미한다. 따라서 이 관찰은 서로의 문화에 대한 이해가 없는 상태에서의 선택이 가져오는 폐단을 지적하고 있다고 볼 수 있다. 이처럼 전통에 안주하여 답습하는 것은 언제나 안전하지만, 새로운 변화를 모색하는 것은 항상 목숨도 걸어야 할 정도로 위험한 모험을 감행하는 것이다. 그럼에도 불구하고 현대 한국 여성들은 이제 자발적으로 결혼 제도 자체를 거부하는 대담성을 보여주기도 한다.

> 자신들의 입장을 나타내기 위해 그녀들은 신조어를 만들어 냈다. 그녀들은 미혼 – '아직까지 결혼하지 않은, 독신의' – 이라고 불리는 대신에 비혼 – '결혼 안 한, 결혼할 생각이 없는' – 이라고 불러 주는 것을 더 좋아한다.[63]

---

61) 같은 책, pp. 7–8.
62) 같은 책, p. 8.

프랑스인들이 극단적인 태도[64]라고 부르는 비혼은 보통 일하고 돌아오는 길에 혼자 장보기, 자신을 존중해 주지 않는 남편을 위한 희생, 시부모에게 복종, 가끔 시부모 모시고 살기 등 그녀들의 어머니가 겪은 고난을 되풀이하지 않기 위해 주로 한국 여성이 선택하는 삶의 한 형태이다. 비혼은 한국 전통사회에서는 상상할 수 없었던 현대의 가족 해체를 가장 단적으로 보여주는 것이다. 또한 "가족에 대해 많은 이견들이 있음에도 불구하고 가족이 오늘날까지도 사회의 기초이며 가장 기본적인 제도 중의 하나라고 생각"[65]하는 프랑스인들이 보기에도 이 비혼은 남성과 여성 문제를 해결하기보다는 간격을 더 크게 만들며 여전히 남성의 공간, 여성의 공간 속에 각 성은 따로 존재하게 되는 궁색한 이유가 된다. 뿐만 아니라 이처럼 여성이 결혼을 회피하고 그로 인해 가정이 깨어지는 것은 여성의 분리와 파괴뿐 아니라 지금까지 견고하게 세워져 왔던 가부장제 질서가 와해되는 것을 의미하며, 이것은 또한 남성과 남성성, 그리고 남성 지배문화 및 그 담론의 위기를 의미하는 것으로 이해된다.

또 하나 두드러진 변화는 결혼한 한국 여성이 과감하게 이혼을 감행한다는 사실이다. 이 선택 또한 아직도 가부장적인 의식이 강한 한국 사회에서는 자신의 가족이나 동료 남자 직원들, 심지어는 자신이 다니는 회사 사장의 적대적인 시선과 맞서야 하는 강인함과 용기를 필요로 한다. 여성은 많은 위험을 감수하고라도 가정에서 이탈해 나가는 것이다.

---

63) 같은 책, p. 31.

64) 같은 책, p. 31.

65) 샤를르 드바쉬·장마리 퐁티에 지음 / 김지은·김정곤·김미현 옮김, 『프랑스 사회와 문화』, 서울대학교출판부, 2004, p. 307.

중매결혼이었든 아니든, 현재 일곱 쌍의 부부 중 한 쌍이 이혼에 이른다. 설명하자면, 여성들은 권리를 더 많이 주장하고 있다. 여성들은 경제적으로 독립되어 있고, 판사들도 아이를 양육하겠다는 여성들의 주장을 마침내 수락한다.[66]

이혼은 한국이 서구의 문화를 받아들임으로써 생긴 주요한 변화이다. 이러한 변화는 힘겨운 투쟁을 포함한다. 그럼에도 불구하고 이혼율이 프랑스와 비슷하다는 점에서 한국에서 일어나는 전통의 변화는 부인할 수 없다.[67] 한 사회의 문화는 쉽게 바뀌지 않는다. 그러나 한국의 가정이 아무리 전통을 사수하는 굳건한 보루 역할을 담당하고 있다 하더라도 현재의 한국 사회에서 유교의 닫힌 전통은 무너지고 있는 것이 분명하다. 사회의 개방에 맞추어 한국에도 다양한 가족 형태가 등장하는 것이다. 그동안 남성 중심의 문화 속에서 주변인으로 존재했던 여성은 이제 주체적으로 행동을 결정하고자 하며, 필요한 경우에는 가정을 탈출한다. 이러한 변화에 남성이 어떻게 적응하느냐에 따라 가정은 유지되거나 해체된다. 이것은 불안정하지만 남성 지배 문화의 경직되고 획일적인 담론으로부터 벗어나 다양성을 추구하는 사회로의 변화를 반영하는 것이다. 우리 사회가 산업화 시대에서 정보화 시대로 나아감에 따라 각각의 부부는 자신에게 적합한 선택을 하기 시작하는 것이다. 이러한 변화에 대해 프랑스 문헌은 "여성은 이제 변화를 향한 첫걸음을 내딛었을

66) *La Corée, tempête du Matin-Calme*, p. 55.
67) 1980년에는 1,000명당 0.6명이던 이혼율이 2001년에는 1,000명당 2.8명에 이르렀다(반면 2000년 프랑스에서는 1,000명당 1.9명이다). 동시에 혼인율은 1,000명당 10.6명에서 6.7명으로 줄어들었다(반면 2002년 프랑스에서는 1,000명당 4.7명이다).(*La Corée dévoilée*, p. 32)

뿐이며, 변화의 단계를 건너뛰고 있는 한국인 만큼, 곧 두 번째 요구사항이 나타날 것이며",[68] "여성의 삶의 조건은 그것이 뒤집힐 때까지 계속해서 바뀔 것"[69]으로 보고 있다.

한편, 이러한 변화는 서구에서 이삼백 년씩 걸려 어렵게 이룬 것을 겨우 한 세대 남짓 만에 해치운 압축된 근대화와 졸속한 산업화 과정에서 생긴 것으로, 많은 문제들을 파생하고 있는 것도 사실이다. 경제성장과 더불어 한국이 서양과 유사한 문제를 가진 나라가 되어 가면서, 가정은 또다시 해체의 위기를 맞고 남성과 여성은 전통사회에서처럼 여전히 따로 존재하는 모순 속에 살아간다. 다시 말해 전통적 가족은 압축된 근대화·산업화를 겪으면서 새로운 사슬에 묶여 여전히 '유기적 통일체'가 아니라 '찢겨진 그것'으로 나타나는 것이다.[70] 지금까지 살펴본 프랑스 문헌은 주체적으로 수용할 수 있는 성숙한 정신적 바탕이 없는 상태에서 섣불리 타 문화를 모방하고 변화함으로써 여전히 많은 모순과 위기를 안고 있는 한국의 가정을 보여주는 것이라 하겠다.

이러한 그들의 시선은 가족의 행복이 전통적이냐 서구적이냐에 달려 있는 것이 아니라는 사실을 반성하게 하는 계기를 마련해 준다. 이러한 한국인들에게 프랑스인들은 솔직한 의사소통을 통해 "새롭게 사랑하는 방법"[71]이 필요하다고 말하는 것 같다. 행복한 가정생활은 전통적인이냐 근대적이냐에 있지 않으며 얼마나 개인의 주체성을 존중하여 사람이 살아 있는 가정으로 가꾸어 가느냐에 문제에 핵심이 있다는 생각을 하게 되는 것이다.

---

68) *La Corée, tempête du Matin-Calme*, p. 49.
69) *La Corée dévoilée*, p. 109.
70) 『따로와 끼리-남성지배문화 벗기기』, p. 20.
71) *La Corée dévoilée*, p. 33.

제7장

프랑스 문헌에 비친 구한말의 종교문화

조선은 구한말 이전까지만 하더라도, 이미 서방세계로 진출을 꿈꾸고 있던 일본과는 달리, 서양의 강대국들과 주변국들로부터 느낀 위기의식 때문에 스스로 '은자의 나라'가 됨으로써 외부에 국가 상황을 드러내지 않으려고 애쓰던, 아시아 역사상 중요하지 않은 동양의 작은 섬나라 중 하나로만 알려져 있었다. 조선은 19세기 말부터 드디어 은둔에서 벗어나 문호를 개방하기 시작했고, 그 무렵 외국의 선교사, 학자, 탐험가, 외교관, 군인 등이 입국하여 조선에 대한 정보를 수집하기 시작하였다. 그 가운데 가장 두드러진 활동을 한 사람들은 조선에서 가톨릭 포교 활동을 하던 파리 외방전교회 소속 선교사들을 포함한 프랑스인들이었다. 이러한 사실은 불레스텍스 Boulesteix가 주장하듯 프랑스가 조선에 관한 가장 다양하고도 양질의 자료들을 소장하고 있으며 따라서 "한국에 대한 이미지를 가장 풍부하고 가장 완전한 형태로 제공할 수 있는"[1] 나라임을 뒷받침해 주는 것이라 할 수 있다. 이 문헌들은 물론

1) 프레데릭 불레스텍스 / 이향·김정연 옮김, 『착한 미개인 동양의 현자』, 서울, 청년사,

저자의 방문 목적에 따라 다른 내용으로 구성되어 있지만 주로 당시 조선의 정치적 · 경제적 · 지리적 상황에 대한 기술들로 프랑스에 정보를 제공하는 차원의 글들이 대부분이며, 처음 조선 땅에 발을 내딛는 순간부터 눈에 들어오게 되는 자연 풍경이나 기후, 그 속에서 생활하고 있는 사람들의 모습들이 빼놓을 수 없는 소재가 되었으므로 그들의 의도야 어떠했든 간에 조선인들의 삶을 그들 나름대로의 눈으로 관찰하고 이해한 것을 담고 있다.

이에 이 장에서는 이러한 타자의 시선을 통해 본 조선의 일상문화 가운데에서도 특히 조선의 무속신앙이 프랑스인에게 어떠한 이미지로 비치고 있는지를 살펴보기로 한다.

1. 종교와 무속 巫俗

프랑스 사회학자 뒤르껭 Durkheim이 말했듯이 원래 인간은 호모 렐리기오수스 homo religiosus 즉, 종교적인 동물이다. 물론 종교는 원시사회 때부터 있어왔으며 신의 존재가 인간과 가까운 사이에 있었고 이러한 원시종교의 한 형태가 바로 샤머니즘, 즉 무속이다. 다음은 프랑스의 종교학자 미셸 말레르브 Michel Malherbe가 초기 원시종교의 탄생에 대해 상상하여 재구성한 것이다 :

> 원시인간은 본능적으로 자연을 보이는 것에 국한시키지 않았고, 지배할 수 없는 힘들이 자신을 둘러싸고 있음을 느꼈다.

2001, p. 14. 이하 이 장에 사용된 원문의 번역은 번역서가 명시되어 있지 않은 경우 필자가 직접 번역한 것이며 'la Corée'는 '조선'으로, 'le(s) Coréen(s)'은 '조선인(들)'(으)로 번역하였다.

> 그는 '무엇'이라 밝힐 수 없는 그 힘들에 둘러싸임을 느낌과 동시에 그것들을 신이라 불렀다. 그것은 분명 인간과 가까운 어떤 신이었을 것이다. 이렇게 원시인간은 신에게 말을 할 수 있었고 그의 노여움을 두려워해야만 했다. 신의 전지전능함은 천둥, 일식, 홍수와 같은 최소한의 자연현상들에서부터 나타났다.[2)]

사실 태곳적부터 인간은 무속을 통해 종교적 감정을 표현해 왔다. 무속은 인류가 거의 예외 없이 누린 종교적 사상의 최초 형태라고 볼 수 있으며, 일반적으로 종교의 평행선상에서 토속신앙으로 진화해 왔다. 따라서 무속과 종교를 구분하는 일은 쉽지 않다. 특히 우리나라의 경우에는 무속이 건국신화의 모태 노릇을 하고 있으며, 완벽한 정형을 갖춘 종교적 형태는 아니라 하더라도 하나의 민속종교의 형태로 존재해 왔으므로 더욱 그렇다. 이러한 시각을 증명이라도 하듯 1902년부터 1903년 서울에 머문 이탈리아 외교관 카를로 로제티 Carlo Rossetti는 조선의 무속신앙이 실제로 조선 사람들에게 가장 잘 이해되며 가장 널리 퍼져 있다는 점에서 불교, 유교와 함께 제3의 종교로 간주한다 :

> 조선인이 가장 잘 이해하고, 가장 널리 퍼져 있기 때문에 가장 중요한 위치를 차지하는 샤머니즘은 조선의 제3의 종교이다.[3)]

---

2) Michel Malherbe, *Les Religions de l'humanité*, Paris, Criterion, 1990, pp. 22-23.

3) Carlo Rossetti, *La Corée et les Coréens* : impressions et recherches sur l'Empire du Grand Han / traduit de l'italien par No Mi-Sug et Alain Delissen, Paris, Maisonneuve et Larose, 2002, p. 185. 이탈리아어로 된 원본 *Corea e Coreani* : impressioni e ricerche sull'impero del Gran Han은 Bergamo에서 1904-1905년 2권으로 발간되었다.

외국인의 눈에 조선의 무속이 이러한 형태로 비치게 된 이유는 무속이 비록 사회적인 규범성을 갖추지 못하였고 체계적으로 제도화되지 못하였을 뿐만 아니라 교리나 교단을 갖고 있지 못한 탓에(설혹 갖고 있다 하더라도 잠재적이기 때문에) 하나의 완전한 종교로 탄생할 수 없었지만, 조선인들에 의해 매우 활발하게 신봉되었기 때문이다.

여하튼 인류 역사상 어떤 시대, 사회를 막론하고 종교는 있어 왔으며 인간의 문화 가운데 종교와 관련이 없는 것은 한 가지도 없다. 이것은 한 종교가 그것이 속해 있는 사회의 문화를 형성하는 데 결정적인 영향을 미친다는 뜻이다. 따라서 한 문화권이나 사회를 잘 이해하기 위해서는 종교에 대한 이해가 반드시 필요하다. 이에 동의라도 하듯이 조선을 다녀간 학자, 여행가, 군인, 선교사들의 문헌에서는 종교에 관한 언급을 쉽게 찾아볼 수 있다.

일례로 교황청에서 조선에 가톨릭을 전파하려는 목적으로 파견한 선교사 샤를 달레 Charles Dallet는 1874년에 출판된『조선천주교회사』서문에서 불교와 유교, 그리고 일반 서민들의 민간신앙 등에 관해 많은 페이지를 할애하고 있다. 그러나 그가 기술하고 있는 조선의 종교에 관한 설명이 모두 올바른 것만은 아니다. 예를 들어 조선인들의 숭배의 대상으로 하느님 또는 옥황상제를 뜻하는 상제 Siang-tjei나 나라 또는 토지와 곡식의 신을 의미하는 사직 Sia-tsik에 대해서 그는 제대로 알지 못한 채 설명하고 있다 :

> 대부분 사람들이 하늘과 혼동하고 있는 다소 모호한 상제가 이것[오륜]에 추가된다. 학식이 있는 사람들에게는 공자와 성인 聖人들에 대한 숭배, 중국의 성스러운 책들과 마지막으로 왕국의 수호자인 공식 종교인 사직을 추가해야 한다.[4)]

이 밖에도 조선의 종교에 대한 옳지 않은 언급은 다른 사람들에게서도 찾아볼 수 있다. 조선을 한 번도 다녀간 적이 없는 학자임에도 불구하고 프랑스에서 한국학을 태동시키는 데 막대한 공헌을 한 사람으로 평가되는 레옹 드 로니 Léon de Rosny는 『아시아의 지리학 및 역사 연구』에서 다음과 같이 기술하고 있다 :

> 불교는 조선의 지배적인 종교이다. 그것은 거의 섬과 같은 이곳에 중국인 불교신자들에 의해 서기 4세기 말경에 유입되었다. 이 종교는 갑작스럽게 변질되었으며, 스님들과 마법사들의 협력에 의해 짧은 기간 내에 매우 이상하고 우스꽝스러운 미신 덩어리가 되었다. 게다가 조선인들에게는 일본의 신도와 같은 일종의 정령들을 믿는 신앙이 있다. 그렇다고 하지만, 이 나라에는 공자의 제자들을 신봉하는 종교 행위나 도교 역시 꽤 많은 추종자들이 있다.[5]

비록 고려시대에 국교로 자리 잡고 있던 불교가 널리 전파되었던 것은 사실이지만 조선의 지배적인 종교가 불교라는 드 로니의 주장은 잘못된 것이다. 왜냐하면 조선의 건국과 함께 승려의 신분은 백정이나 노비와 같은 천민으로 떨어졌고 한양의 성곽 안에 있던 절들이 폐쇄되는 등 불교가 박해받았기 때문이다. 따라서 불교의 사찰들은 대중들과 가까이 있는 것을 포기하고 관官의 힘이 쉽게 미치지 않는 산골로 들어가 자리를 잡을 수밖에 없었다. 이러한 결과는 프랑스 해군 장교였던 쥐베르 H. Zuber의 조선 탐험기에서 확인할 수

---

4) Charles Dallet, *Histoire de l'Église de Corée*, Paris, 1874, p. cxxxviii-cl.
5) Léon de Rosny, *Études asiatiques de géographie et d'histoire*, Paris, Challamel ainé, 1864, pp. 118-119.

있는데, 그는 사찰 개수를 통하여 인접국인 일본 및 중국과 비교하며 약간의 의구심을 나타내는 문체로 조선의 불교 상황을 서술하고 있다 :

> 불교는 조선에서 널리 퍼져 있다. 그러나 사찰들은 이웃 나라들과는 비교조차 할 수 없을 만큼 희귀하다. 조선 체류 기간 내내, 우리는 매우 단순한 외양을 가진 탑 2개를 보았던 반면, 중국이나 일본에서는 사찰을 마주치지 않고서는 한 걸음도 나아갈 수 없었다.[6]

이처럼 힘을 잃은 불교는 대중들에게 더 가까이 접근하는 방법으로 무교巫教의 여러 가지 요소들을 수용하였는데 오늘날에도 우리가 불교 사찰들에서 볼 수 있는 삼성각三聖閣이나 삼신각三神閣이 그 대표적인 예이다. 삼성각은 산신이나 물신 등 인간의 수명을 관장하는 것으로 알려진 칠성신을 모시는 전각으로, 절의 규모가 아무리 작더라도 삼성각이 없는 절은 찾아보기 힘들 정도였다. 이러한 점에서 우리는 박해받던 불교가 살아남기 위해 무교와 상호 보완 관계를 수립하는 길을 택했음을 알 수 있다. 이러한 불교와 무교와의 관계에 대하여 최준식은 그의 『한국종교이야기』 제1권에서 다음과 같이 설명하고 있다 :

> 지금에 와서야 불교가 이렇게 다시 융성해져 무교와는 별 관계가 없는 것처럼 보이지만 조선조만 해도 지금 생각보다는 훨씬 더 가까운 관계를 유지했던

---

6) Henri Zuber, “Une expédition en Corée” dans *Le Tour du monde* : nouveau journal des voyages / publié sous la direction d'Édouard Charton, Paris, Librairie Hachette et Cie, 1873, pp. 407–408.

모양이다. 가령 어떤 절에서는 무당과 제휴관계 같은 것을 맺어 서로 신도들을 소개해 주고 심지어는 절 앞에 있는 장승 앞에서 승려가 직접 제를 올렸다거나 절 안에서 굿을 했다는 이야기도 들린다. 같이 핍박받던 입장에서 동업의 관계로까지 발전한 것은 아닌가 생각된다.[7]

결국 드 로니가 말하고 있는 '이상하고 우스꽝스러운 미신 덩어리'는 왕실이나 세도가들로부터 배척당해 존폐의 위기에 몰린 상태에서 민중불교로서 살아남기 위해 노력하던 불교의 모습이라고 할 수 있겠다.

한편 1866년 병인양요 당시 전함을 이끌고 조선에 도착하여 1개월간 머물렀던 중·일 함대 사령관 앙리 주앙Henri Jouan의 견해는 사뭇 다르다. 그도 드 로니와 같이 불교는 조선의 국교인 양 파악하고 있지만 조선인들은 종교에 무관심한 편이며 실제로는 조선인들이 조상숭배에 가장 집착하고 있다고 기술하고 있다 :

> 불교는 지배적 종교이다 : 상류층은 공자의 철학이론을 따르지만(따르는 것이 당연하고), 실제로 모든 사람들이 종교에 대해 꽤나 무관심하다. 극동 지역 전체에서 단 한 가지 진정으로 행해지는 종교는 조상을 기리는 것이다. 묘소들은 언제나 완벽하게 정돈되어 있다.[8]

---

7) 최준식, 『한국종교이야기』, 서울, 도서출판 한울, 1995, p. 54.
8) Henri Jouan, "Aperçu sur l'histoire naturelle de la Corée" dans *Mémoires de la société impériale des sciences naturelles de Cherbourg* / publié sous la direction de M. le Dr. Auguste Le Jolis, Paris : J. B. Baillière et fils ; Cherbourg : Bedelfontaine et syffert, 1867, p. 81.

조상숭배에 대한 조선 사람들의 집착은 달레의 『조선천주교회사』에서도 쉽게 찾아볼 수 있다 :

> 대부분의 학자들과 거의 대다수의 대중들이 알고 충실히 따르는 것은 조상숭배이다. 이것으로부터 장례와 묘들이 모셔져야만 하는 장소 그리고 가족마다 사망한 부모의 위패 보존에 관한 중요한 규범들이 나온다.[9]

조상숭배에 대한 조선인들의 이러한 집착은 무속에서도 물론 그 원인을 찾을 수 있겠으나 유교사상의 영향이 결정적인 이유라고 할 수 있다. 다시 말하자면 이것은 조선 사람들이 유교에 집착하고 있음을 간접적으로 증명하는 것이기도 하다. 따라서 실제로 조선 사람들이 유교를 하나의 종교로 파악하고 있지 않지만, 그들에게 있어 종교에 대한 무관심은 모든 종교에 대해서 동일하게 나타나는 것이 아니라 불교에 대해서만 표명된 것이다. 이것을 증명할 만한 주장은 드 로니의 다음과 같은 글에서 찾을 수 있다 :

> 조선인들은 자기 나라의 국교인 불교에 대하여 굉장한 열의가 없어 보인다. 그들 가운데 대부분은 불교 신자들과 스님들의 가르침에 일종의 회의懷疑나 경멸을 나타낸다.[10]

모리스 자므텔 역시 조선 사람들을 신앙심이 깊지 않은 사람들로 인식하고

---

9) Charles Dallet, *Histoire de l'Église de Corée*, p. cxli.

10) Léon de Rosny, *Les Coréens aperçu ethnographique et historique*, Paris, Maisonneuve Frères et Ch. Leclerc, 1886, p. 53.

있다. 아마도 종교적인 면보다 무속신앙에 더 깊은 관심을 갖는 탓이기도 하겠지만 조선 사람들이 신앙심이 빈약하다고 그는 표현하고 있다:

> 종교적 감정에 있어서 중국인들보다 더 궁핍한 조선인들은 장례식에 절대로 스님을 참석해 달라고 부탁하지 않으며, 스님에게 결코 보시도 하지 않는다.[11)]

여하튼 조선 사람들이 불교에 무관심해짐에 따라 이러한 무관심이 무속에 대한 열렬한 관심으로 표출되었을 수도 있다. 이러한 견해는 조선 사람들의 무신론적인 태도가 오히려 그들을 '미신'을 가장 신봉하는 사람들로 만들어 버린 것으로 결론짓고 있는 달레에게서 이미 찾아볼 수 있다:

> 그러나 반대로 만일 거의 모든 조선인들이 실제 무신론자들이라면, 그들은 필연적으로 인간들 가운데 가장 미신을 신봉하는 자들이다.[12)]

한편 에밀 부르다레 Emile Bourdaret는 무속에 대한 조선 사람들의 이러한 집착이, 1900년 파리에서 개최된 세계박람회에 우아한 정자 亭子를 세워 참여하려고까지 했던, 조선의 발전을 막는 근본적인 요인이라고 지적하고 있다. 따라서 그는 조선 사람들이 무속에서 탈피하지 않는 한 프랑스의 공공제도나 군사제도를 흉내 내고 철도나 전차를 건설하는 것만으로는 조선사회의 정상적인 발전을 기대할 수 없다고 언급하고 있다:

---

11) Maurice Jametel, *La Corée avant les traités*, Paris, Institut géographique de Paris, 1885, p. 64.
12) Charles Dallet, *Histoire de l'Église de Corée*, p. cxlvi.

교역이 가져온 도약에 힘입어, 샹 드 마르스에 우아함을 느낄 수 있는 정자를 세움으로써 1900년의 세계박람회에 참여하고자 했던 이 나라에 눈부신 변화가 이미 이루어졌다. 즉 큰 걸음을 내디딘 것이다. 그러나 거쳐야 할 길이 수없이 남아 있다. 나라 전체의 심리적·도덕적 영역이 흔들려야만 한다. 만일 조선 사람들이 예로부터 이 왕국의 진정한 지배자들이었던 무당들과 마법사들, 점성가들 그리고 풍수들에 대한 맹종상태에 머물러 있다면 철도를 건설하고, 전차를 가설하고, 우리의 공공 및 군사제도를 모방하는 것이 전부가 아니다. 이러한 국가의 미개한 상태(공식적으로는 유교 국가이지만 그래도 역시 조상들의 정령숭배에 특히 집착하고 있다)가 아직 오랫동안 협상들을 방해할 것이고 조선의 정상적인 발전을 저해할 것이다.[13)]

부르다레는 무속에 대한 조선인들의 집착을 증명이라도 하려는 듯 자신의 저서『*En Corée*』(1904)에서 많은 페이지를 자연숭배나 무당에 대한 글에 할애하고 있는데, 이러한 조선의 샤머니즘적 요소 가운데 가장 두드러진 예는 자연숭배이다.

2. 자연숭배와 무속 巫俗

프랑스 문헌에 나타난 조선 사람들의 자연숭배와 민간신앙에 관한 예를 살펴보면 프랑스인들의 관찰이 매우 관심 있게 행해졌음을 알 수 있다. 일반적으로 자연숭배는 하늘과 땅, 해와 별, 산과 물, 천둥과 번개 등 모든 자연물이

13) Emile Bourdaret, *En Corée*, p. 11.

나 자연현상들을 대상으로 하는 것으로, 물신숭배라고 부르기도 한다. 아래에 인용한 드 로니의 글은 비록 자연숭배의 실례를 소개하는 것은 아니지만 조선 사람들에게서 찾아볼 수 있는 자연숭배의 흔적을 잘 묘사하고 있다:

> 시골에 사는 사람들에게서 그들 조상들의 오랜 신앙에 매여 있는 것처럼 보이는 물신숭배의 흔적을 찾을 수 있다. 사람들은 어떤 조선인들이 오늘날에도 태양과 별을 숭배하는 의식들을 행한다고 주장한다. 그리고 그 가운데 몇몇의 의식들은 오래된 배화교의 관습을 기억나게 한다.[14]

이러한 조선인들의 자연숭배에 대한 유래를 드 로니는 삼한시대에서부터 찾고 있다. 그는 기원전 3세기경 마한에서 천신을 주신으로 숭배하며 춤과 노래를 동반한 제를 올렸다고 밝히고 있다.[15]

한편 달레가 쓴 『조선천주교회사』에서 우리는 자연숭배의 실례에 대한 묘사를 찾아 볼 수 있는데, 그것은 바로 조선시대 조정에서 행한 기우제에 대한 설명이다. 이러한 기우제는 조선시대에는 매우 드문 사건으로, 그 당시 관개사업이 그나마 효과적으로 이루어지고 있었음을 간접적으로 증명해 주고 있다. 그렇지만 양수기가 개발되지 못한 당시 사회에서 큰 가뭄이 닥쳤을 때 필요한 물을 공급받을 수 있는 유일한 길은 하늘에 기원하는 것이기도 했다. 물론 오늘날 기우제는 한낱 우매한 민족들의 불필요한 노력일 뿐이겠지만 자연숭배가 만연했던 조선시대에는 비를 얻기 위하여 기우제를 드리는 것은 당연한 일로 여겨졌을 수 있다.

---

14) Léon de Rosny, *Les Coréens aperçu ethnographique et historique*, p. 53.
15) Cf. *ibid.*, p. 35.

> 지방이나 관할 지역이 가뭄으로 고생을 하면 조정은 관리들에게 명을 내려 그들 각자가 정해진 날에 아침 일찍부터 수행원들과 친위대와 부하들과 함께 정해진 장소로 나아간다. 그곳에서 관리는 아무것도 먹지 않고 담배도 피지 않은 채 참을성 있게 자비의 순간을 기다린다. 정상적으로 자정쯤인데, 어쨌거나 관리는 자정이 지난 시각에야 집으로 돌아갈 수 있다. 정확한 순간에 그가 돼지들, 양들, 염소들을 죽여 제물로 바치며 피와 날고기를 신께 바친다.[16]

이러한 일련의 행위들은 가톨릭을 전파하기 위해 조선에 입국한 선교사인 달레의 시선에는 단순한 "우상숭배"에 불과한 행위로 비쳤다. 이는 그가 자신의 저서 『조선천주교회사』의 머리말에서부터 이러한 행위를 하는 조선 사람들을 "des idolâtres"[17], 즉 우상숭배자들로 단언하고 있음을 확인할 수 있다. 그는 다른 부분에서는 "des païens"이라는 단어도 사용하고 있다. 그러나 조선 사람들의 자연숭배 행위는 기우제에 국한되는 것은 아니다. 장마를 그치게 하기 위해 제를 드리기도 하며 심지어 전염병이 마을을 휩쓸 때에도 제를 지내 병을 퇴치하려는 노력을 한다.

그러나 이러한 "우상숭배" 행위가 프랑스 외교관으로 조선을 다녀간 이폴리트 프랑댕 Hippolyte Frandin과 같은 사람에게서는 또 다른 의미로 해석된다. 그는 조선인들의 자연숭배 사상을 다음과 같이 바라보고 있다 :

16) Charles Dallet, *Histoire de l'Église de Corée*, p. cxxxix.
17) *Ibid.*, p. xii.

세상의 어떤 민족도 중국인과 조선인들처럼 그렇게 열렬히 혼령을 숭배하지는 않을 것이다. 건강이 조금이라도 나빠진다거나, 전염병이 돈다거나, 혹은 가족에게 걱정거리가 생기기만 하면 이 모든 현상은 신령이 내린 빌미와 반드시 관계가 있다고 그들은 믿는다. 공자 孔子의 말에 따르면, 혼령은 모든 것을 보고 있다고 한다. 그렇기 때문에 공자는, "인간은 어떤 사소한 행위라도 반드시 깊이 생각해 본 연후에 행동으로 옮겨야 하며, 그 행동은 항상 선 善을 지향해야만 한다. 왜냐하면 사람들이 숨길 수 있는 것은 아무것도 없기 때문이다."라고 충고한다.

그러나 이단 異端을 섬기는 방술가 方術家들이 등장하여 신비를 가장한 거짓 능력을 행함으로써 원래의 유익한 믿음을 왜곡시켜 버렸다. 오늘날까지도 중국인들은 주술 呪術에 귀를 기울이고 점을 치며 악운 惡運을 쫓는답시고 거북 등딱지 속에 시 chi나 푸 pou 같은 신통력을 가졌다고 전해지는 풀을 태우곤 한다. 또 이와 마찬가지로 1세기 전 프랑스에서는 까글리오스트로 Cagliostro가 물병에 담긴 물을 통해 오스트리아 황녀 마리 앙뚜아네뜨의 운명을 점쳐 주었다. 또 오늘날 어떤 자들은 커피 찌꺼기에서 미래를 읽기도 한다.[18]

사실, 위의 인용문에서 볼 수 있는 프랑댕의 견해는 우리에게 매우 큰 의미를 부여한다. 왜냐하면 우선 자연숭배 자체가 나쁜 것이 아니라 점술가들

---

18) 클라르 보티에 · 이폴리트 프랑댕 지음 / 김상희 · 김성언 옮김, 『프랑스 외교관이 본 개화기 조선』, 서울, 태학사, 2002, pp. 139-140. 커피와 관련된 미신은 미국, 아랍, 독일, 모슬림 신자들, 프랑스, 벨기에, 룩셈부르크 등 다양한 지역에서 믿어지고 종류도 여러 가지임을 알 수 있다. 프랑댕이 말하고 있는 커피가루 점은 주로 낭뜨 지역에서 행해지는 미신이다. Éloïse Mozzani, *Le Livre des superstitions* : mythes, croyances et légendes, Paris, Robert Laffont, 1995, pp. 280-283.

이 그것의 유익함을 왜곡시켰기 때문에 자연숭배가 나쁜 것으로 인식된다는 견해를 프랑댕이 갖고 있기 때문이며, 두 번째로는 조선에 관한 프랑스 문헌들 가운데 다른 나라의 자연숭배나 미신에 관한 예를 들고 있는 경우는 거의 찾아볼 수가 없기 때문이다. 마지막으로 이 인용문에서 프랑댕은 프랑스에서도 자연숭배나 미신이 지켜져 왔으며 심지어 오늘날까지도 행해지고 있다는 사실을 우리에게 말해주고 있기 때문이다. 이러한 관점은 문명인임을 자부하는 프랑스인들을 미개인으로 취급당하고 있는 조선인들과 동등한 수준의 존재로 전락시켜 버릴 위험이 있다. 그럼에도 불구하고 이러한 글쓰기가 가능했던 것은 그만큼 동양의 종교와 자연숭배 등에 대한 프랑댕의 관심이 남달랐기 때문이다. 그는 동양종교의 기원에 대해 열정적인 관심을 갖고 있었을 뿐만 아니라 미신행위들에서 일종의 철학이 바탕을 이루고 있으며 이 철학은 불변적이고 선천적인 진리에 근거하고 있다고 보았다.[19]

프랑댕만큼이나 조선의 자연숭배에 대하여 관심 있는 관찰을 한 이로는 앞서 인용한 에밀 부르다레를 들 수 있다. 우리는 그의 관심을 저서『*En Corée*』(1904)가 출판되기 전 해인 1903년 12월 프랑스 리옹인류학회에서 발표한 논문에서 이미 확인할 수 있다. 그러나 그는 이 논문에서, 프랑댕과는 달리, 자연숭배를 실천하는 조선 사람들을 폄하하는 시선으로 관찰하고 있다. 그에게 있어서 조선인들은 아무것도 모른 채 신령들을 추종하는 선천적으로 순진하고 유치하며 무지한 존재들이다 :

> 불교도 유교도 조선인을 지배하지 못한다는 것을 정예의 학자들만 이해한다 ; 조선인은 이해도 하지 못한 채 꿇어 엎드리고 제물을 바친다. 다만 신령들을

19) Claire Vautier et Hippolyte Frandin, *En Corée*, p. 173.

향한 민중적 신앙만이 이 선천적으로 순박하고 유치하며 무지한 존재들의 상상력을 지배하고 이들로부터 극도로 미신을 신봉하는 민족을 만들었다. 조선의 모든 여자들과 4분의 3의 남자들은 땅, 집, 나무, 하늘을 가득 채우고 있는 모든 신령들과 악령들에게 제물을 바친다고 말할 수 있다.[20)]

그는 이 논문에서 조선 사람들에게는 유교, 불교, 신령숭배의 종교적 개념 정립이 불분명하며 따라서 조선 사람들은 필요에 따라 이 세 가지 중 하나를 선택해서 신봉한다고 주장한다. 예를 들어 교육이나 사회생활은 유교에, 아기를 갖기를 원하거나 횡재를 꿈꾸는 등 소원을 빌 경우에는 불교에, 까다로운 일의 처리나 질병을 물리치기 위해서는 신령들에게 의존하는 것이다. 그런데 일반적으로 이러한 신령들은 이방인들의 눈에 쉽게 보이는 존재가 아니다. 그럼에도 불구하고 조선을 방문한 프랑스인들의 눈에 띈 신령들 가운데 가장 대표적인 것이 바로 장승이었다. 원래 장승은 민간신앙의 대표적인 형태 중 하나로 마을의 수호신이거나 이정표로 사용되었으며 마을의 어귀에 세워졌다. 일반적으로 장승은 두 개, 즉 천하대장군과 지하여장군을 세우는 것을 볼 수 있는데 간혹 다섯 개의 방위마다 한 개씩 세우는 오방장군의 경우도 있다. 1889년에서 1890년 동안 조선을 여행한 샤를 바라 Charles Varat는 장승에 대해 다음과 같이 묘사하고 있는데, 특히 오방장군에 대한 묘사가 흥미롭다 :

금구단을 넘자 우리는 다시 기장과 잠두열매, 고추 농사가 한창인 들판을 걷게 되었다. 우리는 종종 오솔길이 갈라지는 어귀에서 2미터가 넘는 직사각

---

20) Emile Bourdaret, *Religion et superstition*, Lyon, 1903, p. 2. 부르다레는 1904년 출판된 *En Corée*에서도 위 인용문을 약간 수정한 채 그대로 사용하고 있다.(p. 60)

형의 커다란 나무기둥(장승)들과 마주쳤다. 그것들에는 눈알을 부라리고 이를 드러낸 조선의 장군 형상이 거칠게 조각되어 있었다. 그리고 가슴께엔 들쭉날쭉한 글자로 길의 명칭과 앞으로 가야 할 거리 등이 새겨져 있었다. 요컨대 '리'(조선에서의 거리 측량 단위)를 표시하는 기둥들이었다. 어떤 교차로에는 네다섯 개의 이러한 말뚝들이 한데 모여 있어서, 멀리서 보면 관리들이 옹기종기 모여서 뭔가 이야기를 나누는 것처럼 보이기도 했다.[21]

앞서 말한 부르다레의 논문에서도 이러한 장승들에 대한 묘사를 살펴볼 수 있는데 부르다레는 그 외에도 신령들의 등급을 정하여 천신 天神과 지신 地神 등으로 이어지는 무려 32가지 신령 神靈들과 악령들의 목록까지 작성했다. 흥미로운 것은 서양에서 들어온 페스트나 콜레라도 신들의 목록에 포함되어 있다는 사실이다.[22] 어떤 지역에서는 이러한 신령들에게 정기적으로 제를 올리기도 했는데, 이것은 무당들의 몫이었다. 사실 당시 집이나 환자에게서 악령들을 몰아내기 위해 무당의 도움을 청하는 것은 당연한 일이었다.

---

21) 샤를 바라 · 샤이에-롱 베 지음 / 성귀수 옮김, 『조선기행』, 서울, 눈빛, 2001, p. 107. 우리는 바라와 부르다레가 장승의 유래에 대한 서로 다른 전설들을 소개하고 있음을 볼 수 있다. 바라는 조선의 한 정승이 저지른 딸과의 근친상간의 결과로 딸이 자결을 하고 나라에는 가뭄이 시작되었는데, 임금이 소집한 회의장에 나타난 정승의 갓에 맺힌 이슬 때문에 진상이 밝혀지고 정승은 사형에 처해지며 그의 모습을 나무에 새겨 백성들에게 본보기로 삼도록 마을 어귀에 세운 것이라고 소개하고 있다.(Cf. Charles Varat et Chaillé-Long, *Deux voyages en Corée*, Paris, Kailash éditions et Librairie oriens, 1994, p. 83)
그러나 부르다레는 장승이 장씨 성을 가진 한 귀족이 반역죄로 공시대에 매달리게 되었고 그의 고통스러운 기억을 백성들에게 알리기 위해 나무기둥에 모습을 새겨 모든 길에다 세운 것으로, 훗날 이 장승을 사람들이 이정표로 사용할 생각을 가졌을 것이라고 주장하고 있다.(*Religion et superstition*, p. 19)

22) Emile Bourdaret, *Religion et superstition*, p. 13-15.

3. 무당과 굿

프랑스 문헌을 통해 본 조선사회는 국교인 유교 외에도 불교와 민속종교가 함께 공존하는 종교문화 형태를 갖추고 있다. 특히 민속종교로서는 무교 巫教가 일반적으로 가장 큰 호응을 얻고 있었는데, 이는 비록 유교를 신봉하는 유생들의 핍박을 받았지만 민중들 사이에서는 무속신앙이 성행하였음을 입증하는 것이다. 이러한 우리나라 무교의 기원은 동북아시아의 시베리아에 있던 샤머니즘에서 찾을 수 있으며 그것의 역사적 모습은 앞서 드 로니의 주장이 뒷받침해 주듯이 부족국가 형성 이전의 부족사회에서 이미 그 모습을 확인할 수 있다. 그 예로 우리는 단군신화를 들 수 있는데, 단군은 어원적으로 살펴보면 "고유명사가 아니라 북방의 알타이어 계통에서 무당을 이르는 '탱그리'라는 단어에서 온 보통명사로서, 정치적 우두머리이면서 동시에 종교적 사제"[23]를 뜻한다. 이처럼 초기 부족국가 시대에는 왕에 해당하던 신분이 조선시대에 들어오면서 최하층민으로 전락하게 되며, 굿과 무당의 활동을 금지하는 법률까지 생겨났지만 이러한 금지령에도 불구하고 무교는 성행하였다. 사실 유생들은 무교를 일방적으로 매도했던 반면 왕실에서는 무당을 활용하기도 했다. 이러한 구한말 조선인들의 무속신앙에 대한 호응도를 샤를 달레의 글에서 찾아볼 수 있다. 달레는 『조선천주교회사』에서 무당이나 주술사를 이용하여 천연두를 치료하려 하는 조선 사람들을 묘사한 뒤 조선의 무교에 대해 다음과 같이 기술하고 있다 :

---

23) 최준식, 『한국종교이야기』, p. 18-19.

> 이러한 미신들과 상세하게 하나하나 열거하기에는 너무나 목록이 긴 다른 수많은 종류들은 이 나라 안에 매우 널리 퍼져 있다. 몇몇 학식 있는 계층의 사람들만 그것들을 경멸하고 거기에 전혀 신뢰를 갖지 않지만 모든 신분의 여자들은 그들의 생명처럼 그것에 매달리며 남편들은 부부 싸움을 하지 않기 위하여 거기에 참여하는 것은 거부하면서도 묵과해 준다. 그래서 왕궁에서부터 남루한 오두막집에 이르기까지 이러한 것들이 행해진다.[24]

사실 무당이 벌이는 요란스러운 굿판은 이방인들에게 있어 최상의 호기심을 자아내는 구경거리가 아닐 수 없다. 비록 리듬이 있긴 하지만 매우 요란한 징과 북 소리, 울긋불긋한 천으로 만든 무당의 제복 그리고 상다리가 휘어질 정도로 푸짐하게 차려진 제물들. 이러한 것들이 처음으로 무당의 굿판을 구경한 프랑스인들에게서 얻을 수 있는 굿판의 묘사가 아닐까? 그러나 달레의 『조선천주교회사』에서는 이러한 묘사를 찾아볼 수 없다. 결국 그는 실제로 무당의 굿판을 한 번도 참관한 적이 없었음을 짐작할 수 있다. 그렇지만 우리는 무당이 벌이는 푸닥거리에 대한 자세한 묘사의 예를 바라의 여행기에서 찾을 수 있다 :

> […] 남자와 여자 무당들은 쇠스랑과 검으로 무장을 하고, 붉은 술로 장식을 한 붉은색 나무판 위에 올라선 채, 정신을 못 차리게 할 만큼 소란을 떨어 문제의 악귀를 어느 한 방 안으로 몰아넣는다. 그렇게 방구석으로 몰린 악귀를 동이 틀 무렵 미리 마련한 병 속에 맵시 있게 집어넣은 다음 곧장 뚜껑을 닫아 영원히 땅 속에 묻어 버리는 것으로 의식은 종결된다. 이제 남은 것은

24) Charles Dallet, *Histoire de l'Église de Corée*, p. cxlviii.

수고한 만큼의 풍족한 보수를 지불받는 것뿐이다. 물론 어딘가에 또다시 새로운 불행이 닥쳐 도움을 요청해 올 때까지 자신들의 생계가 해결될 만큼의 보수를 받으며 말이다. 나는 이 모든 과정을 지켜보면서 굳이 민속학적 흥미를 느낀 것 외에도, 만약 르사즈의 『절름발이 악마 *Le Diable boiteux*』가 조선어로 번역돼 소개된다면 이곳에서도 상당한 인기를 끌 수 있을 것이라는 생각이 들었다.[25)]

다만 울긋불긋한 제복을 입고 요란한 음악에 맞춰 추는 무당의 푸닥거리 춤이 샤를 바라에게서는 민족학적 흥미를 일으켰을 뿐 특별한 감흥을 자아내는 못하였던 것 같다.

이와 달리 프랑댕의 시선에서는 매우 특별한 관심을 찾아볼 수 있다. 물론 그는 자신의 말처럼 동양의 춤사위가 나타내는 범신론적 의미를 잘 알고 있었기 때문인지 아니면 거의 백 번 정도 경험해서 익숙한 탓인지는 모르지만, 무당의 굿판 광경에서 황홀함과 우스꽝스럽지만 폐부를 찌르는 듯한 감동을 느끼기도 한다며 강한 매력이 있음을 토로한다.[26)]

그런데 이방인 관객을 매료시키는 이 굿판은 그 방법이나 기간이 모두 동일하지는 않다. 굿판은 악령을 몰아내거나 신령에게 청원을 하거나 병자를 치료하거나 하는 등 그 목적에 따라 달라진다. 우리는 다양한 굿판의 모습을 부르다레의 저서에서 찾을 수 있다. 그는 앞서 인용한 논문에서 도망친 터주신을 되찾아 오는 굿과, 남아선호사상이 만들어 낸 것으로 아들을 악령으로부터 보호하고자 하는 의미에서 아이를 신령에게 바치는 의식, 신령을 불러

---

25) 샤를 바라·샤이에-롱 베 지음 / 성귀수 옮김, 『조선기행』, p. 142.
26) Claire Vautier et Hippolyte Frandin, *En Corée*, p. 35-38.

병자를 치료하는 굿 등에 관하여 상세하게 묘사하고 있다.[27] 이처럼 여러 가지 일거리로 불려 다니는 무당은 망자와의 대화를 위한 중개자로서의 역할을 하기도 한다. 그렇지만 프랑스인의 눈에 비친 무당은 결코 만능해결사가 아니다 :

> [···] 그런데 콜레라의 마귀에게만은 다소 이색적이고도 적대적인 방법이 사용되고 있었다. 단순히 집 대문에다 고양이 그림만 달랑 붙여 놓는 것이다. 어이없게도 그 [극도로 논리적인] 이유인즉슨, 콜레라와 경련이 쥐가 물어서 그렇게 된다는 것이었다. 쥐가 무서워할 게 고양이밖에 더 있겠냐는 식이다.[28]

이처럼 콜레라와 같은 병을 치유할 능력은 무당에게도 없었으며, 따라서 환자의 가족들은 단지 고양이 그림을 붙여 두고 속수무책으로 요행을 기다리는 수밖에 없었다. 샤를 바라는 이처럼 고양이의 그림을 붙여 두는 이유가 "극도로 논리적"이라며 비아냥거리고 있다.

지금까지 살펴본 프랑스 문헌들은 실제로 조선을 과학적인 방법으로 세밀하게 조사한 노력의 산물들이 아니다. 조선의 문화가 미개한 것이라는 편견을 가지고 있었던 이 문헌들의 주요 저자들(탐험가, 여행가, 외교관, 선교사 등)은 결국 피상적인 관찰에 그쳤으며 그나마 자신들이 직접 경험한 부분을 제외한 나머지의 미흡한 것들은 다른 이의 저작물 등에서 빌려와 자신의 것을 보강하고 있다.[29]

---

27) Emile Bourdaret, *Religion et superstition*, p. 7-11.
28) 샤를 바라·샤이에-롱 베 지음 / 성귀수 옮김, 『조선기행』, p. 176.

이 문헌들에서 공통적으로 느껴지는 것은 조선인을 폄하하는 타자의 시선인데 프랑스인 자신들은 발달한 문명세계의 한 구성원이라 여기며 조선을 정치적·경제적 피지배 대상이자 가톨릭 교화의 대상으로 바라보고 있는 것이다. 그들의 시선에 비친 조선인들은 한낱 미개하고 우매한 존재일 뿐이며 자신들의 교화 없이는 문명화가 불가능한 존재인 것이다. 결국 프랑스인들은 조선 사람들을 쉽사리 교화시킬 수 있는 한낱 분별력이 없는 이상주의자들로 취급하고 있다 :

> 가톨릭 선교사들은 조선 사람들에게 파고들면서, 이 의식 없는 이상주의자들을 어렵지 않게 설득시켰다.[30]

또 다른 공통점은 그들이 구한말 조선의 종교문화를 제대로 파악하지 못하고 있다는 것이다.[31]

---

29) 일례로 달레의 『조선천주교회사』(1874)에 포함되어 있는 "Introduction sur l'histoire, les institutions, la langue, les mœurs, et coutumes coréens"는 아드리앵 로네 Adrien Launay의 *La Corée et les missionnaires français*[1901]에서 약간의 내용 수정을 가하고 제목을 바꾸어 "Introduction sur le pays, les mœurs et les coutumes"로 다시 실려 있음을 볼 수 있다. Adrien Launay, *La Corée et les missionnaires français*, Tours, Maison Alfred Mame et Fils, [1901], p. 7-153.

30) Claire Vautier et Hippolyte Frandin, *En Corée*, p. 181.

31) 이 점에 대한 근거로 다음을 들 수 있다. 첫째, 그들은 불교를 조선의 국교로 파악하고 있거나 지배적인 종교로 인식하는 경우가 있다. 유교의 경우 비록 불교의 탑이나 사찰과 같은 가시적인 특징이 드러나 있지는 않지만 프랑스에서 한국학의 토대를 세운 사람으로 인정받을 만큼 조선에 대해 많은 저서를 남긴 레옹 드 로니조차 이러한 오류를 범하고 있다. 둘째, 조선의 민속종교인 무교를 미신적인 것으로 단정하고 있다. 프랑스인들은 조선의 무속신앙이 우리 문화의 모태라고 주장할 만큼 깊은 유래를 가지며 민족의 삶 속에 깊이 뿌리박혀 있음에도 불구하고 한낱 조선의 미개하고 야만적인 미신으로 간주하고 있다. 비록 무교가 다른 고등 종교와 같은 체계화된 교리나 교단이 없다고 해서 미신으로 매도해 버리는 것은 옳지 않다. 왜냐하면 무교 역시 하나의 종교로서 필요한

사실, 세계화의 기치 아래 다양한 방면에서 혁신을 추구하고 있는 오늘날의 시점에서 우리의 무속신앙을 옹호하는 태도가 자칫 자국 중심의 배타적 민족주의 조장 가능성의 위험성을 배제할 수는 없다. 하지만 외국인들에게 조선의 종교문화를 정확하게 이해하도록 하는 잣대를 만들어 주기 위해서는 이러한 타자의 잘못된 시선을 바로잡을 필요가 있다.

모든 요소(신적 존재: 신령, 사제: 무당, 신도: 단골손님)를 갖추고 있기 때문이다. 셋째, 조선인을 극도로 미신을 신봉하는 단순하고 우매한 우상숭배자로 보고 있다. 가톨릭교를 신봉하는 프랑스인의 눈에는 조선의 무속신앙이 우상숭배에 해당하며, 한때 우리나라에서도 무속신앙을 서구적인 시각에 비추어 비합리적이라고 단정하여 미신타파를 부르짖기도 했었다. 그러나 이러한 무속신앙에는 서구의 합리적이고 이성적인 접근방법으로는 파악할 수 없는 토속적인 문화요소들이 스며 있으므로 무속신앙을 믿는다고 해서 단순하고 우매하다고는 볼 수 없다. 게다가 프랑댕이 밝혔듯이 문명인들의 나라임을 자부하는 프랑스에서도 무속신앙이 행해지고 있음에 주목해야 한다.

제8장

프랑스 문헌에 비친 구한말 이후의 종교문화

구한말 조선의 지배권을 놓고 다툰 청일전쟁에서 승리한 일본은 동아시아에서 제국주의 시대의 막을 열었다. 을미사변을 계기로 일어난 아관파천 이후 조선은 외세의 확장에 적절한 대응을 할 수 있을 만한 군사력을 갖추고 있지 못하였고 결국 일본과 러시아의 세력 다툼의 장이 되었다. 그러나 한편으로 조선은 개항 초기 서양의 강대국들과 주변국들로부터 위기의식을 느끼고 주변국들과 대등한 위치를 확보하려는 일련의 노력을 계속했다. 이러한 노력의 중심에 독립협회와 수구파가 있었으며, 이들이 서로 연합해서 칭제건원稱帝建元을 추진하여 국호를 대한제국으로 고치고 황제 즉위식을 올림으로써 자주국으로서의 위상을 확보하였다. 다만, 국가의 정체政體 문제를 쟁점으로 하여 독립협회와 수구파가 서로 대립한 결과 수구파가 승리함으로써, 대한제국에 열강들의 세력 균형을 이용하여 실리를 추구하기보다는 친러적 성향이 강한 정부가 세워지는 것으로 매듭지어졌다. 이러한 조선은 당시 조선을 여행한 한 영국인 여행자의 눈에 마치 열강의 노리개와 같은 매우 무기력한 존재로 비치고 있다.

> 분쟁 중인 문제들에 대한 조선(꼬레)의 입장은 절망적이다. 불행하게도 조선 정부는 러시아의 전진도 일본의 세력 확장도 막을 힘이 없었다. 조선은 쓸 만한 육군도 해군도 갖고 있지 않으며 자신을 위해서 목청을 높일 수도 없는 국가의 상황에 처해 있다. […] 힘없고 불행한 조선은 일본의 변덕과 러시아의 탐욕을 위한 노리개와 같다.[1)]

이러한 상황에서 일본은 대한제국에 대한 헤게모니를 확보하기 위해 러일전쟁을 일으키고 대한제국을 러시아 진출의 교두보로 삼았다. 결국 1910년 한일합병이 이루어짐으로써 조선은 강제로 국권을 찬탈당한 채 일제 강점기를 맞이하게 된다.

그리고 이때부터 한국전쟁 이전까지의 시기에는 열강의 각축장이던 '은자의 나라'에 관한 서적들이 프랑스에서 많이 발간되지 않았다. 이것은 아마도 세계대전의 혼란기를 두 번 거치면서 프랑스인들의 관심이 자국의 경제적·정치적·문화적 재건에 더 집중되었고, 일제 강점기를 거치는 동안 한국이 프랑스의 식민통치 대상으로서의 매력을 상실했을 뿐만 아니라 그들의 관심이 식민지 베트남으로 옮겨 갔기 때문일 것이다. 그러나 프랑스 및 서양 열강들이 한국에서 모두 철수한 것은 물론 아니었다. 왜냐하면 프랑스, 영국, 미국 및 독일은 한국에서 금광 채굴권 등을 갖고 자국의 이익을 위해 회사를 운영하거나 자국의 무기판매를 획책하거나 한국을 개혁한다는 명목으로 일본과 합작투자를 진행하고 있었기 때문이다.

따라서 이 장에서는 구한말 이후부터 최근까지 프랑스에서 출판된 서적

---

1) A. Hamilton, *En Corée* / traduit de l'anglais, Paris, Félix Juven, 1910, p. 29. 이하 사용된 원문의 번역은 저자가 직접 번역한 것이다.

및 연구논문들을 통해 한국 종교에 대한 프랑스인들의 시선이 구한말 이전에 비해 어떻게 변화했으며 현대에 가서는 한국의 종교문화를 어떻게 받아들이는지를 살펴보기로 한다.

1. 한국전쟁 이전

일반적으로 구한말 이전까지의 종교적 상황과 구한말 이후의 상황을 비교해 보면 많은 차이점이 발견되는데, 외국인 여행자의 시선에서는 이러한 차이를 쉽사리 찾아볼 수 없다. 이러한 관점을 뒷받침할 수 있을 만한 글을 우리는 영국인 여행자 앵거스 헤밀턴 Angus Hamilton의 기행문에서 찾을 수 있다. 그는 자신의 조선 기행문 제18장과 제19장에서 금강산에 위치한 장안사를 방문하는 여정과 주변 경관 및 장안사 주변의 부속 사찰 등에 대하여 매우 자세히 묘사하고 있으며, 한국의 대표적인 종교로 불교, 유교 그리고 샤머니즘을 들고 있다. 그는 비록 오랜 세월을 거쳐 오는 동안에도 민중들의 신앙에는 큰 변화가 없었음을 지적하면서 고대부터 민중신앙의 토대를 이루어 온 악귀와 영혼에 대한 숭배와, 15세기부터 유행하기 시작해 결국 국교가 된 유교가 한국에 널리 퍼져 있다고 적고 있다. 그러나 그는 구한말 이전의 다른 몇몇 여행자들처럼 4세기부터 한국의 민중들에게 뿌리내린 불교를 국교처럼 소개하는 잘못을 저지르고 있다.

> 공자의 가르침이 이 작은 왕국의 역사에 남긴 윤리적 가치의 영향은 인정하지만, 불교가 워낙 큰 자취를 남겼으므로 한국을 지구상의 여러 불교 국가들 가운데 하나로 볼 수 밖에 없다.[2)]

아마도 이러한 주장은 여행자의 신분으로 짧은 기간 동안 한국을 방문하게 됨으로써 한국의 종교 상황을 제대로 파악하지 못한 채 글을 썼기 때문이라 간주할 수 있다. 앞 장에서 이미 충분히 설명한 것처럼 불교가 조선시대 내내 핍박을 받아왔음은 이론의 여지가 없다.

그러나 구한말 이후의 종교 상황이 급변하였음은 분명하며, 우리는 여러 프랑스 문헌을 통해 이를 확인할 수 있다. 무속신앙의 퇴조와, 가톨릭을 비롯한 서양 종교의 약진으로 표현할 수 있는 이러한 변화는 물론 당시 조선을 강점하고 있던 일본의 식민지 지배 정책 때문에 일어난 것이었다. 우선 민중신앙인 무속신앙은 일제 강점기에 들어서면서 탄압의 대상이 되었다. 일본은 조선에서 민족문화 말살정책을 펼치며 조선인들에게 민족의식이 싹트지 못하게 하려고 노력하였다. 이러한 정황으로 미루어 볼 때 무속신앙이 탄압의 대상이 된 것은 두말할 나위가 없다. 왜냐하면 마을 굿과 같은 무속행위는 일본이 말살하려고 전력을 기울이던 민족정신을 일깨워 주고 마을 사람들 간의 단결과 화합을 이루게 하는 훌륭한 기회가 되었기 때문이다. 따라서 무속신앙이 한국인의 삶을 지배하는 중요한 요소임을 발견하게 된 일본은 공동체 의식을 형성·유지시켜 줄 수 있었던 마을 굿을 철저히 감시하고 금지시켰다.[3] 높은 학식과 명예를 자랑하는 프랑스 학술원 Académie française의 일원으로 인도의 남부 자바, 중국, 한국을 거쳐 일본을 여행한 외젠 브리외 Eugène Brieux는 그의 여행기에서 다음과 같이 기술하고 있다.

---

2) A. Hamilton, *En Corée*, p. 298.

3) Cf. 임재해, "굿문화의 정치 기능과 무당의 정치적 위상", 『민속과 정치』, 서울, 도서출판 민속원, 2004, pp. 242-243.

> 내가 마녀들[무당들]을 보자고 요구하자 그때까지 그렇게나 미소를 띤 채 말해 주던 그가 갑작스레 심각한 표정을 지으며 곤란해 했다. 그는 내게 현재 한국에서 이러한 직업에 종사하는 것이 일본인들에 의해 금지되었다고 설명하였다.
>
> 나는 그가 더 이상 마녀들이 없다고 내게 단언하기 시작한 것까지 말해야 하겠다. 그는 결국 아직 마녀들이 존재하지만 숨어 지내는 것을 강요당한다고 실토하였다. 결국 우리에게 그는 매우 신중을 기할 것을 당부하며 다음날 내가 보고 싶어 했던 구경거리에 참여하게 해주는 것에 동의했다.[4)]

이렇게 일제 강점기 동안에는 무속인들이 더 이상 드러내 놓고 무속행위를 할 수 없게 되었을 뿐만 아니라 조선의 무속신앙에 대한 일본의 탄압이 겉으로 드러나 보이기도 했다. 그 한 예로 우리는 조선 건국과 함께 한양을 지키는 수호신사로 남산에 세워졌던 무속신당 巫俗神堂인 국사당 國師堂이 일제 강점기

4) E. Brieux, *Au Japon par Java, la Chine, la Corée*, Paris, Librairie Ch. Delagrave, 1914, pp. 125-126. 브리외는 자신의 글에서 처음으로 한국 무당의 굿을 관람하게 되었는데 조금은 실망스러웠다고 표현하고 있다. 왜냐하면 그는 어디에서였는지는 알 수 없지만 서울의 무당들에 관한 매우 흥미로운 이야기를 읽었는데 실제로 그가 본 한국의 무녀들은 서울의 길거리에서 흔히 마주치게 되는 몸집이 좋고 웃음 띤 얼굴을 한 평범한 아낙들이었기 때문이었다. 뿐만 아니라 그가 참석한 굿판에서 그는 무녀들이 춤을 추다가 신이 내리거나 또는 기진맥진해서 기절을 하는 지경에 이르는 무녀들의 춤을 기대하고 있었으며, 비록 그가 그 "유명한 신성한 춤 la fameuse danse sacrée"을 볼 수 있기를 강요하다시피 요구해서 시연되기는 했지만(사실 굿판에서 이러한 예외는 있을 수 없다) 그가 본 무녀들의 춤사위는 기대에 미치지 못했기 때문이었다. 그는 무녀가 매우 빠른 속도로 돌면서 춤을 추었지만 신경발작을 일으키기에는 너무 멀었으며, 한순간 최면상태로 들어가는 듯하다가 굿판을 떠나 버리고, 이후 손에 일정액의 돈을 쥐어 주면 되돌아와서 최면상태로 춤을 추다가 예정된 듯이 탈진한 것처럼 넘어지면 무녀에게 물을 한 잔 주는 것으로 "코미디 la comédie"가 끝난다고 보았다. 이처럼 그의 눈에는 무당의 푸닥거리가 하나의 연기로밖에 보이지 않고 있는데(Cf. *Ibid.*, pp. 125-128) 우리는 굿에 대한 그의 이러한 시선이 그가 극작가라는 사실에서 연유한다고 본다.

에 들어와서 이전되었음을 들 수 있다. 그 이유는 일본인들이 서울이 내려다보이는 남산 기슭에 그들의 신당 神堂을 지으면서 자신들의 신당보다 높은 위치에 자리 잡은 국사당을 못마땅하게 여겨 이전을 강요한 나머지 현재의 터인 인왕산으로 이전하게 되었던 것이다. 이 사실에 대해 한국 무속신앙 전문가인 알렉상드르 기유모즈 Alexandre Guillemoz는 자신의 논문에서 다음과 같이 밝히고 있다.

> 나라신당[국사당]이 남산에서 인왕산으로 옮겨졌다. 왜냐하면 일본인 점령자들이 한국의 성전이 신도 神道의 신당 위쪽에 위치한 것을 참을 수 없었기 때문이다.[5)]

그러나 이러한 무속신앙에 대한 탄압이 다른 종교, 특히 기독교에도 행해졌다고 보기는 어려울 듯하다. 오히려 일본은 기독교에 대해서는 매우 관대했음을 알 수 있다. 일본인 선교 담당의 개신교 선교사였던 미국인 프랭크 헤론 스미스 Frank Herron Smith의 글에서 다음과 같은 기독교 선교에 있어서 법규개정과 관련된 구절을 찾아볼 수 있다.

> 이 개정은 올해 4월에 이루어졌다. 주된 개혁 내용은 이전까지는 성당, 교회, 기도소들을 짓기 위해 정부의 허가를 얻어야만 했으나 이제는 그것에 대한 보고서만 정부에 제출하면 충분하다는 것이다.[6)]

---

5) A. Guillemoz, “Seoul, la veuve et la mudang : les transformations d'un chamanisme urbain” dans *Diogène*, n° 158, avril-juin 1992, p. 107. 기유모즈는 ‘국사당’의 로마자 표기로 ‘Kuksa-dang’을 사용하고 있다.(Cf. A. Guillemoz, “La descente d'un chamane coréen” dans *Cahiers d'études coréennes VII*, Paris, Centre d'études coréennes du Collège de France, 2000, p. 61)

6) *La Corée contemporaine*, Paris, Imprimerie de J. Dumoulin, 1921, p. 76.

이처럼 선교와 관련된 규제들이 완화됨에 따라 가톨릭의 경우에도 구한말까지의 은둔생활에서 벗어나 성당을 짓고 신학교를 세웠으며 수녀들에 의해 고아원이 운영되기도 했다. 이러한 선교활동의 결과 당시 한국의 가톨릭 신자 수가 8만 명에 이르게 되었다. 브리외는 그의 여행기에서 뮈텔 주교와의 만남에 대해 소개하면서 서울에서의 가톨릭 교회의 상황을 다음과 같이 적고 있다.

> [···] 오늘날 서울에는 한 개의 성당, 한 개의 신학교, 샤르트르의 쌩-뽈 수녀회 수녀들에 의해 운영되는 두 개의 고아원이 있으며, 한국의 가톨릭 신자들은 그 수효가 8만 명이나 된다![7]

1924년 파리 외방전교회가 홍콩에서 발표한 자료를 참고하면 브리외가 말한 시점에서 10년 정도 지난 1923년에는 서울뿐 아니라 대구와 원산에도 가톨릭 교구가 만들어졌으며 가톨릭 신자 수는 9만 6천 명[8]으로 늘어났다. 사실 이 숫자는 당시 상당한 성공을 거두고 있던 개신교 신자의 수는 염두에 두지 않은 것이므로 한국 전체의 기독교 인구는 이보다 훨씬 많았을 것으로 짐작된다. 위와 같은 사실에서 우리는 구한말 이후 한국에서의 기독교교회의 모습이 구한말 이전까지의 것과 비교할 때 매우 커다란 차이점이 있음을 알 수 있다. 이 밖에도 구한말 이후에 들어서면서 이전까지 한국에서 선교활동을 펼치던 프랑스, 독일 선교사들뿐만 아니라 다른 나라의 선교사들도 한국에서 활동을 시작하였음을 언급하지 않을 수 있다. 구한말 이후부터는 영

---

7) E. Brieux, *Au Japon par Java, la Chine, la Corée*, p. 135.
8) Cf. *Le Catholicisme en Corée* : son origine et ses progrès, Hongkong, Imprimerie de la société des missions étrangères de Paris, 1924, p. 109.

국 국교회의 선교사들과 미국의 개신교 선교사들도 기독교 선교에 열을 올렸다. 그러나 이들의 활동모습은 당시 한국에서 활동 중이던 프랑스나 독일 선교사의 모습과는 매우 달랐다. 왜냐하면 우선, 영국 국교회의 선교사들은 강화도에 선교단의 본부를 두고 서울 및 몇 곳에 지부를 만들어 공동의 기금을 마련한 다음 공산주의 방식으로 선교단을 운영하였다. 따라서 선교사들은 많은 것을 절제하면서 지내야만 했다. 이러한 점은 그때까지 선교 사업을 펼쳐 오던 프랑스와 독일 선교사들의 삶과 흡사하다고 볼 수 있다. 하지만 미국 교회 선교사들의 생활은 매우 달랐다. 왜냐하면 그들은 애초부터 미국 대기업의 수출상사와 연결되어 있었으며 본국으로부터 유료로 기숙학생들(일반적으로 신문사 특파원이거나 직업 사진작가들)을 받았다. 통상 미국 선교사들에게는 집과 노비가 무료로 제공되었을 뿐만 아니라 그들은 자녀들도 많았는데 매년 많은 액수의 자녀 교육비 보조금도 받았으므로 상당히 윤택한 생활을 하였다.[9]

한편, 한국에서 선교활동을 펼치던 외국인 선교사들은 일제 강점에 항거하여 자유와 주권을 되찾고자 하는 한국인들의 독립만세운동에서 정치적으로 중립적인 태도를 취했으나, 일본 경찰과 헌병들의 참혹한 만행[10]을 보면서 한국 교인들에게 우호적인 감정을 표현하기도 했다. 이러한 사실은 일본을 그들을 적대시하는 대상으로 만들기에 충분하였다. 게다가 선교사들 가운데 중요한 인물로 여겨지는 한 선교사가 서울에서 기자들에게 한국인을 지지한

---

9) Cf. A. Hamilton, *En Corée*, pp. 324-328.

10) 프랑스 신문사 특파원으로 서울에 머물렀던 트리스탕 드 부르봉-파르므 Tristan de Bourbon-Parme와 방송국 특파원으로 서울에 머물렀던 나탈리 투레 Nathalie Tourret는 공저인 *La Corée dévoilée* : 15 portraits pour comprendre(Paris, L'Harmattan, 2004, p. 202)에서 사망 7,509명, 상해 15,961명, 체포 46,948명으로 공식 집계되었다고 밝히고 있다.

다는 입장을 표명했다가 이것이 일본인을 반대한다는 뜻으로 전해지는 바람에 전교의 어려움을 겪음과 동시에 자신들의 정치적 중립을 증명하는 것이 더 어렵게 되어 버렸다.[11] 특히 미국인 선교사들은 독립운동에 직접적으로 관여하지는 않았지만 한국의 신도들에게 근대적 사상과 서구 민주주의 사상을 불어넣어 주었기 때문에 독립운동에 앞장선 한국 교인들의 정신적 지주 역할을 함으로써 곤경에 빠지기도 했다. 사실 그뿐만 아니라 외국인 선교사들 중에는 한국의 독립운동에서 레지스탕스로 활동한 선교사도 있다는 주장을 찾아볼 수 있는데, 이들은 서양 언론에 일본의 잔악상을 드러내기도 하였다.

> 레지스탕스에 참여한 선교사들은 서양의 언론에 [일본인들의] 권력남용을 고발하면서 일반적인 일본의 잔혹성과 1919년 3월 1일의 독립운동에 대한 일본인들의 난폭한 진압을 맹렬히 비난한다.[12]

한편, 일제 강점기 이후 한국전쟁까지는 한국의 종교문화에 대해 언급하고 있는 프랑스 출판물들을 거의 찾아볼 수 없다. 자료로 수집된 대부분의 서적들에서는 무기, 전략 및 전술 등과 관련된 전쟁에 관한 내용만을 읽을 수 있을 뿐이며, 이러한 점은 성직자들이 남긴 글에서조차 유사한 경향을 띠고 있다. 한국전쟁이 발발하자 일본으로 피신할 것을 거부한 채 성당이나 수도원을 지키다가 북한군에게 포로가 되어 북송된 후 다행스럽게도 프랑스로 돌아갈 수 있었던 신부나 수녀가 쓴 회고록에서도 우리는 당시 가톨릭 교회의 모습보다는 전쟁의 흐름과 포로들의 생활상을 읽을 수 있을 뿐이다.[13] 사실 전쟁포로

---

11) Cf. *La Corée contemporaine*, p. 32.
12) Tristan de Bourbon-Parme, Nathalie Tourret, *La Corée dévoilée*, p. 201.

의 몸으로는 포교를 하거나 종교인으로서의 역할을 제대로 수행하기에 많은 제약이 따랐을 것이다. 비록 성직자임은 자명한 사실이지만 포로의 신분으로, 더군다나 공산주의 국가에서 허락되지 않은 종교행위를 한다는 것은 생명의 위협을 느끼기에 충분했을 것이다.

2. 한국전쟁 이후

구한말 이전까지만 하더라도 외부에 국가의 상황을 드러내는 것을 막기 위해 문호를 개방하지 않았던 '은둔의 나라'는 독립을 쟁취하고 한국전쟁을 겪은 후 현대에 들어서면서 정치적 안정과 경제적·문화적 발전을 이룩한 나라로 성장하였다. 해방과 함께 종교의 자유가 인정된 이래 한국은 이러한 경제성장을 바탕으로 하여 '종교 전시장'이라고 불러도 될 만큼 다양한 종교들이 공존하는 장이 되었다. 특히 1970년대에 들어서는 그동안 국내에서 교세를 확장하고 있던 불교, 유교, 가톨릭 및 개신교의 교인들뿐만 아니라 영국 국교, 러시아 정교, 이슬람교, 마호메트교는 물론 심지어 이란인들의 반이슬람 종파인 'Bahai'의 신봉자들도 국내에서 찾아볼 수 있게 되었다. 올리비에-라캉 Olivier-Lacamp은 당시 각 종교별 상황을 다음과 같이 요약하고 있다.

> 현재 한국의 가톨릭교회는 1961년과 1972년 사이 인원이 배가되어 80만 명에 이른다. 또한 영국 국교 신도들, 구세군의 멤버들, 1897년에 제정 러시아 지지자인 사제에 의해 문을 연 이래 활동을 멈추지 않은 러시아 정교 교회도

13) Cf. *Carmel de Séoul 1950-1954*, s.l., s.n., [1954]. Voir aussi : C. Coyos, *Ma captivité en Corée du Nord*, Paris, Grasset, 1954.

있다. 이슬람교는 1955년 유엔군으로 파견된 터키 병사들에 의해 소개되었다. 여러 개의 이슬람 종파들이 한국의 이슬람 중앙 연합회 속에서 집단을 이루어 적당히 발전하고 있다. 1975년에는 한국인 마호메트 신도가 약 3천명에 이른다.

이란의 반이슬람 종파로 여겨지는 Bahai는 1928년에 들어왔으며 1951년에 미국인 병사들에 의해 부흥하게 되었다. Bahai의 첫 세계 집회가 1971년 서울에서 열렸다.[14)]

그러나 사실 이 목록에는 한국인에 의해 만들어진 종파들의 이름은 거론되지도 않았다는 점을 염두에 두어야 한다. 올리비에-라캉은 이 외에도 천도교를 위시해 유럽과 미국에서 잘 알려진 문선명의 통일교뿐만 아니라 불교에서 파생된 18개 종교와 유교에서 파생된 6개의 종파가 있다고 주장하면서 한국인으로서도 처음 들어보는 이름들(Heumichigyo, Chomgyok, Chingyo)도 나열하고 있다.[15)] 한 가지 특기할 만한 사실은 1983년 한국에서 프랑스어로 발간된 한국 소개 책자에서도 한국의 대표적인 종교로 불교, 유교, 기독교, 이슬람교 그리고 토속종교로서 천도교, 원불교 및 대종교를 들고 있다는 점이다.[16)] 이처럼 한국이 '종교의 땅'이란 이름이 붙을 만큼 다양한 종교들의 경연장이 되어 버린 까닭은 무엇일까? 분명 한국인들의 신앙심이 남달리 깊기 때문은 아닐 것이다. 오히려 이것은 한국이 하나의 국교를 정해 놓고 있지 않음에 연유한다고 보는 편이 옳을 것이다.

---

14) M. Olivier-Lacamp, *Le matin calme*, Stock, 1977, pp. 129-130.
15) Cf. *Ibid*., pp. 128-129.
16) Cf. *La Corée telle qu'elle est*, 10e éd. et révisée, Séoul, Le Service coréen d'information pour l'étranger, 1983, pp. 203-216.

이러한 다양한 종교들 중 한국전쟁 이후 교세확장을 가장 많이 한 것으로는 개신교를 들 수 있다. 몇 년 동안 한국에서 프랑스 특파원으로 머물렀던 장 피엘 Jean Piel의 말에 따르자면 "불교는 종교를 가지고 있다고 단언하는 사람들의 42%를 차지하는, 한반도에서 가장 큰 종교이다. 인구의 35%에 달하는 신자를 가진 개신교와, 인구의 14%를 신자로 가진 가톨릭이 그 뒤를 따르고 있다."[17] 이것은 결국 개신교와 가톨릭을 합치면 가장 큰 종교 공동체를 형성함을 뜻한다. 급증한 교회들의 모습에 대하여 올리비에-라캉은 다음과 같이 묘사하고 있다.

> 마을들을 산책하다 보면 어떤 시골에서라도, 심지어 멀리 떨어진 제주도의 시골까지도, 대학들의 예배당의 그럭저럭 화려한 가짜 고딕양식부터 종들이 쇠사슬이나 밧줄로 매달려 있는 쇠나 나무로 된 지지대들에 이르기까지 온갖 형태와 스타일의 종탑들이 있다. 오늘날 한 가지 이상한 점은 지식인들이 노동자나 농민들처럼 교회에 가고 교구에 소속되고 그들의 사제들이 비록 이방인이라 할지라도 그들을 존경하고 좋아하는 것을 부끄럽게 여기지 않는다는 것이다.[18]

사실 오늘날 고층 빌딩에서 내려다본 야간의 도심은 붉은 십자가로 수놓아져 있다고 표현해도 과언이 아닐 정도로 많은 개신교 예배당들이 주거지

17) "Le bouddhisme reste la religion majoritaire dans la Péninsule, regroupant 42 % de ceux qui affirment adhérer à une religion. Le protestantisme le talonne avec près de 35 % d'adeptes, suivi du catholicisme qui représente 14 % de la population."(J. Piel, *Corée, tempête au pays du Matin-Calme*, Arles, Éditions Philippe Picquier, 1998, p. 117)

18) M. Olivier-Lacamp, *Le matin calme*, pp. 121-122.

역을 점유하고 있다. 이와 같은 우리의 견해에서 한 걸음 더 나아가 장 피엘은 자신의 저서에서 서울의 밤하늘을 "붉은 십자가 숲"[19]으로 표현하고 있다. 이러한 점을 감안할 때 이제 우리의 종교 전통을 최준식의 말처럼 "유·불·선"이 아니라 "유·불·기" 또는 "기·불·유"라고 해야 옳은 것인지도 모른다.[20]

여하튼 이러한 개신교의 번창은 아마도 올리비에-라깡이 지적한 바와 마찬가지로 한국인들의 의식변화가 그 원동력일 수 있겠다. 하지만 좀 더 설득력 있는 주장은 서울에서 신문사 특파원과 방송국 기자직을 각각 역임한 드 부르봉-파르므와 투레가 인용한 기독교 역사 전문가 사뮤엘 모페 Samuel Moffet의 말이다. 모페는 한국에서 개신교가 빠르게 번창할 수 있었던 이유로 목사의 설교도 엄숙한 예배도 아닌 의술을 들고 있다.

> 서양의 의술을 단련한 선교사들의 도착은 서울의 첫 번째 근대식 병원뿐만 아니라 나라 전체에 많은 무료 진료소 설립을 수월하게 했다. 이렇게 함으로써 선교사들은 전체 인구와 접촉할 수 있다. 기독교 역사 전문가인 사뮤엘 모페가 1962년 남한에서 "기독교에 한국을 개방하게 한 것은 설교가 아니라 의술이다."라고 말한 것은 우연이 아니다.[21]

---

19) J. Piel, *Corée, tempête au pays du Matin-Calme*, p. 115. Cf. 하일지의 원작을 영화화한 장선우 감독의 영화 〈경마장 가는 길〉에서 주인공은 서울이 교회당의 십자가 때문에 마치 매우 커다란 묘지 같다는 표현을 사용하고 있다.

20) 최준식, 『한국인에게 문화가 없다고?』, 서울, 사계절출판사, 2002, p. 114.

21) Tristan de Bourbon-Parme, Nathalie Tourret, *La Corée dévoilée*, p. 202. Cf. Samuel Austin Moffet는 미국인 선교사로 1890년 처음으로 한국 땅을 밟고 마포삼열 馬布三悅이라는 한국명으로 선교활동 및 교육활동을 하였으며 1939년 사망했다.

한편, 우리에게 한 가지 의문점으로 남는 것은 '한국에 먼저 포교를 시작한 가톨릭은 왜 개신교만큼 교세를 확장하지 못했을까?'라는 것이다. 물론 이 점에 관해 장 피엘은 우리와 생각을 달리하고 있다. 그는 1983년부터 기독교의 위세가 커졌고 특히 가톨릭이 그러하였다고 주장하고 있다.[22] 그러나 우리는 그의 주장을 받아들일 수 없다. 왜냐하면, 앞서 인용한 그의 말에서 각 종교의 인구 점유율(개신교 35%, 가톨릭교 14%)이 그의 주장이 옳지 않음을 자명하게 보여주기 때문이다.

흔히 구한말 처음 가톨릭이 한국에 전파되었을 때 교세를 확장하지 못한 이유로 관官의 엄격한 통제와 조상숭배사상을 든다. 그러나 당시의 정황으로 볼 때, 국가의 통제는 이유가 될 수 있지만 조상숭배는 이유로 볼 수 없다. 조상숭배가 우상숭배로 여겨지면서 가톨릭의 신앙에 위배된다고 생각하지만 프랑스인 선교사의 눈에도 조상의 넋을 위해 제물을 올리고 경외하는 것은 단지 가족으로서의 효심을 다하는 것에 지나지 않기 때문이다.[23] 설령 그것이 가톨릭 교리에 위배된다 하더라도 해방 이후 가톨릭 교회가 개신교만큼 빠른 성장을 하지 못한 뚜렷한 이유를 찾기는 어렵다. 어떤 이들은 한국의 전통신앙인 무속신앙의 번성을 이유로 들기도 하는데, 동일한 조건에서 단기간 급성장한 개신교와 비교를 한다면 이것 또한 납득할 만한 이유가 될 수 없다. 그리고 무속신앙이 걸림돌이 아니었음을 한국을 방문한 프랑스의 도미니크 수도회 사제인 모리스 르롱Maurice Lelong은 다음과 같이 주장하고 있다.

---

22) Cf. J. Piel, *ibid.*, p. 117.
23) Cf. M. Lelong, *La Corée intime*, Paris, Table Ronde, 1978, p. 72.

> 나의 통역인은 미신들이 창궐하고 있음을 숨기지 않았으나, 나는 미신들은 고대 가톨릭 시대에도 무성했으며 신앙을 가진 민중들에게서도 항상 번창했다고 생각한다. 진정한 위험은 오히려 신앙심의 왜곡에 도사리고 있다.[24)]

이 인용문을 통해 우리는 무속신앙이 동서고금을 막론하고 일반 민중들의 의식 깊숙한 곳에 자리 잡고 있음을 알 수 있다.

3. 현대의 무속

한국의 무속신앙은 현대의 급변하는 사회적 상황에도 불구하고 한반도에서 가장 오래된 종교답게(물론, 6세기경부터 지배적인 종교였던 불교와 14세기 말부터 그 뒤를 이은 유교에 비해서는 소외당한 종교라고 볼 수도 있겠지만) 불교, 유교와 함께 굳건히 자리를 지켜 왔다. 그러나 한국 사회의 현대화 과정에서 무속신앙이 명맥을 유지한 것은 결코 쉬운 일이 아니었다. 무속이 사회 발전의 걸림돌이라는 견해가 사회 일각에서 일었기 때문에 많은 신당은 철거되거나 이전되어 도심에서 대부분 사라지게 되었다. 특히 지식인들은 무당을 불러 굿을 하거나 점을 치는 등의 무속행위를 수치스럽게 여겼을 뿐만 아니라 굿은 엄청난 소음까지 동반하기 때문에 도심에서는 쉽사리 용납되지 않았다. 따라서 무속인들은 도심 외곽 지역의 경계선 부근으로 이주하거나 아예 한적한 산속으로 신당을 옮기기도 했다. 또한 무속신앙은 도심 지역에서 생존하기 위해 대중들의 일상생활 리듬에 맞춰 변화를 도모했다. 따라서 이미 오래전부터 도심 지역의 굿은 더 이상 원래의 의식 절차를 따르지 않게 되었

24) *Ibid.*

고, 필요에 따라서는 굿이 진행되는 시간이 단축되기도 하였다.

원래 굿은 오랜 시간에 걸쳐 행해지는 성스러운 의식이었지만 현대에 와서는 시간을 단축하여 무속인에 따라 하루 종일 걸리거나 최소한 7시간은 걸리던 굿이 대여섯 시간, 심지어는 4시간 만에 끝나기도 한다. 그래서 경우에 따라 하루에 두 개의 굿을 하는 무속인도 생겨났다. 사실 무속법칙에 따르자면 큰 굿은 열두거리를 해야 하므로 단시간에 끝낼 수 있는 것이 결코 아니다. 이러한 변화가 불가피한 것이었음을 알렉상드르 기유모즈는 다음과 같이 분석하고 있다.

> 실제로 가정주부는 남편이 일터로 떠나고 아이들이 학교로 간 다음 아침 열 시나 열한 시 사이에야 겨우 굿판에 도착할 수 있다. 그녀는 18시경에 집에 있어야만 하고 돌아가는 길이 적어도 한 시간 정도는 걸리므로 굿의 지속 시간은 줄어들 수밖에 없다.[25]

사실 도심 생활에 적응하기 위한 변화는 이러한 시간의 단축에서만 찾아볼 수 있는 것이 아니다. 심지어 무속의 이론조차 무속인들에 의해 상황에 따라 알맞게 적용되어야 하는 것으로 바뀌었음을 우리는 다음 경우에서 살펴볼 수 있다.

> 그렇다면 한 가족들 위에 다른 가족들이 사는, 위층의 이웃이 아래층 성주(집을 보호하는 신)의 머리를 밟고 다니는 아파트의 경우에는 어떠한 일이 벌어

25) A. Guillemoz, “Seoul, la veuve et la mudang : les transformations d'un chamanisme urbain”, p. 109.

질까? 전통가옥들을 위한 논리를 완강히 거부하는 서울의 남자 무속인(박수), 박인오는 "달리 어떻게 할 길이 없다."라고 털어놓는다.[26)]

만일 도심의 아파트와 같은 건물에 일반 가옥의 이론을 적용한다면 아래층의 가신인 성주의 머리를 밟으며 사는 위층의 가족들은 평안하게 생활할 수가 없다. 그러므로 아파트의 경우에도 일반 가옥처럼 각각 소유한 땅 위에 지어져 있는 것처럼 취급해야만 한다. 그렇게 하지 않고서는 무속의 논리가 현대 사회에서는 더 이상 쓸모가 없어진 것임을 인정하는 수밖에 없다. 결국 박인오 박수가 한 말처럼 다른 특별한 해결책이 없는 것이다.

현대의 무속신앙을 주도해 나가고 있는 무속인들의 수는 1980년대의 전문가들과 무속인 협회의 통계에 따르자면 인구 400명에 한 명꼴이었다. 무속인들은 일반적으로 무당이라 불리는데, 남자 무속인의 경우 앞서 살펴본 바와 같이 '박수'라고 하며 지역에 따라 다른 명칭을 사용하기도 한다. 무당은 여자 무속인을 지칭하는 명칭으로 대상에 따라 '만신'과 같은 다른 호칭을 사용하기도 한다. 이처럼 무속인의 대명사로 무당이 쓰일 만큼 현대 사회에서 무속인 대부분은 여성으로 구성되어 있다. 기유모즈는 전체 무속인의 약 4분의 3이 무당이라고 밝히고 있다.[27)] 한국 무속계의 여성화 원인을 그는 다음과 같이 설명한다.

한문으로 쓰인 서적에 바탕을 두었으며 남자들에게 집중된 보편적인 직업적 성향을 지닌 위대한 사상들이 도래한 것이 한국 샤머니즘이 여성화된 주된

---

26) *Ibid.*, p. 108.

27) Cf. A. Guillemoz, "La dernière rencontre : un rituel chamanique coréen pour une jeune morte" dans *Transe, chamanisme, possession* / actes des deuxièmes rencontres internationales sur la fête et la communication, Nice, 24–28 avril 1985, p. 69.

> 원인이다. […] 군인, 승려 또는 지식인이 지배하는 사회에서 여성들이 소외된 상황은 샤머니즘이 살아남고 구전, 지역적, 지방색을 띤 그리고 반도국가의 모든 전통의 보존자가 되도록 한 것이다.[28]

그러므로 무속인이란 직업이 기생이나 백정처럼 천시되던 시대에는 당연히 남자보다는 여자가 무속인이 되는 경우가 흔했을 것이며, 최근까지만 하더라도 무속인이란 직업에 대한 통념은 거의 변함이 없었기 때문에 특별한 경우를 제외하고는 남성보다 여성이 쉽게 무속인이 될 수 있었을 것으로 판단된다. 한국 샤머니즘의 여성화는 이 밖에 고객 측면에서 살펴볼 수도 있다. 오랫동안 유교전통에 젖어 살아온 한국 남성들에게 무속인을 찾아가는 것은 부끄러운 일이었다. 그러므로 무속신앙의 힘을 빌려 집안 대소사를 처리하기 위해서는 안주인, 할머니 또는 고모가 고객으로 나서는 것이 당연한 일처럼 여겨졌다. 게다가 굿판이 벌어지면 집안의 가장은 자리를 피해주는 경우가 많았다. 이처럼 여성 위주의 고객을 상대하는 데는 남자 무속인보다 여자 무속인이 좀 더 편했을 것이다. 그러나 다른 관점에서 살펴본다면 우리는 전혀 다른 곳에서 해답을 찾게 될 수도 있다. 왜냐하면 무속계에 따르자면 진정한 무당은 자신의 희망에 의해서 만들어지는 것이 아니라 피할 수 없는 운명에 따라 내림굿이라는 어려운 의식을 거쳐서 탄생되는 것이기 때문이다.

한편, 한국의 무속신앙은 다른 종교들의 융합형태로 간주되기도 한다. 이러한 성격 때문인지는 모르겠지만 무속신앙은 다른 종교와 충돌하지 않는다.

---

28) Ibid.

[…] 그것은 유교, 불교, 도교 그리고 프로테스탄트이건 가톨릭이건 기독교의 진정한 마술 같은 융합이다.[29)]

앞에서 언급한 기유모즈의 글에서도 알 수 있듯이 한국의 무속신앙은 한낱 단순한 샤머니즘이 아니라 우리의 전통사상을 그대로 간직한 종교이며, 더 나아가 하나의 전통예술로 거듭날 수 있는 저력을 가진 전통신앙이다. 그런데 이러한 타자의 시선은 앞 장에서 우리가 이미 살펴보았던 타자의 시선과는 사뭇 다르다. 구한말 프랑스인들의 눈에는 한국의 무속신앙이 한낱 호기심의 대상이나 미신으로 간주되었으며 무속신앙을 믿는 사람들 또한 미개하고 무식한 사람으로 여겨졌다. 물론 오늘날의 프랑스인들에게도 우리의 무속신앙이 때로는 경이로움의 대상으로, 때로는 비현실적인 우스꽝스러운 것으로 비치기도 한다. 다음은 프랑스의 극동지역 전문가이자 소설가인 쥘리에트 모리오 Juliette Morillot가 서울의 삼성동 무역회관 기공식에서 벌어진 고사 광경을 묘사한 글이다.

경제적 기적의 주역들인 50명의 훌륭한 인물들이 한 개의 돼지머리 앞에서 절을 한다. 현대 한국의 중심부에서, 호화로운 빌딩 안에서의 비현실적인 광경.[30)]

우리는 이 글에서 놀라움과 비현실적인 우스꽝스러움이 동시에 표현되고

---

29) M. Olivier-Lacamp, *Le matin calme*, p. 126.
30) J. Morilliot, La Corée : chamanes, montagnes et gratte-ciel, Paris, Éditions autrement 1998, p. 173.

있음을 느낄 수 있다. 이러한 반응은 구한말 이전 한국을 다녀간 프랑스인들에게서도 살펴볼 수 있는데 그들과 모리오의 공통점은 한국의 무속신앙에 대해 잘 모르는 상태에서 굿이나 고사를 행하는 광경을 마주하게 되었다는 것이다. 모리오는 자신의 저서에서 한국의 무속신앙에 대해 거의 한 장章을 할애하고 있지만 우리는 그녀가 무속신앙에 대해 잘 모른 채 글을 썼음을 쉽게 알 수 있다. 왜냐하면 그녀는 무속인을 지칭하는 이름으로 무당, 만신 외에 단골, 심방[31]을 예로 들고 있는데, 사실 무당을 좀 더 친근하게 일컫는 표현으로 '할미', '할머니' 또는 '고모'라는 표현을 사용하기는 하지만 단골과 심방은 전혀 다른 대상을 지칭하는 것이기 때문이다. 그러나 모든 프랑스인들이 이와 동일한 수준의 시선으로 한국 무속신앙을 바라보는 것은 아니다.

우리는 앞서 살펴본 기유모즈의 경우를 예로 들 수 있는데 그의 저술에서 나타나는 것은 더 이상 한국 무속신앙에 대한 경이로움이나 우스꽝스러움이 아니다. 이것은 비단 그가 한국학 전문가이며 무속신앙 연구자이기 때문만은 아닐 것이다. 그는 한글 이름(김효신)을 가지고 있고 무속인들과 자유로운 대화가 가능할 정도로 우리말 실력이 뛰어나다. 그에게서는 최소한 한국과 한국의 무속신앙을 이해하고자 하는 노력을 읽을 수 있다. 그는 서울의 유명한 무당들의 굿판을 찾아다니며 무속연구를 했으며 간혹 무당들과 개인적인 친분관계(단골관계)를 맺기도 했다. 무당 홍인순과의 관계가 그러했다. 기유모즈가 다른 프랑스인들과 구분되는 것은 무속행위의 단순한 관찰자가 아니라 직접적인 참여를 통해 한국인의 정서를 이해하는 그의 노력 때문이다. 그는 우연한 경험처럼 설명하고 있지만, 굿판을 연구하러 간 이방인인 그가 교통사

31) *Ibid.*, p. 175.

고로 죽은 부친의 혼을 달래주기 위한 굿을 하게 한다는 것은 그리 쉬운 일이 아니다. 게다가 지노귀굿을 한 후 자신과 아버지 사이에 남아 있던 한이 풀리면서 화해가 이루어졌음을 느낀다는 것은 서양인으로서는 더욱 특별한 것이 아닐까? 이와 같이 그는 외국인이면서도 한국인의 정서를 이해하는 독특한 면모를 보여주고 있다.[32)]

이와 같이 우리의 전통신앙인 무속신앙은 한국인에게 동제와 같은 마을굿을 통하여 민족의식을 고취시킬 수 있다는 이유로 일제 강점기 동안 기독교와는 달리 문화말살정책에 의거한 탄압의 대상이었다. 따라서 무속인들은 드러내 놓고 무속을 행할 수도 없는 형편이었으며, 한국전쟁 이후에도 이러한 상황은 결코 호전되지 않았다. 현대에 접어든 한국의 급속한 경제발전에 무속신앙은 장애요인으로 인식되었으며 개인의 높아진 지식수준과 바쁜 일상이 무속신앙의 장벽으로 다가왔다. 따라서 현대의 무속신앙은 현대인들의 생활양식에 스스로 적응해야만 했다.

이러한 한국의 무속신앙은 일반적으로 무당을 영매靈媒로 삼아 죽은 자의 영혼과 살아 있는 사람 사이의 갈등을 해소하는 시스템을 갖추고 있으며, 굿을 통하여 망자나 귀신 또는 신들의 '한'을 풀어 줌으로써 어려움을 해결하는 것이 일반적이다. 이렇게 한국인들의 '한'이라는 독특한 정서를 통하여 영혼이나 신을 다스리는 한국의 무속신앙은 매우 독특한 종교라고 할 수 있다. 게다가 무속신앙은 비록 사회적인 규범성을 갖추지 못하였고 체계적으로 제도화되지 못하였을 뿐만 아니라 교리나 교단을 갖고 있지 못한 탓에(설혹

32) Cf. A. Guillemoz, "Le dialogue du même et de l'autre", 『한국문화인류학』, n° 31, 1998, pp. 249-256.

갖고 있다 하더라도 잠재적이기 때문에) 하나의 완전한 종교로 탄생할 수 없었지만, 한국인의 전통신앙과 깊은 관계를 맺고 있으며 한국인의 문화에 없어서는 안 될 필수요소이다. 그뿐만 아니라 한국의 전통신앙인 무속신앙은 더 이상 지식인들로부터 도외시되는 미신이 아닌, 하나의 민속종교문화로서 대외적으로 우리 문화를 알리는 문화 콘텐츠 역할까지 수행하고 있다. 현대 사회에서 무속신앙은 더 이상 구한말 이전의 경우에서 흔히 볼 수 있었던 것과 같이, 교육 받지 못한 우매하고 단순 소박한 사람들에 의해 행해지거나 그러한 사람들을 단골로 삼지 않는다. 게다가 오늘날의 무당이나 박수무당과 같은 무속인들도 그 당시처럼 사회로부터 멸시받는 존재로 더 이상 머물러 있지만은 않는다. 현대 무속인들 가운데에는 문화재(중요무형문화재 82-2호로 지정된 국무 國巫 김금화[33])로 지정된 경우도 있기 때문이다.

33) 만신 김금화는 1985년 중요무형문화재 82-2호로 지정되었으며 오늘날에도 서해안 풍어제를 주관하고 있고 미국, 중국 등에서 초청공연도 가진 바 있다. Cf. http://www.gukmu.com

제9장

프랑스 문헌에 소개된 한국의 음식문화

최근 비로소 우리나라 음식이 세계적으로 주목을 받고 있다. 사실 프랑스 거리마다 아시아 식당이 들어서 있지만 한국 음식은 상대적으로 덜 알려져 있었다. "당신이 무엇을 먹는지 알면 당신에 대해 말할 수 있다."라는 서양 속담처럼, 먹고 마시는 일상적 행위는 그 나라 문화를 가장 잘 이해할 수 있는 지름길이다. 음식은 기본적으로 그 나라의 자연조건에 바탕을 두지만, 시대적 환경이나 정치적 상황에 영향을 받으면서 변천과 발달을 거듭하기 때문이다.

> 만일 우리가 먹는 것이 자기 자신을 표현하는 것이라면, 한국인의 역동적이고 힘찬 기질은 결국 그들이 먹는 음식으로 설명된다. [⋯] 한국 전통 음식문화는 그들의 문화적 정체성이 존재한다는 가장 좋은 증거이다.[1]

---

1) Peter, Popham, *Corée, Insider's guide*, Berne, Kümmerly Frey, 1988, p. 58.

그러므로 식도락의 나라 프랑스 사람들이 본 한국의 식생활 문화를 그들의 문헌에서 살펴본다는 것은, 다문화 시대에 양국 음식문화를 비교·대조함으로써 문화적 동질성과 이질성을 파악할 수 있으리라는 가정에서 출발한다. 과연 두 나라 음식문화는 대립의 양극에서 공유될 수 없는 평행선인지, 아니면 유사성의 실체를 발견할 수 있는지 논의해 보기로 한다. 아울러 문화 간 접촉이 보이는 반응이 음식문화에서도 시대에 따라, 저자에 따라 다르다는 점에 주목해 보기로 한다.

분석 대상 문헌은 구한말부터 현재까지 나온 저서 중 객관적 시각을 제시할 수 있다는 점에서 작가(모리오, 클로델), 기자(르롱), 외교관(크로, 샤이에-롱 베, 프랑댕, 막스), 학자(기유모즈, 바라) 같은 지식인의 저술로 국한하였다. 또 프랑스에서 발간된 로니 플라넷, 블루, 프띠 퓨테, 마르퀴스 등 관광안내서들도 분석대상에 포함시켰다.[2] 이 안내서들은 한국을 프랑스 일반인들에게 폭넓게 소개하고 있기 때문이다.

1. 주식

서양의 주식이 밀이라면, 한국을 비롯한 중국이나 일본 등 동양의 주식은 쌀이다. 쌀이 동양문화의 상징으로 인식된다면, 쌀에 대한 프랑스인들의 일반적인 생각은 어떠할까? 우선 그들은 한국의 일상 인사가 그들처럼 "안녕?"이 아니고 "밥 먹었니?"라는 사실에 매우 놀란다. 그만큼 쌀(밥)은 한국인의 일상

2) *Corée du sud*, GUIDE BLEUS, Paris, 2000. / *Corée*, Lonely Planet, Paris, 2004. / Corée, *Petit futé Corée*, Paris, 3ème ed. 2005-2006. / *Corée du Sud*, Guide Poche-Voyage, Paris, Marcus, 1988.

에서 중요한 자리를 차지한다는 점을 발견한다.[3)]

사실 유럽인들에게 쌀은 '신기한 수초'에 불과하다. 쌀은 유럽의 옛 뱃사람들이 먹으면 장님이 된다며 기피했던 식물이었고, 가난한 식탁을 의미하기도 하였다.[4)] 구한말 조선에서 근무한 한 외교관은 쌀로 만든 죽 등은 너무 끈적끈적하여 맛이 없고, 보기에도 맛없어 보인다고 기록하고 있다. 또 구한말 선교사들도 편지에서 한국인들의 보잘것없는 식생활에 대해 다음과 같이 언급하였다.

> 중국 사람들처럼 한국인들도 거의 예외 없이 쌀을 먹는다. 그들은 정성스레 미리 오랜 시간 말려 준비한, 동그랗게 만든 조그만 반죽을 물에 말아 먹는데, 유럽인들에게는 도무지 구미가 당기지 않으며, 소화하기도 힘든 끈적끈적한 음식이다.[5)]

> 저는 기름기도 소금기도 없는, 물에 익힌 쌀을 한국 사람들처럼 하루 세 번 먹습니다. 속이 너무 울렁거리지 않기 위해 소금에 절인 음식을 몇 가지 곁들이기도 합니다.[6)]

프랑스인들이 한국의 낯선 음식 앞에서 느끼는 당혹감은 논밭의 전원 풍경을 보고 나면 줄어든다. 병인양요 때 해군 주베르는 질서 정연하게 잘 관리된 논밭의 풍경을 접하고, 논밭일은 한국 사람에게 대단히 명예로운 노동임을

---

3) Juliette Morillot, *La Corée : charmanes, montagnes et gratte-ciel*, Autrement, 1998, p. 140. / A. Guillemoz, *Les algues les anciens, les dieux*, Le léopard d'or, 1983, p. 41.
4) 이규보, 『한국인의 밥상문화 2』, 서울, 교문사, 2000, p. 219.
5) C. Vautier et H. Frandin, *En Corée*, Ch. Delagrave, 1910, p. 63.
6) 프레데릭 불레스텍스, 『착한 미개인 동양의 현자』, 2001, 청년사, p. 103.

확신하였다.[7] 현대 문헌에서도 '논'은 달마다 펼쳐지는 팔레트가 되어, 매년 동일한 색깔로 재생된다고 기술하고 있다. 농경문화를 잘 보여 주는 한국의 풍경으로 인해 그들은 회화적이며 감각적인 이미지와 함께 동서 문화권의 본질적인 차이를 인식하게 된다.

> 달마다 펼쳐지는 색채의 팔레트는 매년 동일한 색깔로 재생된다. 그것을 밭이라 부르지 않고 '논'이라고 불렀다.[8]

> 모, 벼, 쌀, 밥 […] 이는 단계별 용어이다. 논에 볍씨를 뿌리면 어린 싹이 자라서 모가 되고, 그 어린 모를 다시 심어 벼농사를 짓는데, 밥은 쌀이 증기로 보드랍고 향기 나게 익혀진 것이다.[9]

외교관 신분으로 10년 동안 중국에 체류했던 시인 클로델은 자신의 저서 『동방지식』에서 동·서양 주식主食의 차이를 시적으로 비교하면서, 여물어 가는 쌀을 익혀지는 밥으로 은유한다.

> 동양에서 햇빛은 숯으로 가득 찬 화로같이 하늘을 데우는 것만은 아니라는 점을 조심해야 한다. 한 해가 시작되고 땅은 물을 머금고 있다. 이는 순수한 땅의 월경이다. 땅이 수태할 때 경사 없는 거대한 들판은, 바다에서 잘못 분리되어 펼쳐져 있다. 흐르지 않고 스며드는 비를 피해 천 개의 창틀을

---

7) H. Zuber, Une expédition en Corée, *Le Tour de monde*, 1867, p. 411.
8) Rémi Teissier Du Cros, *Les Coréens Frères séparés*, L'Harmattan, 1990, p. 223.
9) Juliette Morillot, 1998, p. 140.

고정시키는 들판은 끝없는 보자기 아래로 도망간다.[10)]

이 산문에서 클로델은 “밀이 밀가루에서 빵으로 변신하기 위해서는 오븐의 열기가 필요한 것처럼 쌀이 밥이 되기 위해서는 생명을 탄생시키는 땅의 월경, 즉 물이 필요하다. 이 물기 많은 음식은 빵처럼 뜯어 먹는 것이 아니라 한 숟가락씩 입에 떠 넣는다. 쌀은 증기로 익혀야 하므로 물과 하늘 가마의 열기를 동시에 제공해 주어야 한다.”라고 시적표현으로써 설명하고 있다.

또 주한 프랑스 대사였던 크로는 『한국인, 분단된 형제들』이라는 책에서 동·서양 문화를 서로 비교한다. 즉 목축 문화권인 유럽 사람들에게 자연은 순응보다는 정복의 대상인 반면, 농경 문화권인 한국의 농부들은 자연에 순응하면서 물, 대지, 바람과 대화를 나눌 줄 안다고 말한다. 또 그는 이러한 문화적 차이는 통치방식에도 영향을 미친다고 보았다. 서양이 목자처럼, 즉 강력한 지도자가 주도적으로 권력을 행사하는 데 비해 동양은 통치자가 자연의 순리에 따라 백성을 다스려 왔다고 주장한다.

앙드레 오드리 투르는 이렇게 말한다. 극동아시아 사람은 피지배자와 지배자 사이에서 피지배자인 국민들을 지도하는 방식을 밭일에서부터 배웠다. 다시 말하면 자연의 이치에 순응하며, 강요보다는 제안을 하고 하늘의 순리를 존중하려는 마음가짐을 가졌다. [⋯] 서양의 통치자는 양 떼를 인도하는 목자이며 행동을 감독하고 안내하지만, 유교에서는 권하지 않는 방식들, 즉 구속이나 폭력과 권력을 이따금씩 행사하기도 한다.[11)]

---

10) Paul Claudel, *Connaissance de l'Est*, Paris, Gallimard, 1974, p. 151 : 재출판.
11) Rémi Teissier Du Cros, p. 220.

크로는 "쌀은 하늘에서 내려 주는 선물이므로 하늘로부터 모든 것이 주어지는 농업을 가장 존중해야 한다."라는 세종대왕의 말을 인용한다.[12] 또한 소설가 쥘리에트 모리오는 김지하의 시에서 쌀과 밀접하게 연관된 한국인의 정서를 전한다.[13] 즉 "쌀은 하늘이고, 하늘을 공유하듯이 나누어야 한다."라는 김지하의 표현에서 쌀로 상징되는 '공동체' 혹은 '가족'의 의미를 깨닫고자 한다. 마치 프랑스어에서 '친구 copain, 동거인 compagnon'이 '빵 pain을 나눈다 co, com'에서 비롯된 것처럼, 국어에서 '한솥밥을 먹다.'는 가족의 의미임을 그들은 이해하고자 한다.

또 크로는 쌀은 일상에서 치르는 각종 의례 – 제사, 탄생, 장례 등 – 의 제물로서 사용되고 생명력, 장수, 번창, 풍요로움을 상징한다고 적었다. 이는 마치 기독교 예식에서 단순한 '빵'이 생명의 정수로 변화되는 성체성사와 유사하다.

> 통과의례, 즉 탄생이나 결혼, 죽음에서 쌀이 제물로 바쳐진다. 이 모든 것이 장수, 조화, 많은 후손, 부의 상징이다. 따라서 쌀은 유일하게 삶 그 자체를 재현한다.[14]

프랑스인들에게 쌀(밥)은 동양문화의 상징으로 인식되고, 하늘 혹은 하얀 색깔 때문에 순수함이나 구름 등의 이미지로 표현되어 동양인의 정신세계와도 연관되는 음식이다. 프랑스인과 한국인의 시 속에서 '주식'의 의미가 크게

---

12) Rémi Teissier Du Cros, p. 219.
13) Juliette Morillot, p. 140.
14) Rémi Teissier Du Cros, pp. 222–223.

다르지 않듯, 그들은 한국인들이 일상에서 하늘을 경외하면서 자연에 순응하고 '땅'에 뿌리를 두고 '쌀'을 통해 삶을 서로 누리고 나누는 민족의식이 강하다는 것을 발견한다. 이처럼 한 민족의 주식은 그 나라의 일상문화나 민족적 정서 같은 문화적 본질을 잘 반영한다.

2. 부식인 김치

한국의 음식은 부식, 즉 반찬 문화가 발달되어 있는데, 특히 '김치'가 대표적이다. 그렇다면 미각의 나라 프랑스에서는 김치를 어떻게 소개하는지 살펴보자. 구한말 조선을 자주 드나들었던 부르다레와 샤이에-롱 베는 '김치'를 우리말 그대로인 'le kimtchie'로 인용한다.

> 안뜰에 나무 뚜껑을 덮어 놓은 항아리가 여러 개 놓여 있는데, 이 안에는 가정의 다양한 저장식품이 들어 있고, 특히 형언할 수 없는 썩은 생선으로 양념을 한 '김치'가 있다.[15)]

> 한국 음식은 맛과는 거리가 멀고, 세련된 입맛에 결코 맞지 않다. 거의 썩은 상태인 생선과, 썩은 냄새가 지독한 슈크루트(알자스 지방에서 많이 먹는 양배추 요리)와 같은 '김치'가 그것이다. 이 두 음식이 이 나라의 대표적인 음식이라고 말할 수 있다.[16)]

---

15) Emile Bourdaret, *En Corée*, plon-Nourrit, 1904, p. 183.
16) Charles, Chaillé-Long Bey, *La Corée ou Tchsen*, 1894, p. 53.

'고약한 냄새가 나는 부패한 음식'으로 표현된 '김치'는 구한말 한국을 다녀간 서양인들에게 분명히 미각·후각·시각을 끌 만한 매력을 주지는 못했다. 그러나 오늘날 프랑스 문헌에서는 김치에 대한 이러한 평가가 완전히 달라진다. 이 문헌들은 김치를 '국가적 음식', '한국 사람 누구나가 너무나 좋아하는 서민적인 음식', '토속적인 음식', '김치 없는 식사는 존재할 수 없다', '반찬 중의 왕', '한국의 대표음식' 등으로 설명하고 있기 때문이다.

> 여기에 오! 김치가 있다. 김치는 이 나라의 대표적 음식이다. 남에서 북까지 김치 앞에서 싫은 내색을 하는 사람을 찾을 수가 없다. 양념이 강한 것이 특징인데, 무·배추를 양념과 함께 버무려 발효시킨 식품이다. 일설에 따르면, 김치를 먹기 시작한 외국인은 더 이상 한국을 떠날 수 없다고 한다.[17]

특히 관광안내서들을 살펴보면, 그들은 김치의 유래, 제조법, 저장법, 종류, 요리법까지 상세히 소개하고 특히 김치의 영양학적 가치를 부각시키고 있다. 또 누구나가 좋아하고 부담 없이 식사 때마다 먹을 수 있는 일상 음식이라는 점에서, 김치를 바게트 빵으로 비유하고 반드시 맛보아야 할 음식으로 권한다.[18]

아시아를 잘 아는 『친밀한 한국』의 저자 모리스 르롱은 김치를 맛본 경험을 생생하게 장면으로 옮겨 놓았다.

> 매운 고추 맛으로 인해 입에 불이 나는 듯했고, 위장으로 내려가는 순간

---

17) Maurice Lelong O. P., *La Corée intime*, La Table ronde, 1978, p. 85.
18) *Petit futé Corée*, p. 110.

불덩이를 느꼈다. 이는 어린 시절 알코올을 급히 마신 추억이 연상되었다. 나는 이미 지독하게 매운 아프리카 고추에 익숙해져 있었다. 그러나 그 아프리카 고추도 한국인의 식도에 익숙한 김치에 비하면 아주 싱거운 것이었다. 거의 '폭탄' 효과와 같은데 인간의 몸을 활성화한다는 의학적 효과로 돌리도록 강요한 것은 아닐까? 우리 프랑스인 조상들이 단조롭고 맛없는 음식에 맛을 더하기 위해서 후추 같은 향료를 가진 미지의 나라에 도전했듯이, 이 나라의 가장 가난한 가정들도 이 붉은 고추를 보고 그냥 지나치지 않았다.[19]

이처럼 김치는 서양인의 부드러운 미각에 거슬리며, 반찬마다 피할 수 없는 '고춧가루'는 '공격'이자 '공포'가 된다고 모리오는 솔직하게 고백한다.

김치 [···] 한국인들은 저주 받았다. 그럼에도 불구하고 용감한 여행객은 초보자가 저지르는 일종의 패배라고 생각한다. 그는 인도의 유명한 카레에도 도전해 보았고 도쿄에서 악어도 먹어 보았다. 그런데 한국과의 첫 만남에서 이 여행자는 때때로 습격을 당한 것처럼 느껴진다. [···] 그래서 고추가 예고 없이 적개심을 불러일으킨다. 고추, 손가락처럼 길고 통통하고 반짝이는 빨갛고 푸른 이 가짓과의 작은 채소가 '조용한 아침의 나라'에서 싸워야 할 유일한 적일지도 모른다.[20]

19) *Petit futé Corée* p. 53.
20) Juliette Morillot, p. 136 : 국가의 이미지와 밀접한 관계를 맺고 있는 '김치'는 투박한 음식이지만 은행 알의 영성체로 인해 물과 고추를 만나 섬세한 맛으로 변한다. 때로는 찌개로 변해 모든 사람이 좋아하는 절대적인 음식이 되지만, 외국인에게는 '지독한 냄새가 나는 썩은 양배추 요리' 같은, 불 같은 음식이기도 하다.

저자는 영양이 풍부한 건강식이라는 설명으로 김치에 대한 적개심을 누그러뜨려 보려 하지만, 외국인들에게 김치가 너무 '토속적인 음식'인 것은 사실이다. 또 남녀노소, 지위 고하를 떠나서 왜 모든 한국인들이 김치를 좋아하고 즐기는지 필자는 당황스럽기만 하다.

맛에 관한 한 훌륭한 취향이라는 것은 존재하지 않기 때문에 프랑스 요리와 우리 음식의 단순 비교는 적절하지 못하다. 예를 들어, 음식마다 후추 같은 향료의 매운맛을 즐겼던 중세의 서구인들과, 조선 중기 고추가 들어오기 전까지 부드러운 음식을 즐겼던 한국인의 미각이 엇갈렸던 것처럼, 음식에 대한 기호도 시대에 따라 달라질 수 있다. 김치에 대한 구한말 외국인들의 평가절하도 매운맛 때문이라기보다는, 당시 빈대의 습격을 연상케 하기 때문이라는 어느 외국인의 비유처럼, 위생관념이 없었던 조선인들의 불결한 환경이 자아낸 불쾌감의 표현에 불과하다.

반면에 오늘날 김치는 한국의 문화 아이콘으로 취급된다. 강렬한 붉은 빛깔의 회화적 이미지를 지닌 고추는 한국인의 삶 속에서 불꽃, 생명력, 남성성을 상징한다. 하얀 밥에 빨간 김치, 또 가을에 고추 말리는 모습은 붉은 늪지대가 되어 황금빛 들판과 어우러진다.

> 고추는 전통과 문화, 풍경을 전부 포함하는 그 무엇이다. 강화의 고추는 강화의 인삼과 대조된다. 가을이 되면 논이 황금빛이 되고 붉은 늪지대의 향기가 난다. 길가, 지붕, 테라스, 학교 마당 등 […] 늙은이들은 마치 포도주를 시식하듯 고추를 씹는다. 매운 대기가 뜨겁고 침울한 향기로 가득 찬다.[21)]

---

21) Juliette Morillot, *Tout sur La Corée*, Souffles, 1988, p. 25.

특히 모리오도 김장철에 북적이는 우리나라 시장 풍경의 일부분을 냄새, 빛깔, 촉각 등의 감각적인 이미지로 전달하고자 하였다. 즉 좋은 배추와 고추를 고르려는 사람들, 심지어 고춧가루 포대를 맴도는 벌레들, 좋은 고추를 고르려는 거친 손, 포도주를 시식하듯이 고추를 씹는 늙은이, 핏가루 같은 반짝이는 빨강이나 금빛 얼룩이 있는 밝은 진홍빛 색깔, 그리고 고추의 매운 향 등에서 전해 오는 느낌 속에서 저자는 역동적인 한국인의 일상적 모습을 발견한다. 사촌, 친구, 친지 등과 함께 배추를 소금에 절이고 양념에 버무리며 농담을 주고받는 모습이 무척 쾌활해 보인다는 모리오의 설명은 20세기 초 조선을 방문한 뒤크로가 그려 낸 쾌활한 한국인의 삶과도 상통한다.[22)]

구한말 '고약한 냄새가 나는 부패한 음식'으로 여겨졌던 김치가 오늘날에 와서는 꼭 맛보아야 할 건강식으로 인정받고 있다는 점에서 우리는 우리나라에 대한 국가 이미지의 위상 변화를 분명하게 느낄 수 있다. 이는 물론 한국이 그간 다방면에서 이룩한 발전 때문이겠지만, 한 민족의 토속음식을 바라보는 서구인들의 인식 전환 또한 간과할 수 없다. 어쨌든 지금도 김치에 대한 부정적 시각과 긍정적 시각이 공존하고 있지만, 김치가 한국 문화를 엿볼 수 있는 음식이라는 점에는 모두 동의한다.

3. 기호식

그 나라가 처한 자연환경, 문화, 역사의 결과인 기호식품 또한 한 나라의 문화적 정체성을 파악하는 지름길이 된다. 예를 들어 프랑스에서는 식사를

---

22) Georges, Ducrocq, *Pauvre et Douce Corée*, Paris, H. Champion, 1904.

하면서 포도주를 마신다면, 우리나라에서는 식후에 숭늉을 마시거나, 쌀 혹은 밀 등으로 만든 곡주를 식사 시간 이외에 마신다. 그러므로 한국을 소개하는 문헌에서 한국의 독특한 이 음료에 대한 프랑스인들의 호기심을 엿볼 수 있다.

우선 그들에게 동양의 '차' 문화가 일본과 중국의 이웃나라인 한국에는 존재하지 않는다는 사실이 당황스럽다.[23] 구한말 문헌에서도 훌륭한 식사 후 차 대신 쌀을 끓인 한 대접의 물을 마신다는 것에 대해 그들은 당혹감을 드러낸다.

> 보통 마실 거리는 곡주다. 곡주는 밀이나 쌀을 발효시켜 만든다. 여름에 양반들은 쌀로 끓인 물과 꿀물을 자주 마신다. 부잣집에서는 차 마시는 것을 모르는 바는 아니지만 그 사용은 제한된다.[24]

반면에 현대의 문헌에서는 양상이 달라져서 한국이 차를 멀리하게 된 역사적 배경을 설명하거나[25] 대단위 차밭과 다양한 종류의 차를 소개한다. 또 한국인이 식당 등 도처에 보이는 커피 자판기를 자주 이용한다는 지적은 서구의 음료가 한국의 전통차보다 더 일상적인 음료로 받아들여진 것에 대한 따끔한 비판으로 볼 수 있다.[26]

---

23) G. Baudens, *La Corée*, Berger Levrault, 1884, p. 26.

24) Ch. Dallet, *Histoire de L'église de Coreé*, Voctor Palmé, p. 177.

25) 조선시대 숭유억불 정책에 의해 차를 점점 멀리하게 되었다는 역사적 배경을 설명하고 있다.

26) 범세계적인 음료인 커피의 위력은 우리나라에서도 예외가 아니다. 구한말 고종은 러시아 공관으로 파천한 이후부터 커피를 즐기게 되었고, 독약 넣은 커피로 인해 독살당할 뻔한 적도 있다.(이성우, 『한국식품문화사』, 교문사, 2000, p. 268)

> 극동의 뛰어난 음료인 차를 한국인은 좋아하지 않는다. [···] 더운 음료로는 일반적으로 보리차를 식사 후에 주로 마신다. 커피는 최근에 외국에서 수입한 것으로, '차'처럼 '다방'이나 레스토랑에서 마신다.[27)]

반면에 작가 로티는 『매화 부인의 제3청춘기』라는 책에서, 서울 방문 중 길가에서 음료를 파는 작은 상점에서 앉을 자리를 내어 주는 사람들과 함께 '눈같이 시원하고 아주 달콤한 순수 음료'를 마신 추억을 적고 있다.[28)] 이 음료는 바로 식혜나 단술이었는데, 오늘날 푹신한 안락의자와 널찍한 홀이 있는 다방에서 커피를 마시는 모습보다는 과거에 길가에서 서로 어깨를 맞대고 앉아 시원한 단술을 먹고 있는 모습이 더 정겹게 묘사되어 있다. 그렇지만 한국인들이 녹차나 홍차보다 커피를 즐기게 된 이유가 바로 숭늉의 구수한 맛을 커피에서 느낄 수 있기 때문이라는 지적은 약간 아이러니하다.[29)]

한편 주식인 '쌀'로 만든 막걸리는 한국을 대표하는 맛좋은 술로 소개된다. 막걸리는 가장 전통적인 술로 소개되며, 그릇과 막걸리의 빛깔 때문에 우유를 마시는 것으로 흔히 속기 쉽다고 말한다. 그러나 막걸리를 소주와 함께 서민적인 술로 간주하면서 고급스런 이미지와는 거리가 먼 '곧 사라질 싸구려 상표'로 비유한다.

---

27) Frédérix Max, *La Corée du Sud*, L'Harmattan, 1984, pp. 116-117.
28) Pierre, Loti, *La troisième jeunesse de madame prune*, 1905, p. 106.
29) 한국인은 서양의 커피에 단맛이 나는 설탕과 크림을 타 먹으면서, '구수한 맛'을 즐겼다고 한다. 일반인에게 커피가 전해진 것은 '부레상'이라는 프랑스 사람이 나무시장을 열어 놓고 무료로 커피를 주며 장사를 한 데서 비롯되었다고 한다.(주영하, 『음식전쟁, 문화전쟁』, 사계절, 2000, pp. 146-152)

가장 맛있고 가장 전통적인 것 : 막걸리 : 쌀, 발효한 밀, 보리로 만든 가장 싼 우윳빛 술, 시원하고 약간 쓰지만 우유처럼 마신다. 사람들이 사용하는 그릇 때문에 더욱 속는 듯한 느낌을 받음! 일에 대한 불평을 늘어놓으면서 곧 사라질 싸구려 상표 위로 담배연기를 내뿜는다.[30)]

그러나 구한말 전국일주를 나선 민속학자 샤를 바라는 밀양의 관찰사가 보낸 쌀로 빚은 투명하고 맛있는 술이 일본이나 중국의 술보다 더 우수하며 고국의 친구들을 위해 더 가져가고 싶다고 호평한다.

마지막으로 목을 축이는 의미로 쌀로 빚은 곡주가 근사한 도자기에 담겨 나왔는데, 대구의 관찰사가 내게 권했던 것과 유사한 맛이었다. 조선의 술은 대개 붉거나 흰색으로, 쌀이나 밀 또는 그 밖의 곡물로 빚어내며, 발효하기 전 단계에 불붙은 숯을 집어넣음으로써 맑은 빛깔을 낸다. 질적인 면에서 그것은 중국이나 일본의 술을 저만치 따돌릴 만한데, 입천장에 착착 달라붙는 그 부드러운 맛이 흡사 우리의 포도주를 연상시켰다. 비록 알코올 도수가 좀 높기는 하지만 너무도 맛이 좋아서 친구들을 위해 프랑스에도 좀 가지고 가고 싶었다. 그러나 운반할 수 있게 포장된 것도 아니었고, 결정적으로 장시간 보관이 불가능하기 때문에 아쉽지만 포기해야 했다.[31)]

외교관인 샤이에-롱 베에 의하면, 한국인이 쌀로 빚은 '일종의 사케(일본

---

30) Juliette Morillot, 1988, p. 32.

31) Ch., Varat, *deux voyages en Corée*, Kailash, 1994, pp. 153-154 : 초판(1890년)의 재출판.

술)' 같은 술을 대량으로 마시는 애주가이고 대단한 술꾼이라고 밝힌다.[32)]

그렇지만 술을 좋아하는 민족성은 따가운 눈총감이다. 특히 샤를 달레의 『한국천주교회사』에서 보듯, 과식이나 과음을 죄악시하는 구한말 선교사들은 양반들이나 고위관리들의 추태가 오히려 명예가 된다는 사실이 못마땅하다.

> 과식은 당연히 과음으로 이어진다. […] 한국에서는 취태를 부리는 것을 영광으로 여기기도 한다. 식사가 끝날 무렵에는 고관대작들은 별 생각 없이 더 큰 즐거움을 위해 바닥에서 데굴데굴 구르기도 하는데 하인들은 이러한 혐오스런 장면을 문제 삼기는커녕 그들이 누릴 수 있는 부유함으로 여겨 더 마시도록 조용히 내버려 둔다.[33)]

미화된 한국보다는 솔직한 한국의 모습을 담고자 했던 『베일을 벗은 한국』의 저자 트리스탕 드 부르봉 파르므와 나탈리 투레는 "술을 선택하든지 아니면 제명당하든지 선택할 수밖에 없다."라는 말로 한국의 술 문화를 설명하고 있다. 그는 알코올의 향취로 가득한 저녁의 지하철과 저녁 술자리에서 값싸고 독한 소주를 '원샷'으로 섞어 마시는 회사원의 모습, 2차로 노래방까지 갔다가 휘청거리며 택시를 타고 흩어지며, 술값은 연장자가 해결하는 식의 관행을 '불행한 악습'으로 간주한다.[34)] 관광안내서에도 이러한 비틀거리는 술 문화를 유교 문화의 무게와 일에 대한 부담감으로 인한 스트레스를 해소하는 과정에

32) Charles Chaillé-Long Bey, p. 17 : 한국인들은 천성적으로 대단히 애주가이고 놀이꾼이다. 일종의 사케 같은 소주인 쌀로 만든 증류수를 마시는 초보급 이상의 대단한 술 sul 소비자이고 이를 즐길 줄 안다.

33) Ch. Dallet, p. 160.

34) Tristan de Bourbon-Palme et Natalie Tourret, *La Corée dévoilée*, 2004, L'Harmattan, p. 99.

서 발생하는 현상으로 설명한다.[35)]

그러나 과음을 조장하는 술 문화가 그들에게 나쁘게만 비친 것은 아니다. 저녁 식사 후 호프집이나 소주방에서 맥주나 소주를 마시고, 노래방에서 흥겹게 노래하고 길가 포장마차를 전전하며 우정과 결속을 나누는 풍경을 사뭇 낭만적으로 보는 경우도 있기 때문이다.[36)]

현대 민속학자인 기유모즈 역시 시골에서 체험한 술 문화를 소개하면서 이러한 점에 동의한다. 알코올은 민속학 조사에 도움을 준다는 자신의 소신대로, 논밭 가장자리에서 힘든 일과 후 여러 핑계를 대면서 술잔을 돌리며 나누어 마시는 한국인들의 술 문화를 오히려 부러워한다.

한국 문화에 대한 단순한 소개자가 아니라 한국 문화의 전달자가 되기를 원하는 소설가 쥘리에트 모리오 역시 한국인이 술을 자주 마시는 것은, 우선 교제가 그 목적이며, 다음으로 사회적 억압을 알코올이 지닌 배출구의 역할에 의지하려는 경향 때문이라고 분석한다. 낮의 친절함과 예의바름이 있다면, 밤에는 낙심을 위로하는 돌파구로서의 술이 속박의 굴레를 벗고 상관과 대화를 나누게 하는 촉매제가 되기 때문이다. 또 그는 한국의 과음이 프랑스에 비해 너그러운 이유를 상류층이나 문인들의 '풍류 風流' 때문이라고 지적한다. '풍류'란 글자 그대로 '흘러가는 바람과 물의 예술'이며, 음악과 시와 세련된 감정으로서, 술 마시는 것이 예술이 되는 것은 술을 통해 행복의 절정에 이르고 더할 수 없이 우아한 감정을 느끼게 되기 때문이라고 해석한다.

---

35) 이규태는 우리나라의 술 문화와 서양의 술 문화의 차이를 설명한다. 즉 음료처럼 일상적으로 마시는 일상 술과 함께 특별한 날 많이 마시는 비일상 술이 있다. 따라서 일상 술을 마시는 사람일수록 주정이 적고 주정을 죄악시한다고 한다.(이규태, 『한국인의 밥상문화 1』, 신원문화사, 2000, p. 271)

36) *Petit Futé*, p. 24 : 사람들은 한국에서 한국인과 더불어 알코올 문화를 주고받으며 즐거운 시간을 보낸다.

이 '풍류'란 한국인에게는 환희와 함께 삶을 맛보는 진정한 술꾼의 정신적 상태를 의미한다. 취하면서 술이 주는 미학적 즐거움을 연합할 줄 아는 자를 지칭한 것이다. 그러나 술이 육체와 정신을 타락시키는 돌이킬 수 없는 저속한 알코올의 제국 아래 이 풍류는 유익한 해방을 분리해 주는 보이지 않는 칸막이가 된다.[37)]

이처럼 과음에 대한 그들의 시각은 매우 비판적인 태도와 수용적 태도로 양분되어 있다. 억압을 강요하는 사회적 특징이나 미학적 즐거움인 '풍류'를 설명하지만 슬라브 민족 다음으로 술을 많이 마신다는 지적은 우리 사회가 지닌 문제점을 우리로 하여금 되돌아보게 만든다.

4. 보신식

한국은 세계 어느 나라보다 보신을 위한 음식이 다양하며 특히 보신의 음식 중에 탕 문화가 발달한 나라이다.[38)] 흔히 '탕'은 음식이면서 음료도 되고 약도 되는 것으로, 불어로 '부이용 bouillon', '포타지 potage', 즉 '국'이나 '수프'를 의미하지만 우리나라의 '탕'은 특별히 '보신'의 의미를 내포한다. 『친밀한 한국』의 저자 모리스 르롱은 설렁탕을 '건강 수프'로 표현하면서, 아침에 '설렁탕'을 먹으며 땀으로 목욕을 한 경험을 다음과 같이 재미있게 이야기하고 있다.

---

37) Juliette Morillot, 1998, p. 146.
38) Juliette Morillot, 1998, p. 143 : 한국 사람들은 술은 마시지 않고 국을 먹는데 이는 음료의 역할을 한다.

카페오레로 아침식사를 마지못해 때우는 프랑스인들이 이를 목격해야 할 텐데 … 고기스프에 밥을 말아 먹으면 목욕의 효과가 난다. 이것을 먹으면서 내 이마에는 땀이 줄줄 흘러내렸다. 프랑스어로 '빵을 수프에 적시다'라는 말이 있지만 이때 적셔지는 것은 밥 먹는 사람이다. 이해하기 어렵겠지만 나는 설렁탕으로 목욕을 했다![39]

그렇다면 한여름 더위를 이기기 위한 보양식인 '보신탕 bosintang'에 대해 프랑스인들은 어떻게 쓰고 있을까? 사실 개고기는 프랑스인들의 비난을 피할 수 없었던 혐오식품이다.[40] 그러나 구한말 선교사들은 『한국천주교회사』에서 보듯, "조선에서는 소고기나 양고기가 없으므로 흔한 개고기를 먹고 있으며 그 맛이 과히 나쁘지 않다."라고 하면서, 개고기를 먹는 것을 비난의 대상으로 삼지 않았다.

이 사람들에게 서울이 아니면 소고기가 아주 귀하다. 양고기도 없으니 이를 대신하는 것은 개고기이다. 선교사들은 그 맛이 과히 나쁘지 않다는 데 동의한다.[41]

샤이에-롱 베 역시 개고기는 돌림병에 좋으며 임종의 순간에 생명을 구할 정도로 효능이 있다고 증언한다.

---

39) Maurice Lelong p. 21.
40) Frédérix Max, p. 116.
41) Ch. Dallet, p. 177.

> 유일하게 상용되는 조선의 의약품이 개고기(개소주)이다. 조선에서는 마시기 거북하지 않을 만큼의 양인 두 잔 또는 석 잔을 들이켜는 처방을 내린다.[42)]

프랑스어 '레스토랑 restaurant'도 원래는 '회복하다 restaurer'라는 동사에서 파생된 용어이다. 즉 고기를 넣고 푹 끓인 수프를 먹고 정력을 회복한다는 의미의 '회복 수프'를 판매하는 장소를 의미했다.[43)] 그런데 1988년 서울올림픽 당시 우리나라의 보신탕 문화는 프랑스를 비롯한 국제 사회로부터 따가운 눈총을 받은 바 있다.

물론 현대 프랑스인들이 모두 한국의 보신탕 문화를 비판한 것은 아니다. 『친밀한 한국』에서 모리스 르롱은 보신탕을 문화상대주의적 관점에서 접근하려 했다. 즉 그는 어떤 이에게는 혐오식이지만 다른 사람에게는 기호식이 될 수 있다는 객관적인 입장을 견지하며 우리나라의 보신탕 문화를 관찰했다.[44)] 그는 개고기냐 말고기냐는 결국 동일한 관점의 비판이며, 지나친 애완견 문화에서 비롯된 상업주의에 물든 애완견 용품과 파리에 넘쳐 나는 애완견 오물에 대해 역으로 비판한다.

> '코쟁이'들이 보신탕집에 대해 구역질하는 것이나 말고기 정육점의 모습에 한국 여행객들이 구역질을 하는 것이나 다를 게 없다. 나는 금기를 조롱할 용기도 없고, 개고기 먹는 사람에 대해 변론을 할 자격도 없다. 그런데 한

---

42) Charles Chaillé-Long Bey, p. 16.
43) 김복래, 『프랑스가 들려주는 이야기』, 대한 교과서, 1998, p. 104.
44) 보신탕은 건강을 위한 수프라는 뜻으로 흔히 극동에서 먹는 건강식으로 일반화되어 있다. 또한 구한말 한국에 온 선교사들은 개고기의 우수한 품질에 대해 이미 증언을 하기도 했다.

사람이 어떤 음식에 대해 알레르기 반응을 보이는데, 다른 사람은 구미가 당기는 것은 이성적인 이유로 분명하게 설명되지 않는다. […] 어린 시절 함께 놀았던 새끼 염소가 냄비 속으로 들어갔을 때의 절망을 나는 기억한다. 나는 화가 나 장난감을 집어 던졌지만 식사 때가 되어 스튜의 좋은 냄새가 풍겨 왔고, 눈물에 젖은 얼굴로 그 새끼 염소 고기를 맛있게 먹었다.[45]

그러나 이 프랑스인의 이성적 관용, 즉 '똘레랑스'도 '뱀탕'에 이르면 흔들리기 시작한다. 자신은 먹을 수 없는 뱀탕의 맛을 판단하려 하는 것은 인간적인 부조리라고 말한다. 모리스 르롱은 파충류가 진열되어 있는 쇼윈도의 모습에서 견딜 수 없는 혐오를 느낄 수밖에 없는 프랑스 사람임을 고백한다. 결국 뱀과 개를 식용으로 하는 것이 과연 가능한가 하는 회의에 찬 질문을 던지며 서둘러 앙케트의 막을 내린다.

어쨌든 지나가는 사람의 입맛을 자극하기 위해 파충류가 진열되는 있는 쇼윈도를 보고, 프랑스인들은 견딜 수 없는 혐오를 분명 느낄 수밖에 없다. 뱀과 개를 식용으로 하는 것이 과연 가능한가? 그것은 회의적이고 […] 바람이나 좀 쐬어야겠다! […][46]

실제로는 한국의 보신문화에 대해 부정적 시각을 지닌 프랑스 문헌이 훨씬 많다. 한국을 잘 아는 소설가 쥘리에트 모리오조차도 개 도살 방법의 잔인성이라든가, 구하기 힘든 각종 동물의 기관들을 이웃 나라에서 사들이거나 밀수하

45) Maurice Lelong. pp. 134-135.
46) Maurice Lelong, pp. 138-139.

는 상인들의 극성은 보호해야 할 동물을 위험에 처하게 하므로 한국인의 명성에 먹칠을 한다고 지적한 바 있다.[47]

그렇지만 개고기 식습관은 동양에만 존재했던 특이한 관습은 아니다. 주강현에 의하면 프랑스에서도 1692년부터 3년여간 지속된 이상기온 때 수많은 사람들이 개고기를 먹었으며, 당시의 파리 푸줏간은 개고기를 구입하려는 사람들로 인산인해를 이루었다고 한다.[48] 또 이성우도 서구의 육식 문화에 대해 비판하면서 파리의 가정에 초대받은 사람의 수기를 언급한다.

> 목이 잘린 수탉의 머리가 그대로 식탁에 나왔다. 사람 머리를 잘라 놓은 것 같은 혐오감을 느꼈다. 또 송아지의 면피가 나왔다. 청흑색의 투명한 껍질에 눈자리가 뚫려 있고 코는 그대로 붙어 있다. 토끼는 통째로 삶아 낸 것이 자꾸만 나오는데 머리는 뭉개지고 가늘고 뾰족한 송곳니가 그대로 드러나고 있다. 관이 여럿 달라붙어 인공위성과 같은 모양을 이루는 양의 염통, 원자운과 같은 뇌수도 나온다. [⋯] 많은 사람의 회식에 피투성이의 돼지 머리가 나왔는데 차마 포크를 내밀 수가 없어서 "이것은 지나치게 잔인하지 않은가?" 하였더니 한 소녀가 "아, 이상하다. 소나 돼지는 인간이 먹기 위하여 신이 만들어 준 것인데." 하였다. 몇 사람의 부인들이 돼지 머리를 칼로 잘라서 포크로 찍어 낸다.[49]

또 그는 문화 획득의 조작을 비판한 프랑스 사회학자 부르디외를 인용하면

47) Juliette Morillot, 1998, p. 148.
48) 주강현, 『개고기와 제국주의』, 중앙 M&B, 2002, p. 141.
49) 이성우, 『한국식품사회사』, 교문사, p. 62.

서, 개고기를 무조건 혐오식품으로 단정하는 것은 지나치게 서구적인 관점이며, 개고기를 먹지 않는 한국인도 많으므로 개고기 식습관은 개인적 취향의 문제로 바라보아야 할 것이라고 주장한다.

한편 보신탕에 대해 강한 거부감을 나타냈던 작가 쥘리에트 모리오도 '진셍 ginseng'이라 불리는 인삼에 대해서는 정반대로 반응했다. '뛰어난 뿌리'라는 그의 표현대로 심마니에 대한 전설을 전하면서 '불로장생 식물'에 대한 서구인들의 신비감을 가속화했다. 샤이에-롱 베도 한국 인삼의 효능과 높은 가치를 다음과 같이 묘사하고 있다.

> 인삼은 중국에서처럼 한국에서도 높이 평가받는, 생명의 미덕으로 치하하는 우윳빛의 식물 뿌리이다. 이 식물이 지닌 재활의 특성에 아주 높은 가치가 부여된다.[50)]

관광안내서에서는 인삼의 효능과 제조법, 종류, 심마니에 얽힌 정보 등을 제공하면서 한국에서 꼭 구입해야 할 물건이 있다면 바로 인삼이라고 추천한다.[51)] '인간의 형상으로 땅의 정수를 빨아들여 투명화한 것'이라는 인삼이 지닌 효능에 대한 그들의 표현대로 인삼이 건강을 보증하는 것은 바로 '양'의 성질 때문이라고 규정한다.

> 그 뿌리는 인간의 몸을 연상하게 하는 형태로 선인들에게는 '인간의 형상으로 땅의 정수를 빨아들여 투명화한 것'이라는 가장 가치가 큰 골동품이다. [···]

---

50) Charles, Chaillé-Long Bey, p. 8.
51) *Petit Futé*, p. 29.

즉 에너지나 열의 근원인 '양'의 성질이 강하며 이 뿌리는 피곤이나 과로, 두통, 빈혈 등에 좋다.[52)]

서양에서도 널리 알려진 동양의 '음 Yin'과 '양 Yang'은 문헌에서도 자주 언급된다.[53)] 특히 서울의 어느 식당 주인의 말을 인용하면서 한국의 음식은 음과 양이 조화롭게 결합된 건강식이라고 강조한다.

김윤영 : 모든 음식은 음양의 조화에 기본을 두며 그렇지 않으면 몸에 해롭다고 생각한다. 한국 요리는 건합 Gun-Hap에 의해 잘 고려된 결합의 결과이다.[54)]

한편 개고기 문화와 애완견 문화 사이에서 냉정한 판단을 제기한 『친밀한 한국』의 모리스 르롱은 한국 인삼에 대한 지나친 찬양에 제동을 건다. 그는 지중해의 가짓과 식물인 만드라고르가 사람처럼 생겼고 의학적 특성을 지녔는데 이것을 인삼으로 혼동한 것이라고 하면서 '동양의 신비한 영약'이 주는 이미지를 부정한다.

인삼을 맛볼 기회를 기다리면서 아마도 문화에 대한 몇몇 개념을 접할 수 있을 것이다. 대답을 얻을 수 없는 질문을 제기하지 않고는 그냥 지나칠 수 없는 것이 있다. 즉 인삼은 펠린느 지방에서 알려진, 중세에 유행했던 지중해의 만드라고르의 아시아 품종이 아닐까 하는 것이다. 어쨌든 그 의학적

52) Rémi Teissier Du Cros, pp. 227–228.
53) Frédéric Max, p. 118.
54) Tristan de Bourbon-Parme et Natalie Tourret, p. 86.

마술적 특성이 인삼의 특성과 혼동된다.[55]

지금까지 살펴본 것처럼 인삼과 보신탕에 대한 프랑스인의 엇갈린 반응은 문헌에서도 잘 드러나 있다. 프랑스의 여배우 바르도가 한국을 향해 던진 개고기 논란에 대해, 한 국가의 기호식품은 그 나라의 자연환경이나 문화에 알맞게 발달한 결과이므로 그것에 대한 절대적 평가란 있을 수 없다는 그들의 반론을 통해 결론에 이를 수 있다. 스스로 미궁에 빠져 의문부호만 남기는 어느 프랑스인처럼 아무리 국제사회가 비난을 하더라도 한국 사람은 "말없이 여전히 개고기를 즐길 것"임은 분명한 사실이다.[56]

5. 식사예법

각 나라에는 고유한 식사예법이 있다. 따라서 한국 음식의 특징이나 식사예법을 소개하는 관광안내서에서 한국 식사예법의 중요한 특징으로 음식을 한꺼번에 차려놓고 먹는다는 점을 지적한다.

테이블 위에 모든 음식은 한꺼번에 차려진다. 이를 '상'이라고 한다. 이 상은 한국 문화의 한 특징으로, 주인은 손님에게 많이 대접할 수 있다는 것을 과시하려고 애쓴다.[57]

55) Maurice Lelong, pp. 60-61.
56) La Croix : 2000년 발간 신문 인용.
57) Tristan de Bourbon-Parme et Natalie Tourret, p. 94.

이 문헌은 우리의 상차림 문화를 비판하고 있지만, 사실 19세기 말까지 '프랑스식 상차림' 역시 한꺼번에 많은 음식을 차리는 방식이었다. 그러다가 1810년 '러시아식 상차림'의 영향을 받으며 지금처럼 코스요리로 바뀌었다.[58)]

또 차려진 음식을 침묵 속에서 조용히, 그리고 양껏 많이 먹고 식탁을 서둘러 떠나는 한국인의 식습관에 대한 프랑스인들의 반응은 어떠할까?

> 그들이 빨리 먹고 마지막 숟갈을 놓자마자 식탁을 떠나는 것은 식사가 맛없어서가 아니다. 식사할 때는 침묵을 지키며 조용히 있는 것이 예의 바른 것이기 때문이다. 친밀한 대화는 나중에 한잔 하면서 나눈다.[59)]

구한말 문헌에서도 이러한 한국인의 식사 습관은 가장 인상 깊어서 빈도 높게 언급된다.

> 많이 먹는 것은 한국에서는 영광스러움이다. 한 숟가락 더 못 먹을까 두려워 식사 동안 거의 말을 하지 않는다.[60)]

> 한국인의 다른 결점은 과식이다. […] 어릴 때부터 가능한 한 위장을 늘리려고 애쓴다. 흔히 무릎에 엄마가 아이를 앉혀 놓고 아이에게 밥이나 다른 음식을 많이 먹이는 것을 볼 수 있고, 아이의 배가 충분히 탱탱한지 보려고 숟가락

58) 김복래, p. 119 : 프랑스를 비롯한 서구의 음식은 시간차로 나오는 시간 전개형이라면 한국 음식은 한꺼번에 차려놓고 먹기 때문에 공간 전개형이라고 부른다.
59) *Petit Futé*, p.109.
60) G. Baudens, p. 26.

손잡이로 배를 가끔씩 두드려 본다. 그리하여 더 이상 부푸는 것이 불가능할 때 그만 먹인다.[61]

조선인의 식탐에 대한 이러한 묘사는 다른 책에서도 여러 번 반복된다.[62] 조선이 얼마나 미개하고 야만적인지를 보여 주는 대표적인 사례로 조선인의 대식 습관을 들지만, 사실 유럽에서도 우아함과 세련미를 강조하는 절대주의 문화가 정착하기 이전의 식사 관습은 우리와 거의 차이가 없다. 먹고 토하고, 토하고 먹는 식탁 풍경은 흔히 접할 수 있는 광경이었고 가르강튜아[63]의 대식은 결코 악덕이 아니었다.[64]

또 프랑스 문헌들에서 한국인이 내는 식사 소음을 지적한 부분이 나온다. 민속학자 기유모즈는 어느 시골 마을 사람들과 어울려 식사를 한 경험담을 다음과 같이 소개하였다. 식사 도중 음식을 먹는 소리를 내지 않지만 대화를 나누는 것이 자연스러운 프랑스인이 음식을 먹는 소리를 많이 내지만 침묵이 미덕인 한국 사람들과 더불어 식사를 하였는데, 한국 사람들이 프랑스인을 의식하여 유일하게 나눈 말이 "밥 먹으면서 소리 내지 마라."였다는 이 에피소드는 두 나라 식사 예법의 차이를 확실히 보여 준다.[65]

---

61) Ch. Dallet, p. 159.

62) 신복룡, 『이방인이 본 조선 다시 읽기』, 풀빛, 2002, p. 115. 비숍 여사도 '한국인 배는 용광로'라고 말한다. 그 외에도 알렌의 『조선 견문기』, 게일의 『전환기의 조선』에도 언급되고 있다.

63) 16세기 르네상스시대, 라블레의 소설 『팡타그뤼엘』의 주인공이다. 그는 엄청난 대식가이다. 사실 중세까지는 대식이 죄악으로 간주되었다.

64) 주강현, p. 58.

65) 이규태, p. 179 : 이규태는 우리나라 음식의 경우 된장국이나 생선 매운탕 등 뜨거운 국물은 조금씩 식혀 가며 빨아들이듯 소리를 내며 먹어야 맛도 나기 때문에 식사 때 내는

식사 때는 딱딱한 반찬을 먹을 때 나는 턱의 소리와 국물을 먹을 때 나는 후루룩 들이켜는 소리들, 특히 일반적으로 뜨거운 이 국물이 충분히 잘 삼키면서 넘어가서 만족을 표하는 표시로 '아!' 하고 마무리하는 소리가 흔히 동반된다. 식사 끝에는 다소 조심스럽게 트림을 한다. 이 표시는 불필요하지는 않다. 이 소리는 식사의 한 부분이다. 내가 제사 의례 이후 마을 대표와 식사를 한날 밤에, 내 옆자리 사람이 갑자기 먹는 것을 멈추고 그를 둘러싸고 있는 사람들에게 머리로 나를 가리키면서 "먹을 때 소리를 내지 마라."라고 말했다. 한국 사람들은 식사 때 말을 하지 않는다.[66]

또한 외국인들이 독특하게 생각하는 것이 수저의 사용이다. 한국은 중국이나 일본처럼 상아나 나무로 된 젓가락이 아닌, 뜨개질 바늘처럼 가늘고 긴 금속으로 된 젓가락을 사용한다.[67] 젓가락의 어려운 손놀림을 목격한 구한말의 프랑스 외교관은 마치 "곡예사가 재주를 부리는 것같이 능란하다."라고 하면서도 맛은 모르는 채 그저 목구멍으로 음식을 집어넣는다고 비하한다.[68]

반면에 개화기 우리나라 사람들은 서양인들이 포크로 식사하는 것을 보고 쇠스랑으로 밥을 먹는다고 비웃었다고 한다.[69] 엄중한 식사 예절을 지키는

소리는 자연스러운 현상으로 간주하였다. 또 잘 먹었다는 표시로 '아!' 소리를 내는 것도 우리만의 독특한 문화적 관습이라고 설명하고 있다.

66) A. Guillemoz, p. 40.

67) F. Max, p. 117.

68) C. Vautier et H. Frandin, *En Corée*, C.H. Delagrave, 1910, pp. 63-64.

69) 이성우, p. 292. / 김복래, p. 87. : 프랑스의 포크 전래는 17세기 프랑스로 시집온 엄청난 식도락가인 카트린 드 메디치에 의해서였다. 왕성한 식욕을 가진 것으로 알려진 루이 14세는 늘 손으로 음식을 집어 먹었다고 한다. 14세기까지 프랑스인들은 '접시'라는 것을 전혀 사용할 줄 몰랐지만, 르네상스기를 거쳐 17-18세기에 이르면서 식탁예절은 좀 더 '개인주의화'되고 우아해지며 세련돼졌다. 즉 개인용 접시를 비롯한 식기나 식탁 차리는 방식 등이 이 시기에 확립되었다.

우리의 풍습을 선교사들도 자주 지적했다. “각각의 음식이 놓이는 위치는 정확하게 계산되며 법도를 지킴은 조선시대의 기본 교양”이라는 것은 샤를 달레의 『한국천주교회사』에서도 잘 나타나고 있다. “밥과 국이 놓이는 순서를 어긴다면 죽은 이에게 차리는 음식이 되므로 커다란 실수를 하는 셈”이라고 덧붙이고 있다.

> 오른쪽에 놓여야 할 대접이나 접시를 왼쪽에 놓으리라고는 아예 생각하지 마십시오. 그런 짓을 하는 사람은 그것만으로도 본데없는 사람으로 인정되며, 조선 사람 중에 그런 무례한 짓을 감행할 사람은 결코 없을 것입니다.[70]

우리나라의 술자리 예법이나 연장자에 대한 예의를 그들이 말하듯, 우리나라의 식생활에도 문화적 관습이 배어 있다. 다른 국가와 구별되는 독특한 수저의 사용이나 좌식 식탁, 반상 차림새 등을 이국적 문화 체험으로 그들이 기꺼이 수용하듯이 문화 간 교류가 활발한 오늘날에 각각의 전통에서 비롯된 식사예법은 서로 존중되어야 하며 이에 대한 충분한 이해가 전제되어야 한다. 오늘날 소규모 전통 문화는 점점 사라지고 동질화되는 시점에서, 한국의 음식문화도 ‘맥도날드화’의 영향으로부터 안전하지 않다고 걱정하는 프랑스인의 말처럼, 문화적 다양성의 확인은 꼭 필요한 절차이다.

프랑스의 한국 관련 기행문이나 관광안내서에서 살펴본 우리의 음식문화는 가장 전통적인 문화의 맥락에 놓여 있으며 그들에게 이국적인 볼거리를 제공하는 영역이다. 쌀은 서양의 빵과 마찬가지로 동양의 고유한 문화적 단위로 이해되고 있고, 김치는 구한말 프랑스인에게 ‘냄새가 고약한, 먹지 못할

70) Ch., Dallet, p. 175.

부패한 음식'이었으나 오늘날 '건강에 좋은 최고의 영양식'인 한국의 상징적 음식으로 부각되었다. 이러한 김치 수용 태도의 변화에는 여러 가지 이유가 있겠지만 서양 식단의 채식주의라는 문화 변동이 작용한 것으로 보인다. 또 중세시대 후추의 후퇴와 우리나라 고추의 유입이 엇갈리고 있으며, 프랑스에서도 19세기까지 우리식 상차림 비슷한 프랑스식 상차림이 차려졌다는 사실들로부터, 흔히 '프랑스의 음식문화'로 규정되고 있는 것도 '표상'에 불과하다는 사실 등을 발견하였다. 김치나 피클이나 사우어 크라우트 등과 같은 채소 저장식품은 나라마다 발달되어 있고, 혐오 식품의 대명사가 된 개고기, 말고기 논쟁은 사회적 관습에서 오는 개인적 취향으로 풀어내야 한다.

다시 말해 그 나라의 고유한 문화적 요소는 한 나라에만 고정되지 않고 전이되며, 그 문화 변동의 원인은 사회적 변동 요인에서 오는 경우가 많다. 과거에 없었던 '차' 문화가 오늘날 되살아나고 있지만, 커피가 숭늉의 구수한 맛을 연상하게 하면서 일상음료가 되었고, 술자리에서 풍류를 즐기던 옛 전통이 '폭탄주'의 과시로 얼룩지게 된 오늘날 한국의 음식문화도 이러한 변동의 한 중심점에 놓여 있다. 또한 다이어트 이데올로기나 성인병에 대한 걱정은 김치를 또 하나의 '맥도날드 식품'으로 만들지도 모른다.

아무튼 한국 음식, 프랑스 음식 하면서 절대적 기준을 가지고 구분하는 것은 다문화 시대에 맞지 않다. 마치 한국 음식을 보는 프랑스인의 시각이 시대적 변동이나 개인의 인식에 따라 다양하고 풍부하게 해석되듯이, 우리 문화를 바라보는 타자의 시선에서 '표상'을 벗기는 과정을 거침으로써 우리 문화는 더 잘 이해될 수 있다. 한국인처럼 보수적인 입맛만을 고집하기보다는 햄버거와 감자튀김도 즐길 줄 아는 상호 교차적 미각을 추구하면서 음식의 문화적 정체성을 탐색하는 것이 글로벌 시대에 바람직하기 때문이다. 다만,

구한말 어느 외교관이 잘 차려진 한식 상을 앞에 두고도 스테이크와 감자튀김을 먹고 싶다고 고백한 것은, 자신에게 익숙한 음식을 그리워하는 인간의 자연스럽고 보편적인 욕구로 이해해야 할 것이다.

제10장

구한말 프랑스 문헌에 비친 한국의 의복문화

프랑스는 19세기 후반부터 20세기 초 무렵까지 역사적 사건들을 통해 다른 어느 나라보다도 풍부한 한국 관련 자료들을 남겼다. 한국에 대한 직접적인 체험 이후 나온 프랑스 문헌들을 읽다 보면 무엇보다도 한국의 일상생활에 대한 풍부하고 재미있는 기술을 자주 발견할 수 있다. 그중에서 그들의 시선이 가장 집중된 분야는 의복이었는데, 우리는 의복에 대한 다양한 표현을 통해 당시 프랑스인들이 한복 문화를 어떻게 이해하였는지를 가늠해 볼 수 있다. 왜냐하면 동·서양 복식체계의 차이점이나 유사성을 수용하는 그들의 시각은 관찰자의 자기중심적 분석이나 편견을 반영하고 있기 때문이다.

당시 프랑스는 보불전쟁의 패배 이후 제3 공화정 시대로 접어들었고, 산업혁명 시기를 거치면서 물질문명의 혜택을 톡톡히 누리게 된다. 즉 19세기 말에서 20세기 초의 근대 자본주의를 수용하면서 '벨 에포크' 시대를 맞은 것이다.[1] 대량생산과 여가를 즐기게 된 프랑스인에게 구한말 한국이 야만적이

1) 벨 에포크는 19세기 말에서 20세기 초에 걸쳐 누렸던 프랑스 사회의 풍요와 번창의 시기

고 미개한 문명의 나라로 인지되고 있음 분명한 사실이다. 물질적 · 정신적인 여유를 과시하는 의복문화 분야에서도 구한말을 체험한 서양인들은 이러한 점을 재확인하고 있다. 그러므로 프랑스인들의 눈에 비친 한국의 의복문화를 분석하는 것은 우리의 모습뿐만 아니라, 타자로서의 프랑스인을 규명해 보는 것이 된다. 거울 효과처럼 그들의 시각에 비친 우리 문화의 다양한 모습은 두 문화의 교차점이 된다.

분석을 위한 대상 문헌으로는 구한말 당시 다양한 목적으로 한국을 방문한 후 저술한 체험적 여행기가 대부분이다. 즉 일본과 한국을 자주 방문했던 철도 엔지니어 부르다레, 선교사 로네와 브리외, 여행가이자 학자인 해밀턴과 팡쥬, 작가인 뒤크로, 민속학자인 바라, 작가이자 해군인 로티와 프랑스 외교관 프랑댕의 저술들을 참고하였다. 그 외에도 선교사의 자료를 수집하여 기록한 달레의 『한국천주교회사』나 보덴스의 『한국』, 이탈리아 외교관 로제티의 저서도 아울러 참고하였다.

1. '흰옷'의 이미지

미지의 나라에 첫발을 내디딘 외국 여행가들에게 흰옷은 대단히 인상적으로 다가왔다. 샤를 바라는 이를 '풍경 속에 광명의 빛처럼 빛나는 장식'이라고 하였고, 조선팔도를 자주 여행한 부르다레는 흰옷 일색인 한국인들의 생소한

를 일컫는 말이다. 산업혁명으로 인한 발전은 프랑스 사회에 엄청난 역동성과 다양한 쾌락의 가능성을 부여하였다. 부르주아의 재력에 힘입어 카페, 카바레 등의 다양한 무대에서는 매일 저녁 유흥이 벌어졌고 인상주의 미술이나 음악 등 예술가의 활동이 꽃피었다. 이후 제1차 세계대전으로 인해 핍박과 쇠퇴가 계속되면서, 이 시기를 기억하는 사람들은 이를 '좋은 시기'라는 의미인 '벨 에포크'라고 불렀다.

모습과 시각적 매력을 새 떼나 펠리컨에 비유한다.

> 멀리서 봤을 때, 한쪽에 죽어 있는 새들 같기도 하고, 촘촘히 떼를 지어 날아다니는 흰 깃털의 펠리컨들이 해안가로 몰려온 것 같기도 하다. 다가가 보니, 이 무리는 움직이면서 소리치거나 웃거나 담배를 피운다. 모두 흰옷을 입고, 손에는 담뱃대를 들고, 검은 모자를 쓰고, 짚신을 신고, 여객선이 정박하는 것을 신기한 눈으로 바라보고 있는 한국인들이었다. 갑판에서 바라보니 눈부신 흰옷만 보였다.[2)]

프랑스 여행가들은 흰옷을 보고 지중해나 아프리카의 이미지를 우선 떠올린다. 여행기 『한국에서』(1904)의 저자 팡쥬도 한국인들의 헐렁한 흰옷을 보고 지중해 북아프리카의 모로코를 연상한다.[3)] 또 "하얀 유령들이 훨훨 날아다니는 듯한 밤 풍경은 그리스 정교의 부활에 대한 생각을 불러일으킨다."라고 말하기도 한다. 어떤 자료에서는 한국의 여인을 '나폴리 여인'으로, 흰옷을 '사막이 아닌 곳'에서 발견한 '아랍인의 의복'으로 비유한다.[4)] 뮈텔 신부조차 흰옷을 좋아하는 한국인이 유대인 종족의 후예일 거라는 당시 학설을 확인하

---

2) E. Bourdaret, *En Corée*, Plon, 1904, p. 8 : 철도 엔지니어로 문화연구에서 나아가 민속학적 연구를 하여 고인돌, 인류학, 종교와 미신 등에 대한 총 6권의 저서를 남겼다. 그는 한국 체험에 있어서는 단연 선두였으며 가장 정확한 관찰력을 보여주고 있다.

3) "[…] 한국에 도착했을 때, 잊을 수 없는 고요한 인상을 받았다. 황인종 진출의 위협은 지중해 아프리카 사람들을 연상시키는 하얗고 헐렁한 옷을 입은 한국인들의 무사태평한 삶의 모습 속에서는 찾아볼 수 없다. 일종의 극동의 모로코라는 생각은 '은둔의 왕국'이라는 단 하나의 명성으로 우리의 생각을 일깨운다."(J. De Pange, *En Corée*, Hachette, 1904. p. 5)

4) P. Loti, *La troisième jeunesse de madame prune*, proverbe, 1994, p. 105(1904년에 Calmann-Levy 출판사 초판 발행), C. Rossetti, Maisonneuve & Larose, 2002, p. 142 (1904-1905년 초판 발행).

고 있다.[5] 이처럼 상상에만 의존했던 '은자의 나라'의 흰옷은 하얀 색채의 회화적 풍경 속에 등장하는 지중해나 아프리카 같은 나라와 연관되어 이국적 느낌을 더욱 고조시킨다.

또한 흥미로운 것은 흰옷과 관련된 다양한 비유들이다. 부르다레는 '죽어 있는 새 떼'나 '줄지어 서 있는 펠리컨'으로, 클로델은 '왜가리', 린치는 '흰개미', 모니에는 '커버를 씌워 놓은 가구', 바라와 브리외는 '흰 소포 꾸러미'로 부르는 등 풍부한 수식어들이 나타난다. 가구나 소포 꾸러미 같은 무생물에 흰옷을 비유하는 것은, 로티가 '조용한 아침의 나라'의 정체성과 슬픔을 무채색으로 묘사한 것과 마찬가지로, 혼란했던 당시 한국의 정치상과 사회상을 반영한 것이다. 즉 이전에 형성된 한국에 대한 부정적 이미지와 흰옷을 연관 짓는 것이다.

> 아침부터 이 거대한 회색빛 도시는, 둥근 형태의 회색 산들로 둘러싼 톱니 모양의 성벽 속에 갇혀 태양에 이글거렸다. 이 수많은 것들 위에 군림하듯, 사방에 산이 둘러싸고 있었다. 하늘로 치솟은 희끄무레한 바위로 이루어진 무서운 벽처럼, 도시를 빙 둘러싸고 있는 즐비한 산들은, 마치 서울의 슬픔과 정체성을 가두고 유지하고 농축하는 것처럼 보였다. 바다에서부터 멀리 떨어진 이 고도孤都에는, 새로운 사상이나 물건들을 실어다 줄 배들이 들어올 만한 포구마저도 없다.[6]

---

5) 프레데릭 불레스텍스, 『착한 미개인 동양의 현자』, 청년사, 2001, p. 199.
6) P. Loti, p. 104.

즉 흰옷은 정체감, 무기력, 죽음 등, 생명력이 결여된 부정적 이미지로 받아들여진다. 조선의 백의문화를 부정적으로 보게 만든 또 하나의 원인은 상복이다.[7]

> 한국인들이 흰옷을 입는 이유는 정말 모를 일이다. 모든 극동지역에서 흰색은 우리 검은색처럼 상복의 색깔이다. 왕이 죽으면 모든 백성이 삼 년 동안 의무적으로 상복을 입는다. 전해 오는 한 전설에 의하면, 한국에서 10년 동안 세 명의 왕이 죽은 일이 있었다. 이에 국민들은 계속되는 의복의 변화로 인해 궁핍해지고 급기야 막대한 지출의 문제가 있어서, 결국 옷에 색깔을 넣지 않기로 결정하였다. 그리하여 현재는 마치 국상을 준비하는 듯한 흰옷만을 입게 된 것이라고 한다.[8]

즉 반복되는 상례로 인해 상복이 한국인의 일상복이 되었고 애도哀悼의 정서가 일반화되었다는 분석이다.[9] 상복이 선교사들의 완벽한 가장假裝을 위해 활용되기도 했던 아픈 기억도 한몫을 한다. 그리하여 흰색을 서양의 검은색처럼 죽음의 색깔로 간주하면서, 슬픔과 애상의 정서로 해석한다.[10] 프랑스인

---

7) 조선의 백의에 대해 여러 가지 설들이 존재한다. 사대사상에 의해 세종 때 내려진 금색명령에서 비롯되었다는 설, 옷감의 자연색이 하얗기에 자연스럽게 백의민족이 되었다는 설, 혹은 몽골과의 비교문화사적인 접근을 통해서 흰옷 숭배의 '원초성'을 규명할 수 있다는 설 등이 그러하다.(주강현, 『우리문화의 수수께끼 1』, 한겨레신문사, 1996 / 이규태, 『한국인의 생활구조 1. 한국인의 옷 이야기』, 기린원, 1994)

8) C. Rossetti. p. 142.

9) 유교적 허례의 영향으로 상례나 제례 기간이 길어져 자연스럽게 흰옷을 입게 되었다는 견해가 있다. 그러나 한국 학자들은 상복은 일상복의 흰색과 구별되는 황색 옷이기 때문에 이러한 사실에 대해 반박한다.(김기승 외 3인, 『21세기에도 우리문화가 살아남을 수 있을까』, 지영사, 2003, p. 39.

10) G. Baudens. *La Corée*, Berger-Levrault, Berger-Levrault, 1884, p. 26 : 백색의 옷을

들이 한국인의 흰옷에서 느끼는 이러한 낯섦은 기존의 부정적인 관념과 결부되어 그들의 무의식과 의식 속에 무기력, 불안정, 느림, 슬픔, 게으름, 죽음의 이미지로 상징화되어 나타난다.

> 가장 호기심을 끄는 또 다른 옷은 상복이다. 부모 중 한 분이 돌아가시면 왕자이건 농부이건 간에 남자들이 전적으로 모든 것을 맡아 삼 년간 상을 지낸다. 만약 불행히도 그 기간 중에 또 다른 부모가 돌아가시면 다시 시작해야 한다. 그래서 한국에는 평생 동안 상복을 벗지 못한 사람들도 있다.[11]

그러나 한복에 관한 서술이 흰옷만 다루는 것은 아니다. 한복의 다채롭고 강렬한 색상에 대한 다양한 수식어를 쉽게 만난다. 양반이나 아녀자, 아이들의 옷을 '꽃바구니'[12], '점점이 보이는 개양귀비꽃'에 비유하였고,[13] 크림색이나 옥색, 파란색인 양반들의 '두루마기(튜닉)'에 대해서도 언급하고 있다. 한복의 다채로운 색상을 '파란 하늘색'과 '연어빛 색상', '진주빛 회색', '카네이션이나 협죽꽃 색상', '녹색의 사과 빛', '살구 빛', '체리 빛', '사월의 새싹 같은 녹색 마고자'와 '까치밥 열매 빛의 치마' 등으로 표현하듯이 서구인의 고유문화를 바탕으로 묘사한다.[14]

한편 흰옷과 관련되어 자주 언급되는 부분이 빨래에 대한 것이다. "흰옷을

입고 식음을 끊고 일을 멈추고 무덤에 가고 예식을 올리면서 죽음을 표현한다. 특히 백색은 죽음의 색이다.

11) Ch. Chaillé-Long Bey, *La Coreé ou Tchôsen, la terre du calme matinal*, Ernest Leroux, 1894, p. 22.

12) A. Launay, MGR Ridel, *Ma captivité dans les prisons de Séoul*, Desclée de Brouner, 1901, p. 160.

13) P. Loti, p. 104.

14) G. Ducrocq, *Pauvre et douce Corée*, H. Champion, 1904, p. 13와 p. 23.

땅에 펼쳐서 말릴 때에는 마치 전체 풍경 속에서 튀어나온, 흰 눈으로 덮인 밭과 같은 느낌을 준다."와 같이 그 시각적 아름다움을 지적한다. 그러나 "수다를 좋아하는 여성들에게 쉴 새 없이 일거리를 제공하기 위한 남성들의 사회적 공모를 내포한다."라고 쉽사리 더러워지는 흰옷을 비판하기도 한다.

> 좀 못한 계급의 사람들의 옷도 아주 깨끗하지는 않지만 인상적이다. [⋯] 빨래를 할 때는 돌 위에 놓고 굵은 막대로 때린다. 말린 후에는 윤이 나고 반짝반짝할 때까지 작은 통나무 위에 두고 다시 때린다. 그것은 가난한 계급 여성들의 유일한 일거리이다. 밤낮없이 여러 시간 동안 빨래 방망이로 두드리는 리듬감 있는 소리를 들을 수 있다.[15]

따라서 서울이라는 도시를 '거대한 세탁소'라고 하거나,[16] '쉴 새 없이 뚝딱거리는 방망이 소리', '다리미질', '풀 먹이기' 등을 언급하면서, 서구적 합리주의 잣대에서 보면 흰옷은 그들에게 실용성이나 효율성이 부족한 의복에 불과하다. 18세기 산업혁명 이후 프랑스는 직물의 혁명을 맞이하였고, 각 가정에서 직접 짜 입던 베옷이나 무명옷이 공장에서 대량으로 생산됨으로써 당시는 물질적 풍요로움을 누렸던 벨 에포크 시대이기도 하였다. 따라서 집에서 일일이 하는 베 짜기나 빨래가 프랑스인에게는 매우 비능률적으로 보였을 것이다.

---

15) A. Hamilton, *En Corée*, Félix Juven, 1904, pp. 76-77.
16) 지리학자, 민속학자, 탐험가인 샤를 바라는 1888년부터 1889년까지 조사탐험을 위해 미대륙을 횡단하고 일본, 만주, 중국을 거쳐 제물포 항에 도착했다. 그는 조선의 풍습을 기산의 그림을 포함한 98개의 삽화와 함께 기술한 『조선기행』이라는 책을 출판하였다. Ch. Varat. *voyages en Corée*, 1892, p. 164(1994년 Kailash 출판사 재발행) / G. Ducrocq, p. 14.

> 한국인들은 각 가정에서 실을 잣고 베를 짜서 옷을 만든다. 이 작업은 너무나 힘들어서 어느 누구도 익숙해지기 어려웠고, 기술도 진보되지 못했다. 노아의 대홍수 이후부터 해 오던 것에서 멈춰 버린 듯하다.[17]

그러나 한국의 백의문화에 대한 그들의 부정적 시각과 반대되는 긍정적인 시각도 있다. 즉 흰옷은 한국인에게 가장 어울리는 옷이며, 생명과 활기를 주는 색상이라는 인식도 강하게 나타난다. 로티는 흰옷의 무리를 '여름 축제의 활기 넘치는 한 무리의 젊은 여인들'에 비유하였다.[18] 조르주 뒤크로는 약관의 나이에 루이 마랭과 함께 1주일간 머무른 후 남긴 한국 체류 여행기에서 흰옷은 펄럭거리는 돛처럼 윤이 나고, 풀을 먹여 아침햇살에 빛나며 "축제처럼 활기를 준다."라고 묘사하고 있다.[19] 시베리아, 몽고를 거쳐 조선에 이른 이 두 여행가는 조선의 '빛나는 숭고한 흰옷'을 일본, 러시아, 중국의 복식과 비교하며 찬사를 아끼지 않는다. 특히 사진과 함께 대장정의 여행 기록을 남긴 민속학자 루이 마랭은 조선 백의의 독창성과 백자의 아름다움을 부각시키면서, 흰색이 주는 숭고함과 순수함을 강조하였다. 즉 흰옷은 단순하고 순박한 한국인의 정서와 조화를 이루면서, 활기를 주는 역동적 분위기를 자아내고 있다고 해석한다.[20]

> 한국인의 의복에서는 흰색이 지배적이다. 흰색이야말로 어린아이같이 순박한 한국인에게 잘 어울리는 색상이다. 시골에서는 흰색의 저고리, 바지, 갓,

---

17) Ch. Dallet, p. 174.
18) P. Loti, p. 104.
19) G. Ducrocq, pp. 11–12.
20) L. Marin, *Voyage de 1901 en Corée*, 1974, p. 181(1974년 발행본).

신발로 인해 눈이 부실 지경이며, 도시인들도 부인네들이 수고한 덕에 세탁하고 풀을 먹인 윤이 나고 펄럭거리는 흰 두루마기를 모두 입는다. 서울의 거리는 이러한 밝은색의 의상으로 인해 매일이 축제 같고, 그들도 이것을 잘 알고 있다. 만약 이들이 흰옷을 입지 않는다면, 활기는 절반으로 줄어들 것이다. 아무리 일본인들이 그들의 겉옷인 하오리를 자랑해도 소용없다. 한국인들은 잘 더러워지지만 항상 눈처럼 희며 건조한 대기로 인해 눈부신 아름다움을 지닌 흰옷을 영원히 고수할 것이다. 헤이룽 강가의 채소밭에서 밀가루를 뒤집어쓴 듯한 흰옷을 입은 농부는 분명히 한국인이다. 블라디보스토크에서 중국인들의 어두운 겉옷과 러시아인들의 누빈 외투 사이에서 한국인의 흰옷은 경쾌한 조화를 이룬다.[21]

그들이 자주 인용하는 '지고의 순결한 흰옷'이라는 표현처럼, 흰옷은 순수, 청결을 미덕으로 삼는 유교적 전통이나 농경생활의 상징으로 받아들여진다. 팡쥬도 한국이 문화적 독자성을 지닌 나라이므로 열강의 문명화 추세에 휘말리지 않으리라 확신한다.

한국이 극동의 모로코라는 생각은 '은둔의 왕국'이라는 한 가지 명성으로 확고해진다. 이 나라는 잠재적 부와 가장 넓은 바닷길을 지닌 훌륭한 위치를 차지하지만 개화에 저항할 수는 없었다. 이러한 세계의 흐름에 거리를 두기 위해, 열강의 경쟁관계를 오히려 이용하기도 했다.[22]

21) G. Ducrocq, pp. 11–12.
22) J. de Pange, p. 5.

결국 단조로운 무채색이거나 누더기가 된 회색의 옷, 혹은 지고의 순결한 하얀색에 이르기까지 그들이 흰옷에 부여하는 의미는 참으로 다양하다. 그러므로 흰옷은 조선을 방문하기 이전 그들이 지니고 있던 조선에 대한 이미지를 강조하거나 상상력을 자극하면서 이를 통해 새로운 매력과 의미를 발견하게 한다. 백의문화에 대해 거부하거나 배척하였지만 독창적인 민속학적 가치는 이국취향과 동화되어 회화적 감흥들 사이에서 독특한 인상을 그들에게 주었다. 그리하여 흰옷의 이미지는 '죽음'에서부터 '활기 넘치는 생명력'까지 극단적인 대조를 보이고 있다. 이러한 시각의 양면화는 서술자의 주관적 관점에서 나온 결과라는 것을 알 수 있다. 결국 흰옷은 그들의 이국취향과 가장 상통하면서 이질적인 문화의 표본이자, 서구인의 한국 인식을 대변하는 상징이 된다.

2. 프랑스의 '모자'와 한국의 '갓'

사실 17세기 이래 유럽 의상에 주도적 역할을 해 온 프랑스인에게 모자는 중요한 장식물이었다. 남자들에게 모자는 권위의 상징이자 자신의 신념을 표출하는 도구였고,[23] 여성들은 외출 시 모자를 쓰지 않은 맨머리를 결코 상상할 수 없었다.[24] 따라서 조선을 방문한 프랑스인에게 한국의 모자인 '갓'에 대한 관심은 각별하다. 특히 외교관 신분으로 조선에 체류하였던 샤이에-롱베는 '갓 kat'이라는 명사를 따로 표기하며 그 모양이나 재질 등에 매우 큰

23) 18세기 당시 실크해트를 착용하는 것은 정치적 신념의 표현이 되었고, 1840년대 혁명의 파고가 높을수록 모자의 형태는 활이나 파도처럼 휘어졌다.

24) 막스 폰 빈, 『패션의 역사』, 한길아트, 2000, p. 237 : 19세기 중반까지 모자의 크기는 여러 장식과 함께 최고조에 달하였다. 이 당시에 터번도 큰 유행 중의 하나였다.

호기심을 가졌다. 그는 '조선의 모자도 서양인에게 우스꽝스럽지만 아마 서양의 모자도 동양인들이 보면 웃지 않을 수 없을 것'이라면서 객관적 입장에 서고자 한다.

> 이 모자 혹은 갓 kat은 모든 계층에서 똑같은 형식을 보인다. 그것들은 대나무 가지와 아주 섬세하게 꼰 말총의 가는 끈으로 만든다. 중간 부분은 둥근 모양이고 가장자리는 아주 넓다. 중간 부분의 모양은 아주 우스꽝스럽게 보이기도 한다. 그러나 우리네의 모자도 동양인이 보면 우습기는 마찬가지라고 인정해야 한다.[25]

사실상 선교사 페롱의 한불 필사본 사전(1969년)에서 가장 많이 언급된 조선어가 모자에 관한 용어였다.[26] 또 조선에 관한 다수의 연구 저서를 남겼던 슈발리에 역시 한국의 '모자'에 대한 연구 저서를 1899년에 출간하였다.[27] 그들은 한국의 갓이 그 어떤 서구의 모자와도 비교할 수 없는 독특한 형태와 재질을 지녔다는 점에 동의하면서 신분이나 행사마다 다른 다양한 모자를 자세하게 소개한다.

> 한국은 진짜 큰 모자의 나라이다. ; 그 모자는 파라솔로 불릴 정도이다. 사람 머리에 꼭 맞게 들어가는 부분은 마치 바퀴의 축 같은 인상을 준다.[28]

---

25) Ch. Chaillé-Long Bey, p. 19.
26) S, Féron., *Dictionnaire Français-Coréen*, 서울, 교회사연구소, 2004(1869년 필사본) : 통관, 사모, 탕건, 두건, 삿갓, 관 등.
27) H. Chevalier, *Les coiffures coréenes*, Internationales Archiv Fur Ethnographie, 1899 : '챙 없는 모자', '원형 모자', '각이 진 모자', '중국식 모자', '비 올 때 쓰는 모자와 두건', '종교인들의 모자' 등으로 분류하고 소개하였다.

모자의 형태에 대해서는 평범한 일상적 물건이나 서구인의 모자를 빌려 설명하는 경우가 많다. 즉 '설탕빵', '뒤집어 놓은 가장자리가 둥근 꽃병'[29], '유럽인의 창모자', '실크해트', '고깔', '프랑스 북부 브르타뉴 지방에서 쓰는 여자들의 모자', '광대의 모자', '끝이 뾰족한 마술사의 커다란 보넷'으로 각각 비유한다.[30] 독특한 재질에 대해서도 "지름 60센티미터 크기에 빳빳한 망사로 구성되며 대나무로 만들었고 끈으로 묶어 고정한다."라고 구체적이고 상세한 기록을 남긴다. 조선의 풍습에 대한 대단한 흥미와 관심을 지닌 민속학자 마랭은 투명하고 가벼운 '갓'을 서양의 '실크해트'에 비유하면서 그 사람의 신분이나 계급이 평가되는 모자의 중요성을 강조한다.

> 또한 남자들도 긴 머리를 땋아서 위로 올렸으며, 그 끝을 붉은 산호가 달린 끈으로 단단히 묶었다. 단순한 취향이지만 상투 위에 얹은 실크해트를 연상하게 하는, 유럽인의 눈에 우스꽝스럽게 보이는 모자는 그들에게 아주 특별하다. 또한 부와 계급에 따라 모자를 달리 쓴다. 한국인은 모자의 가벼움, 투명성, 광택으로 사람을 판단하므로 눈속임을 할 수 없다.[31]

민속학자 샤를 바라도 『조선기행』에서 말하기를, 조선은 '모자의 천국'이며 '대단히 풍부한 민속학적 자료인 만큼 파리 사람들도 구입하고 싶어할 것'이라고 찬사를 아끼지 않는다. 부르다레도 상당히 섬세하고 예술적으로 만들어진 한국의 갓에 대해 그 재료와 제조법을 자세히 설명한다.[32]

---

28) G. Baudens, p. 26.
29) Brieux, *Au Japon par Java la Chine La Corée*, Delagrave, 1914, p. 124.
30) P. Loti, p. 108.
31) Ch. Varat, p. 186.

이러한 모자 종류는 펠트와 종이, 짚, 말총, 종려과 식물 등으로 만들어졌다. 이 종려과 식물의 모자는 공기와 햇빛이 마음대로 통과하게 되어 있다. 값도 비싼 편이어서 파리 시민들이 이 모자에 대해 알게 된다면 사려고 하는 사람이 많을 것이다. 조선이란 나라는 모자의 천국이다. 지방 관리의 금빛 판지로 된 관에서부터 평범한 농민의 보잘것없는 머리싸개에 이르기까지, 그렇게 온갖 방법으로 만들어진 다양한 모양의 모자들이 사용되는 나라를 이전에는 결코 본 적이 없을 정도이다.[33]

모자는 동물의 말총과 대나무의 관으로 되어 있다. 그 관 위에 편평하고 투명한 둥근 테두리를 덧붙이고, 여러 줄과 두 개의 대나무 원으로 고정하여 검은 중국 잉크로 염색한, 기교를 부려서 꼰 대나무의 가닥으로 만든 것이다.[34]

또 사람이 가장 붐비는 가게가 모자 가게이며, 취향이 단순한 조선인이 유일하게 복잡하고 비싼 것만을 찾는 경우가 바로 '모자를 살 때'라고 강조한다. "조선에 오래 살아 본 후에나 비로소 갓이 계급의 표시임을 잘 알게 되며, 갓을 제대로 점잖게 쓰는지에 따라 그 사람이 속하는 계급과 그 사람이 받은 교육의 정도를 가늠하게 된다."라고 설명한다. 즉 갓이 차지하는 사회 · 문화적 의미를 파악하게 되었고, 이것이 바로 선비로서의 명예와 권위를 상징하고 있다는 것을 깨닫는다. 집안에서도 꼭 쓰고 있을 정도로 '모자'는 '인생의 반려자'처럼 소중하게 여겨진다는 점도 아울러 지적한다.

---

32) E. Bourdaret, p. 10.
33) Ch. Varat, pp. 60–61.
34) E. Bourdaret, p. 10.

가장 분주한 곳은 모자 가게이다. […] 한국인들은 일반적으로 단순한 것을 좋아하지만 모자만은 예외여서 복잡하고 값이 나가는 것을 선호한다. 우리의 실크해트와 비슷한데 이보다 더 우스꽝스럽다. […] 한마디로 갓을 쓰지 않은 한국 남자는 상상할 수도 없으며, 갓은 약하면서도 귀중한 물건이라 항상 머리 위에 단단히 놓여 있다. 황제가 지나갈 때조차 절은 하지만 갓을 들어 인사하는 법은 없다.[35)]

그러나 19세기 유럽인의 실증주의 관점으로 바라본 '갓'은 도저히 '이해할 수 없는 모자'이다. 바람도 비도 태양도 전혀 막아 주지 못하는 불편함과 비실용성 때문에 갓은 괴상하고 우습고 미개한 물건으로 평가된다.[36)] 모자에 대한 심도 있는 연구를 시도한 슈발리에조차도 갓은 괴상하고, 쉽게 망가지고, 실용성이 뒤떨어진다고 생각한다. 서구의 모자가 신체 보호나 장식용으로 사용된다면, 갓은 전혀 다른 형식과 기능으로 존재하기 때문에 이 물건은 그들에게 혼란스럽기까지 하다. 특히 민속학자인 샤를 바라가 자신의 의복과 실크해트를 착용했을 때 정체성을 되찾고 당당해진다는 고백처럼, 문화적 차이에 대해 자국중심주의 가치관을 극복하기란 여전히 힘들다는 현실에 그들은 직면한다.

나는 서둘러 차려입었다. […] 다행히 셀룰로이드로 만든 와이셔츠 앞가리개와 커프스만은 그런대로 반들거렸다. […] 실크해트를 팔에 끼고 고개를 세운 채 당당하게 방을 나섰다. 밖에는 수많은 사람들이 나의 이상한 검은 정장 차림에 깊은 만족감을 나타내었다. 그러나 갑자기 내가 햇빛을 가리기 위해

35) G. Ducrocq, pp. 27-28.
36) Ch. Dallet, *Histoire de l'église de Corée*, Voctor Palmé, 1874, p. 17.

나의 실크해트를 꺼내었을 때 갑자기 장내는 놀라움으로 바뀌었다. 나는 그것을 머리에 썼고, 웅성거리는 감탄사가 흘러나왔다. 왜냐하면 한국이 수백 가지의 모델과 다른 재료와 형태를 가진 모자의 나라임에도 불구하고, 결코 그들은 내 것과 비슷한 것을 상상도 할 수 없었기 때문이다.[37)]

조선의 '갓'을 비롯하여 머리 모양이나 모자는 자료마다 언급될 정도로 한국을 대표하는 이색풍물로 다루어졌다. 이들 문헌의 저자들이 갓의 고유한 민속학적 가치에 흥미를 지니고 상세한 분석과 관찰을 시도하면서 갓은 감탄과 경이로움의 대상이 되어 파리 만국박람회에 전시되기도 하였다. 그러나 이러한 관찰자의 시선은 서구인으로서의 문화적 정체성이나 긍지 때문에, 타 문화를 이해하기에는 한계가 있음을 우리는 알 수 있다.

3. 여성의 의복

한국 관련 프랑스 문헌의 저자는 대부분 남성이다.[38)] 프랑스 남성은 한국 여성의 의복을 어떻게 바라보았을까? 우선 베일에 가린 여성은 서양 여행자들에게 겹겹이 싸인 옷처럼 신비롭게 보인다. 루이 마랭은 우물가에서 물을 긷는 여인들에게서 성경에 나타난 선한 사마리아 사람의 이미지를 발견하였다. 로티는 흰 천을 두른 조선 여인의 모습에서 '나폴리 여인' 혹은 '트리아농

---

37) Ch. Varat, p. 134.
38) 이사벨라 비숍, 『한국과 그 이웃 나라들』, 이인화 역, 살림, 1994. / 언더우드, 『상투의 나라』, 신복룡 역, 집문당, 1999. 서양 여성으로서 조선을 방문하고 여행기를 남긴 이들은 한국 여성에 대해 각별한 관심을 보이며 여성의 지위 등에 대해 여성의 시각으로 관찰한다.

의 목동'을 연상하면서 이국취향에 젖는다. 이러한 관점 역시, 서구인들이 생각하는 '동양'이 '중동'을 연상하면서 '극동'과 구별 없이 막연하게 인용한 데에서 형성된 것이다.

그러나 서구인이 생각하는 '마돈나의 부드러운 얼굴과 파란 눈'이나 '미로의 비너스 같은 곡선미'는 한국의 미인에게 적용될 수 없었으므로 한국 여인에 대한 그들의 소감은 대개 부정적이다. 논에서 일하는 남편에게 참을 가져다주는 서민층 여성을 그들이 멀리서 보았을 때, 눈썹을 밀어 버린 이 여인들이 초라하고 우아하지 않다고 말한다.[39] 물론 규방의 여인이나 여성의 풍속을 가까이서 관찰할 기회가 없었던 그들이 만난 여성들은 서민이거나 기생인 경우가 대부분이다. '도자기 인형 같은 얼굴에 깊고 반짝거리는 작은 눈'과 '딱딱한 나무인형 같은 몸매'의 궁정 무희의 모습에서 동·서양 간 미인의 기준이 전혀 다르다는 것을 발견하고 당혹해 한다.

> 그러나 왕실의 기녀들은 우리가 생각하는 아름다움과는 거리가 멀었다. 그대들이 생각하는 젊은 처녀들의 얼굴, 그대의 머릿속에 그려진, 금발의 마돈나의 부드러운 얼굴, 바다처럼 깊고 맑은 푸른색의 큰 눈, 햇볕처럼 따스한 눈을 가진 갈색 머리의 젊은 처녀들과는 전혀 다른 여성의 모습이다. 도자기 인형의 얼굴과 흐릿한 시선의 아몬드형 작은 눈이라니 […] 이탈리아에서 멀리 떨어져 있고, 우리 세계와도 거리가 먼 것처럼! 미적 개념이 순전히 인종적인 것은 아니라는 것을 말하게 된다. 한국인의 눈에는, 미로의 비너스의 아름다운 선보다는 나무인형의 뻣뻣함이 아름다움의 개념이다.[40]

---

39) Ch. Varat, p. 31.
40) C. Losetti, p. 150.

또한 한복의 특징을 '헐렁하게 감싸며', '입었다기보다는 포장한', '둥글게 부푼', '지나치게 헐렁한' 등의 수식어로 설명한다. 서양 의복이 체형을 강조하는 복장 체계를 지닌다면, 동양 의복은 육체를 철저히 감싸고 숨기는 것이 오히려 매력이라는 문화적 배경을 그들은 여전히 이해하기 어렵다. 그들의 눈에는 그저 늘 이상하게만 보인다.[41] 속옷을 여러 벌 껴입은 풍성한 치마를 '병'이나 '항아리'[42], '포장한 흰 꾸러미', '바람 넣은 오뚝이 풍선' 등의 무생물체로 비유하는 것은 흰옷의 경우와 마찬가지로 동양을 비하하는 당시 서구인의 시각이 반영되었기 때문이다.

특히 여성의 의복에 대한 약간의 호의적 시각도 장옷에 대해서는 비판적으로 변한다. 양반 댁 부인네들이 외출할 때 얼굴을 가리기 위해 입는 장옷은 갓처럼 고유명사인 'chang-ot'으로 표기하면서 '머리나 어깨 위에 밝은 초록 비단의 소매가 달린 망토'로 설명한다.[43]

> [···] 하지만 헐렁한 옷을 입은 여인네들은 펄럭거리는 소매가 달린 연녹색의 망토를 입어서, 새롭고 놀라운 주제거리인 머리 모양을 감싸고 얼굴과 어깨마저 가린다.[44]

---

41) 이경자, 『우리옷의 전통양식』, 이화여자대학교 출판부, 2003, p. 220 : 우리옷의 전통양식은 포피성 包披性이 철저하다. ··· 신체노출을 최소한으로 줄이고 여러 벌을 끼어 입는 것이다. 이 특성은 전통 양식이 북방계인 고유 양식을 유존한 일면으로 추위에 알맞은 반면, 더위에는 적합지 못하다. 이 특징은 맨살 드러내기를 꺼리는 유교적 도덕관념에 의하여 사철 고수되며 후대에 이르기까지 변함이 없다.
42) Ch, Varat, p. 267.
43) A. Hamilton, p. 77.
44) J. de Pange, pp. 5-6.

의복에 대한 관심은 곧바로 여인네들의 삶에 대한 관심으로 이어진다. 즉 남편의 질투심 때문에 조선 여성은 외부 출입도 삼간 채 늘 집안에서 지낸다. 밤에 외출은 가능하지만 외출 시 장옷을 입어야 하기 때문에 장옷은 중동의 '히잡'이나 '차도르'처럼 여성 억압의 상징이 된다. 무관심하고 게으른 남자들과는 달리 빨래나 취사 등 일상의 가사노동으로 고단한 여성들은 부드럽지만 감동을 자아내는 심각한 표정을 지닌다고 설명한다. 그래서 장옷에 달린 소매는 '뿔같이 매달려 수의로 입고서야 제 역할을 할 것'이라며 상복의 역할을 꼬집어 지적한다. 그리하여 장옷은 '은자의 나라'의 폐쇄성을 강조하고 재현하는 효과를 지닌다.

> 급하게 흔들리는 짧은 소매는 마치 두 뿔처럼 삐죽 나와 있다. 한국 여인들은 절대로 이 옷의 소매에 팔을 꿰지 않는다. 이는 금지된 것이었고, 그 망토는 수의로 쓰이며, 그녀들은 그것을 오직 죽은 후에야 완전하게 입게 된다.[45)]

한편 프랑스인들은 장옷으로 얼굴을 철저히 가리면서도 가슴은 드러내는 당시 풍습을 "드러난 가슴과 감춘 얼굴 사이의 대조 때문에 극도로 희극적이다."[46)]라고 비꼰다. 다산의 상징으로 젖가슴을 드러내고 거리를 활보하는 여인의 모습은 그들에게 원시적이고 미개하게 보이기 때문이다.

> 여인들은 풍성한 바지를 입고 있었는데, 축 처져 늘어진 젖가슴 아래로 허리를 졸라매었다. 이 처진 가슴은 아이를 많이 낳았다는 의미에서 한국인들에게는

---

45) Brieux, p. 123.
46) A. Hamilton, p. 77.

영광스럽고 존경할 만한 표지가 된다. 결혼한 여인들은 등에서 목까지 올라오지만 가슴을 드러내는 적삼을 입고 있었다.[47]

드물지만 예쁘게 생긴 서민층 여인들도 얼굴은 드러내지 않으면서, 짧은 저고리와 둘러맨 치마의 커다란 끈 사이로 가슴을 드러낸 채 돌아다닌다.[48]

결국 여성의 복식은 당시 서양인들에게 한국 여성의 열악한 상황과 사회적 지위를 알게 하는 역할을 한다. 몸에 꼭 끼는 불편한 저고리는 일상의 고단한 삶으로, 장옷은 사회적 억압으로 상징되기 때문이다. 그러나 이러한 여성의 열악한 현실에도 불구하고 건강하고 활기 있는 긍정적인 모습을 그들은 자주 지적한다. 흰옷을 늘 깨끗하게 간직하는 여인들의 부지런한 모습 속에서 삶의 활기를 발견하기 때문이다.

여인들은 매우 빳빳하게 풀 먹인 치마를 두르는데, 이 치마는 겨드랑이까지 오며, 조끼는 어깨를 겨우 덮는 정도이다. 여인들은 팔다리가 부자연스러운 비단 장옷 속에 얼굴을 숨기고 힘들게 걷는다. 하지만 이런 옷차림 때문에 우아하고 부드럽게 걸을 수밖에 없고 서두르지 않는 생활 방식이 어울린다. 이런 의복은 그 나름대로의 색과 효과를 가진다. 한국인은 이 옷을 결코 포기하지 않을 것이다. 왜냐하면 가난해도 깨끗한 흰색을 좋아하고, 이 색이 주는 즐거움을 누리고자 하며, 밤낮으로 옷 손질하는 일이 없다면 부인들은 소일거리가 없어지기 때문이다. 서울은 큰 세탁소 같아서 다듬이질 소리가

47) C. Vautier et H. Frandin, *En Corée*, Delagrave Ch., 1905, p. 29.
48) Ch. Varat, p. 59.

끊이질 않는다. 여인들은 남편들의 옷이 빛나도록 의복을 손질한다. 그래서 한국인들은 삶이 즐거운 것이다.[49]

한국 여성의 의상에 대한 긍정적 시각은 한복 이해에 대한 그들의 노력에서 드러난다. 낯선 한복의 모습을 설명하기 위해 자국의 의복이나 자신의 관점을 끌어들이기 때문이다. 예를 들면 짧은 저고리를 '캐미솔'이나 '볼레로'로, 장옷을 '망토'로, 치마 속의 속옷을 '크리놀린'으로 비유한다.[50] 당시 다른 서양 문헌을 살펴보면, 한국의 풍만하고 긴 치마와 짧은 저고리가 서양의 여복과 흡사하다고 자주 지적한다.[51] 특히 여러 겹의 치마와 속바지로 부푼 치마는, 마치 서양의 크리놀린이나 페티코트 같으며, 그 걷는 모습도 여신과 같다는 표현을 발견할 수 있다.

여인들의 치마는 세 배나 더 넓었고, 담뱃대도 더 길었으며, 여인들의 치마는 너무나 부풀어 있어 여신처럼 종종걸음으로 걸을 수밖에 없었다.[52]

또 서구에서 한때 중국식 헤어스타일이 크게 유행하였으므로 한국 여성의 쪽진 머리를 마담 랑트리 Langtry 스타일에 비유하기도 한다.[53] 조선 말기

49) G. Ducrocq, p. 14.
50) 김복래, 『프랑스가 들려주는 이야기』, 대한교과서, 1998, p. 196 : 크리놀린 Crunoline이란 말꼬리 털을 섞어 짠 단단한 목면 또는 린네르를 의미했다. 크리놀린은 스커트를 최대한 부풀게 하기 위한 재료로 사용되었다. 이 '섬유와 강철로 된 거대한 건축물'이란 별명이 붙은 드레스는 여러 가지 화제와 논쟁을 불러일으켰다.
51) 이경자, p. 216 : 이 무렵의 치마를 관찰한 서양인들은 그 치마, 저고리의 모양이 서양의 여복을 닮았음을 말하고 있다.
52) G. Ducorcq, p. 83.
53) A. Hamilton, p. 77.

에 이르면 저고리가 더욱 짧아지고 치마는 한층 더 풍성해지는데 이 비단 치마가 움직일 때마다 “미풍에 산들거리는 숲의 나뭇잎이 바스락거리는 소리를 낸다.”라고 묘사하였다.[54] 서구에서도 한때 페티코트가 마찰하면서 나는 소리가 유행하였기 때문에 자국 문화의 관점에 비추어 동질감을 추구한다. 이처럼 여성의 매력을 돋보이게 하는 의복 분야라는 문화적 공통분모는 이질감을 극복하는 데 커다란 작용을 했다고 볼 수 있다. 그리하여 로티는 궁정 무희들의 모습에서 프랑스의 루이 16세 시절의 18세기적 향수를 느낀다고 고백한다.

> 이 장신구들은 18세기 프랑스의 모습처럼 이미 오래전에 지나가 버린 유행을 발견하게 한다. 그녀들은 마치 루이 16세 시대의 인형 같았다. 결코 그 모습에서 아시아 무희를 상상할 수 없었을 것이다.[55]

의복에 대한 동·서양의 형태적 차이나 미적 기준이 다르므로 한복을 입은 여성의 모습에 대한 평가는 문화적으로 편향된 서구 남성의 시각이 두드러진다. 특히 여성의 의복을 통해 미적 측면보다는 당시 한국 여성이 처한 열악한 현실에 대한 강한 연민을 나타내며, 문화적 이질감을 극복하기 위한 다양한 표현들을 가장 활발하게 모색하는 과정에서 동·서양 여성 복식이 보여 주는 공통점을 발견하기도 한다.

---

54) 막스 폰 빈, p. 350. / A. Hamilton, p. 76.
55) P. Loti, p. 114.

4. 남성의 의복

남성의 복장에 대한 서술은 좀 더 직접적이고 구체적이다. 병인양요 동안, 해군으로서 강화도에 머물렀던 주베르는 마치 초상화를 그리듯이 남성의 복식을 객관적으로 묘사하였다.

> 평민 남자들은 발목 아래에서 끈으로 묶는 헐렁헐렁한 바지와, 끝이 좁아지는 소매가 달리고 허리를 매는 긴 두루마기를 한결같이 입는다.[56]

헐렁한 바지와 갓, 두루마기로 특징지어지는 한국 남성의 의복에 대해서도 그들은 다양한 비유를 이끌어 낸다. 즉 '펭귄', '납작한 얼굴과 물개처럼 듬성듬성 거칠게 난 턱수염', '바람을 집어넣은 풍선으로 만든 오뚝이', '돛을 올린 범선' 등 동물이나 무생물을 동원한 이러한 비유로부터 동양을 비하하는 사고를 또다시 발견할 수 있다. 둥글고 부푼 옷을 입고 천천히 움직이는 모습은 넓은 갓을 쓰고 수염을 기른 아주 고상하고 우아해 보이는 관료조차 그들에게 여전히 낯설게만 보인다.

> 여기 존경할 만한 태도를 지닌, 하얀 턱수염을 기른 귀족 관리들이 있다. 밝은 색 비단 끈으로 팔 아래를 묶은, 빳빳이 풀을 먹인 두루마기를 입고, 둥글고 부푼 모습에다가 느린 걸음으로 균형을 잡는다. 또 가죽으로 된 구두를 신었다. 말총 망건으로 머리를 단단히 두르고 흰머리 상투는 모자 속에 덮여서

56) H. Zuber, Une expédition en Corée dans *Le tour de monde*, 1873, p. 407.

정말 이상한 모습이 되었다.[57]

흔히 챙 넓은 모자와 허리띠를 한 긴 두루마기를 입고 발목이 긴 신발을 신은 '동양의 현자'는 서양이 부여한 전형적으로 유형화된 이미지로서 그들의 의식 속에 강력하게 각인된다.

가장자리가 넓은 원뿔 모양의 모자가 머리 전체를 덮는다. 또 그들은 면이나 명주로 만든 긴 버선을 신는다.[58]

그러나 명주 흰옷을 입고 나막신을 신고 긴 담뱃대로 담배를 피우며 잡담을 나누는 남성의 느린 걸음이나 무사태평한 모습은, 유교적 미덕인 점잖음이나 권위의 모습으로 보이기보다는, "마치 목욕 가운을 입은 듯하다."라는 묘사에서 보듯 게으름과 나태, 무기력을 강조하는 증거로 인용되었다. 점잖게 차려입은 관리조차 '복잡한 머리 모양과 오색영롱한 날개를 가진 큰 곤충들'로 묘사하며 열강의 각축 속에 무능하고 우왕좌왕하는 지도층의 모습을 상징적으로 보여 준다.

쓰러져 가는 고왕국의 국사를 해결하러 가는 이 태곳적 귀족들, 호화로운 의복에, 머리에는 복잡한 것(갓)을 쓰고 있는 이들은, 현란한 겉날개를 단 거대한 곤충과도 같아 보였다.[59]

---

57) E. Bourdaret, p. 9.
58) L'abbé C. Lefant, *Récits et souvenirs*, René Haton, 1878, pp. 206–207.
59) P. Loti, pp. 103–104.

또한 상투를 튼 모습이 남자도 여자도 아닌 것처럼 보여 우습다거나, 젊은 남성들을 '순백의 원피스'를 입은 '처녀'나 '어린 여자아이'로 표현하는 것은, 젊은 남성을 보호받아야 할 대상으로 비하하는 서구 우월주의 시각을 드러낸다.

남자의 한복에 대한 다양한 비유도 여성의 한복에 대한 표현과 마찬가지로, 그들 자신의 관점이나 자국 문화의 입장에서 서술하고 있다. 예를 들면 샤를 달레의 『한국천주교회사』에서 '반바지 culotte'는 알제리 병사의 '쥬아브 Zouave', 윗도리는 혁명 때 자코뱅 당이 입은 농민복인 '카르마뇰 Carmagnol', 두루마기는 여름에 카르멜 수도사들이 입는 '스카폴리오' 혹은 당시 서민들이 입었던 '프록코트' 등에 비유된다. 이는 당대 프랑스인들이 겪었던 역사적 사건, 수도사들의 복장, 유행하는 의상 등과 유사한 의복을 제시한 것이다. 자국의 전통 의상에서 끌어온 이러한 비유를 통해서 19세기 프랑스인들의 의식 속의 혁명과 알제리 식민지, 종교의 영향력 등을 유추해 볼 수 있다.

> 알제리 병사의 쥬아브처럼 부푼 짧은 반바지는, 그러나 그 형태가 조금 덜 우아하며, 얌전한 바지라고는 볼 수 없다. 좁다란 헝겊과 삼베로 무릎 아래를 묶어서, 주름이 잡힌 바지를 고정한다. 위에는 프랑스 어떤 지방의 농민들이 혁명 때 입던 카르마뇰에 해당하는 긴 형태의 상의를 입었다. 부잣집 사람들과 한량들은 커다란 소매에 양쪽이 갈라져 무릎까지 내려오는 카르멜회의 수도사들이 입는 스카폴리오와 같은 옷을 입는다. 서민들은 여행을 하거나 남의 집을 방문할 때만 이런 옷을 입는다. 겨울에 서민들은 그렇게 뒤가 트인 옷을 입지 않는 데 반해, 양반들은 프랑스의 프록코트와 같은 것을 입는다.[60]

아무튼 그들은 첫눈에도 “조선인들은 잘 입고 다닌다.”라고 하면서 다양한 의복이 있다는 점을 강조하지만,[61] 그 시선은 곧 한계에 부딪힌다. 즉 하나의 유형 속에서 파악하고자 하거나, 당시 국제적으로 광범위하게 형성된 부정적인 인상과 조선인을 약자로 취급하는 태도는 남복에 대한 표현에서도 잘 드러난다. 즉 타 문화의 복식도 자기네의 전통적 복장의 구조 속에서 파악할 수밖에 없으며 스스로의 입장에서 취해진 언어 표현들로 기술된다는 사실을 발견할 수 있다.

결국 우리의 의복문화에 대한 그들의 서술은 감탄이나 열광과는 거리가 멀다. 때로는 낯설게, 이상하게, 우스꽝스럽게 여기는 부정적인 시각과 더불어 이색적인 풍물이 불러일으키는 호기심과 경이로움과 경멸을 투사한다. 그리하여 그들은 ‘보이는 것’, ‘보고 싶었던 것’, ‘보고자 했던 것’, ‘이미 보았던 것’을 위주로 서술한다. 그들의 태도에서 발견할 수 있는 것은 우선 이질적인 문화에 대한 충격을 흡수하는 다양한 비유이다. 그 비유를 살펴봄으로써 문화 접촉을 통해 차이를 발견해 가는 프랑스에 대한 인식이 동양에 대한 환상, 타 문화에 대한 편견이나 고정관념, 제국주의적 시각, 자국 문화나 사회적 사고의 양식이 서로 복잡하게 얽혀 있다는 점을 알 수 있다.

그들의 의복에 대한 담론을 살펴본 결과, 그들의 평가가 과연 극단적인 주관성인가 아니면 진정한 타자성인가에 대한 질문을 던지게 된다. 비록 단편적인 소개에 그치고 있고, 문명과 야만이라는 이분법적 사고에 의한 서구인의 우월감이 암묵적으로 나타나지만, 구한말 우리나라에 관심을 가진 프랑스인

---

60) Ch. Dallet, p. 172.
61) A. Launay, p. 160.

들이 발견한 것은 분명 문화 간 차이이다. 또 당시 풍속이나 생활의 적나라한 모습을 보여 주는 이들의 기록은, 오늘날 점점 미약해져 가는 전통의복이나 풍속에 대한 우리의 인식을 되돌아보고, 자아 정체성을 성찰하는 계기로 삼을 수 있다. 그들이 기술한, 넓은 갓과 풍성한 흰옷을 입고 느린 걸음으로 한담을 나누며 풍류를 즐겼던 선비나, 고된 일상 속에서도 끈질긴 생명력을 가지고 긍정적으로 즐겁게 살았던 부녀자들의 모습을 재구성해 볼 수 있다는 점에서, 이 프랑스 문헌들은 한국의 미나 일상문화에 대한 재평가의 지평을 제공하기도 한다. 우리 또한 과거를 추억하며 그 시대의 한국인들을 바라보는 또 다른 타자이기 때문이다.

참고도서

한국 관련 프랑스어 도서목록

Aepli (Martine), *La Corée*, Souffles, 1988.

Alberoni (Francesco), *Vie publique et vie privée*/traduit de l'italien par Raymonde Coudert, Ramsay, 1988.

Annales du musée Guimet : bibliothèque de vulgarisation, Ernest Leroux, 1896.

Annales du musée Guimet : guide pour rendre propice l'étoile qui garde chaque homme et pour connaître les destinées de l'année/traduit du coréen par Hong-Tyong-Ou et H. Chevalier, t. 26, Ernest Leroux, 1897.

Ansart (Pierre), *Les sociologies contemporaines*, Seuil, 1990.

Anthologie de nouvelles coréennes contemporaines/édition établie par Gilles Baud Berthier, 2 vol., Arles : P. Picquier, 1995.

Apollinaire (Guillaume), *Le poète assassiné*, Gallimard, 1947.

Apprendre le français en Corée/publié par le Sénat ; Groupe d'amitié France-Corée du Sud, Sénat, 1997.

Arts et littérature dans la société contemporaine/sous la direction de Pierre Abraham, Société de gestion de l'encyclopédie française, 1935~1936.

Augé (Marc) et Colleyn (Jean-Paul), *L'anthropologie*, PUF, 2004.

Augé (Marc), *Non-lieux* : introduction à une anthropologie de la surmondernité, Seuil, 1992.

Auzias (Dominique), *Le guide de Corée*, Nouvelles éd. de l'Université, 1999.

Babicz (Lionel), *Le Japon face à la Corée* : à l'époque Meiji, Maisonneuve & Larose, 2002.

Bagla-Gokalp (Lusin), *Entre terre et machine* : industrialisation et travail des femmes,

L'Harmattan, 1993.

Balaize (Claude) et Lee (Joon Sun), "Civilisation agraire et village clanique en Corée du Sud" dans *BAGF* (Bulletin de l'Association des Géographes Français), CNRS, 1988.

Balaize (Claude), "Aperçu géographique sur la campagne sud-coréenne" dans *BAGF* (Bulletin de l'Association des Géographes Français), CNRS, 1988.

Balaize (Claude), *La péninsule coréenne*, Nathan, 1993.

Balaize (Claude), Li (Jin-Mieung), Li (Ogg) *et al.*, *La Corée*, PUF, 1991.

Barbe (Frédéric), *Made in Korea* : nouveaux récits de Corée du Sud, Nantes : l'Atalante, 2001.

Barbier (Edmond-Jean-François), *Chronique de la Régence et du règne de Louis XV (1718~1763) ou Journal de Barbier*, t. 7 (1758~1761), Charpentier, 1857.

Barboux (François) et Mahot (Françoise), *L'ABCdaire des arts asiatiques*, Flammarion, 2002.

Baretje (René), *Le tourisme en Corée du Sud 1* : essai bibliographique, Aix-en-Provence : Contre des hautes études touristiques, 1992.

Barrault (Michèle), *La Corée*, Éditions BEBA, 1983.

Barthes (Roland), Bersani (Leo), Hamon (Philippe) *et al.*, *Littérature et réalité*, Seuil, 2002.

Barthes (Roland), *L'aventure sémiologique*, Seuil, 2002.

Barthes (Roland), *Le grain de la voix*, Seuil, 1999.

Barthes (Roland), *Mythologies*, Seuil, 1970.

Barthes (Roland), *Système de la mode*, Seuil, 2002.

Bataillon français de l'ONU/publié par le Centre français du commerce extérieur, CFCE, 1989.

Baudens (Gaston), *La Corée* : géographie, organisation sociale ; mœurs et coutumes ; ports ouverts au commerce japonais ; les traités, Berger-Levrault, 1884.

Baudouin (Bernard), *Le chamanisme* : une médiation entre les mondes, Éditions de Vecchi, 1999.

Bayou (Hélène), Okada (Amina), Geoffroy-Schneiter (Bérénice), *L'ABCdaire du bouddhisme*, Flammarion, 2000.

Bazin (Hervé), *Le bureau des mariages*, B. Grasset, 1951.

Beaufre (André), *Dissuasion et stratégie*, A. Colin, 1964.

Beauvoir (Simone de), *Les mandarins*, Gallimard, 1954.

Beck (Béatrix), *La prunelle des yeux*, Grasset, 1985.

Becker (Jasper), *La famine en Corée du Nord* : aujourd'hui un peuple meurt/traduit de l'anglais par Denise Luccioni, L'Esprit frappeur, 1998.

Bellinger (Gerhard J.), *Encyclopédie des religions*, Le Livre de poche, 2000.

Benoist (Marc) et Pettier (François), *Les transports maritimes*, A. Colin, 1961.

Bérard (Victor), *La révolte de l'Asie*, Armand Colin, 1914.

Bergot (Erwan), *Bataillon de Corée* : les volontaires français, 1950~1953, Pressespocket, 1986.

Bergson (Henri), *Les deux sources de la morale et de la religion*, PUF, 1984.

Bernard (Henri), *En Mandchourie et en Corée* : influence culturelle de l'Occident avant le XIXe siècle, Tientsin : En vente à la Mission de Sienhsien, 1939.

Bernard (Michel), *Le corps*, Seuil, 1995.

Bernardin de Saint-Pierre (Henri), *Études de la nature*, P.-F. Didot le jeune, 1784.

Bernardin de Saint-Pierre (Henri), *Harmonies de la nature*, Méguignon-Marvis, 1815.

Berranger (Olivier de), *L'évangile de Séoul à Saint-Denis*, Les Éditions de l'Atelier, 1999.

Bidet (Eric), *Corée du sud* : économie sociale et société civile, Paris ; Budapest ; Torino : L'Harmattan, 2003.

Billequin (Adolphe), *La complainte mimée et le ballet en Corée*, T'oung Pao, 1898.

Billotte (Pierre), *Considérations stratégiques*, Larousse, 1957.

Blandin (Bernard), *La construction du social par les objets*, PUF, 2002.

Bloche (Patrick), Gauchée (Marc), Pierrat (Emmanuel), *La culture, quand même !* : pour une politique culturelle contemporaine, Mille et une nuits, 2002.

Blot (Jean), *Retour en Asie* : récit de voyage, Balland, 1993.

Bonnetain (Paul), *L'Extrême Orient*, Maison Quantin, 1887.

Borges (Jorge Luis) et Jurado (Alicia), *Qu'est-ce que le bouddhisme ?*/traduit de l'espagnol par Françoise Marie Rosset, Gallimard, 2003.

Borniche (Roger), *Le Coréen*, Grasset, 1987.

Boudard (Alphonse), *La cerise*, Plon, 1963.

Boudard (Alphonse), *Les enfants de chœur*, Flammarion, 1982.

Boudot (Pierre), *Diamants noirs au pays du matin clair*, Berger-Levrault, 1987.

Bourbon-Parme (Tristan de) et Tourret (Nathalie), *La Corée dévoilée* : 15 portraits pour comprendre, Paris ; Budapest ; Torino : L'Harmattan, 2004.

Bourdaret (Émile), *En Corée*, Plon, 1904.

Bourdaret (Émile), *Note sur les dolmens de la Corée*, Lyon : Imprimerie A. Rey, [1903].

Bourdaret (Émile), *Rapport sur une mission scientifique en Corée*, Imprimerie nationale, 1904.

Bourdaret (Émile), *Religion et superstition*, Lyon : Imprimerie A. Rey, 1904.

Bourguignon (André), Cotet (Pierre), Laplanche (Jean) *et al.*, *Traduire Freud*, PUF, 1989.

Bouvier (Nicolas), *Chronique japonaise*, Payot, 1991.

Bouvier (Nicolas), *Journal d'Aran et d'autres lieux* : feuilles de route, Payot, 1990.

Bouvier (Nicolas), *Les chemins du Halla San*, Genève : Minizoé, 1990.

Boyer (Albert), *Les pêches maritimes*, PUF, 1967.

Boyer (Jacqueline), *En Corée*, Hachette, 1996.

Breen (Michael), *KIM Jong-Il, dictateur nord-coréen*/traduit de l'anglais par Anthony Latham, Saint-Honoré média, 2004.

Brieux (Eugène), *Au Japon par Java, la Chine, la Corée* : nouvelles notes d'un touriste, Ch. Delagrave, 1914.

Bromberger (Serge), Daudy (Philippe), Turenne (Henri de) *et al.*, *Retour de Corée*, René Julliard, 1951.

Broughton (William Robert), *Voyage de découvertes dans la partie septentrionale de l'océan Pacifique* : pendant les années 1795, 1796, 1797 et 1798 ; dans lequel il a parcouru et visité la côte d'Asie, depuis le 35e degré nord, jusqu'au 52e ; l'île d'Insu, ordinairement appelée Jesso ; les côtes nord, est et sud du Japon ; les îles de Likeujo et autres îles voisines ainsi que la côte de Corée/traduit par ordre S. E. le ministre de la Marine et des colonies, par J. B. B. E**** [Jean-Baptiste-Benoît Eyriès], Dentu, 1807.

Brulé (Jean-Pierre), *La Corée du Nord de Kim Il-Sung*, Barré-Dayez, 1982.

Buck (Pearl), *Terre coréenne*/traduit de l'anglais par Lola Tranec, Stock, 1964.

Buffon (Georges-Louis Leclerc), *Des époques de la nature*, Éditions rationalistes, 1971.

Burchett (Wilfred), *À nouveau la Corée*/traduit de l'anglais par J.-P. Rospars, François Maspero, 1968.

Burnand (Robert), *La vie quotidienne en France de 1870 à 1900*, Hachette, 1947.

Cahiers d'études coréennes 7 : mélanges offerts à Li Ogg et Daniel Bouchez/publié par le Centre d'études coréennes, Collège de France, 2000.

Cambon (Pierre), *L'art coréen au musée Guimet*/coll. de Trésors du musée Guimet, Réunion des musées nationaux, 2001.

Camus (Dominique), *La sorcellerie en France aujourd'hui*, [Rennes] : Éditions Ouest-France, 2001.

Canto-Sperber (Monique) et Ogien (Ruwen), *La philosophie morale*, PUF, 2004.

Carmel de Séoul : 1950-1954, Bouvines : Monastère du Cœur Immaculée de Marie, [1954].

Carrère (Charles), *Lettres de Corée* suivi de *Océanes*, Silex, 1982.

Carrère d'Encausse (Hélène), *L'empire éclaté* : la révolte des nations en U.R.S.S., Flammarion, 1978.

Castoriadis (Cornelius), *L'institution imaginaire de la société*, Seuil, 1999.

Cent ans de modes françaises 1800~1900/documents de XIXe siècle commentés et interprétés au goût du jour par madame Cornil, R. Ducher, [1932].

Certeau (Michel de), *L'écriture de l'histoire*, Gallimard, 1975.

Certeau (Michel de), *L'invention du quotidien 1* : arts de faire, Gallimard, 1990.

Certeau (Michel de), *La culture au pluriel*, Seuil, 1993.

Certeau (Michel de), *La possession de Loudun*, Gallimard, 2005.

Certeau (Michel de), *La prise de parole* : autres écrits politiques, Seuil, 1994.

Certeau (Michel de), Giard (Luce), Mayol (Pierre), *L'invention du quotidien 2* : habiter, cuisiner, Gallimard, 2004.

Chabrol (Jean-Pierre), *La folie des miens*, Gallimard, 1977.

Chaillé-Long Bey (Charles), "La Corée ou Tchösen : la terre du calme matinal" dans *Annales du musée Guimet*, t. 26, Ernest Leroux, 1894.

Challaye (Félicien), *Le bouddhisme*/conférence faite le 26 février 1908, Lyon : Association typographique lyonnaise, 1908.

Chancel (Claude), *Le défi coréen* : histoire, économie, politique, Eyrolles, 1993.

Chantre (Ernst) et Bourdaret (Émile), *Les Coréens* : esquisse anthropologique, Lyon : A. Rey, 1902.

Chardonnet (Jean), *La République de Corée* : un miracle économique, Éditions

France-Empire, 1980.

Charlier (Jean-Michel), *Ciel de Corée* : les Aventures de Buck Danny 18/illustré par Victor Hubinon, Paris ; Montréal : Dupuis, 1963.

Charlier (Jean-Michel), *La guerre de Corée* : tout Buck Danny n° 4/illustré par Victor Hubinon, Marcinelle-Charleroi ; Paris ; Montréal : Dupuis, 1984.

Charlier (Jean-Michel) et Hubinon (Victor), *La guerre de Corée*, Dupuis, 1984.

Chartier (Christian), *Le martyre de Sun Sung, ancien prisonnier "non converti"*, [s. l.] : [s. n.], 1991.

Charvin (Robert), *La République populaire démocratique de Corée*, Librairie Générale de Droit et de Jurisprudence, 1984.

Cheng (Anne), *Histoire de la pensée chinoise*, Seuil, 2002.

Chérel (Evelyne), *Le mouvement du 1er mars et la déclaration d'indépendance*, [s. n.], 1991.

Chevalier (Henri), *Cérémonial de l'achèvement des travaux de Hoa Syeng (Corée) 1800*/traduit et résumé, Leiden : E.-J. Brill, 1898.

Chevalier (Henri), *La réforme de l'instruction publique en Chosen (Corée)* : d'après les rapports officiels du gouverneur général, Bibliothèque de la société, 1916.

Chevalier (Henri), "Les coiffures coréennes" dans *Internationales Archiv Für Ethonographie*, Bd. XII, Leiden : E.-J. Brill, 1899.

Chevalier (Henri) et Hong (Tyong-Ou), *Mélanges* : note sur la porcelaine de Corée (T'oung Pao), Ernest Leroux, 1897.

Cho (Dong-il) et Bouchez (Daniel), *Histoire de la littérature coréenne* : des origines à 1919, Fayard, 2002.

Choay (Françoise), *L'urbanisme, utopies et réalités* : une anthologie, Seuil, 1979.

Choderlos de Laclos (Pierre-Ambroise-François), *De l'éducation des femmes*, A. Messein, 1903.

Choisy (François-Timoléon de), *Journal du voyages de Siam fait en 1685~1686*, S. Marbre-Cramoisy, 1687.

Claudel (Paul), *Connaissance de l'Est*, Gallimard, 1900.

Claudel (Paul), *Connaissance de l'Est* suivi de *L'oiseau noir dans le soleil levant*, Gallimard, 1974.

Claudel (Paul) et Gide (André), Correspondance : 1899-1926, 1974(1925).

Cobast (Eric), *Leçons particulières de culture générale*, PUF, 1998.

Cobast (Eric), *Petites leçons de culture générale*, PUF, 1994.

Composants électroniques et équipement de fabrication en Corée du Sud/publié par le Centre français du commerce extérieur, CFCE, 1993.

Conditions et genres de vie : chroniques d'une autre France/sous la direction de Salvador Juan et Didier Le Gall, Paris ; Torino ; Budapest : L'Harmattan, 2002.

Contes et légendes de Corée/traduit du coréen par Maurice Coyaud et Jin-Mieung Li, illustré par Susanne Strassmann ; coll. Aux origines du monde, Flies France, 2003.

Contrôle, mesure et régulation en Corée du Sud/publié par le Centre français du commerce extérieur, Direction des marchés étrangers en collaboration avec les services de l'expansion économique française en Corée du Sud, CFCE, 1980.

Cooper (David), *Mort de la famille*/traduit de l'anglais par Ferial Drosso-Bellivier, Seuil, 1975.

Coppola (Antoine), *Le cinéma sud-coréen* : du confucianisme à l'avant-garde ; splendeurs et misères du réalisme dans le nouvel ordre spectaculaire, Paris ; Montréal : L'Harmattan, 1997.

Cordier (Henri), *Histoire des relations de la Chine avec les puissances occidentales 1860~1900*, Félix Alcan, 1901.

Corée : country guide/coll. de Guide Petit Futé, publié sous la direction de Dominique Auzias et Jean-Paul Labourdette, Nouvelles éditions de l'Université, 1999.

Corée : situation du vêtir-textile/sous la direction de Pascale Gould-Decauville, Clichy : Fédération de la maille, 1997.

Corée d'hier et d'aujourd'hui/[exposition du Musée d'art et d'histoire à Montbéliard, 15 mai~6 septembre 1998], Paris : Adam Biro ; Montbéliard : Montbéliard musées, 1998.

Corée du Sud : accueil et information des Français à l'étranger/publié par la Maison des Français de l'étranger, Ministère des affaires étrangères, 1989.

Corée du Sud : l'emprisonnement politique en République de Corée/publié par Amnesty international, Éditions francophones d'Amnesty international, 1981.

Corée du Sud, l'éveil d'un marché : compte-rendu du séminaire vins et spiritueux/publié par le Centre français du commerce extérieur, CFCE, 1990.

Corée du sud/guide poche-voyage, sous la direction d'André Fabre, Marcus, 1988.

Corée du Sud/publié par la Chambre de commerce et d'industrie de Lyon, Service Information économique et juridique internationale, Lyon : Chambre de commerce et d'industrie, 2000.

Corée du Sud/publié par le Centre d'accueil et d'information des Français à l'étranger de la Ministère des affaires étrangères, Maison des Français de l'étranger, 1998.

Corée du Sud/publié par le Centre français du commerce extérieur de l'Ambassade de France en Corée du Sud, CFCE, 1988.

Corée du Sud/publié par le Centre français du commerce extérieur, CFCE, 1994.

Corée du Sud/sous la direction d'André Fabre, Marcus, 1986.

Corée, Mexique : deux expériences de développement face à la crise/publié par le Centre d'études prospectives et d'informations internationales, la Documentation française, 1982.

Corée, Thaïlande : émergences industrielles dans le Sud-Est asiatique/publié par l'Observatoire des stratégies industrielles de Ministère de l'industrie, des postes et télécommunications et du commerce extérieur, Ministère de l'industrie, des postes et télécommunications et du commerce extérieur, 1994.

Courant (Maurice), "La Corée et les puissances étrangères" dans *Annales des sciences politiques*, Félix Alcan, 1904.

Courant (Maurice), "Le pavillon coréen au Champs-de-Mars" dans *Souvenir de Séoul, Corée*, [Imprimerie de la Photo-couleur], 1900.

Courant (Maurice), "Un établissement japonais en Corée : Fou-san depuis le XVe siècle" dans *Études coréennes de Maurice Courant*/coll. Cahiers d'études coréennes 1, Éditions du Léopard d'or, 1983.

Courant (Maurice), *Cahiers d'études coréennes 1*, Le Léopard d'or, 1983.

Courant (Maurice), *Catalogue des livres chinois, coréens, japonais, etc.*, 3 t., Ernest Leroux, 1902~1912.

Courant (Maurice), *La bibliographie coréenne* : tableau littéraire de la Corée contenant la nomenclature des ouvrages publiés dans ce pays jusqu'en 1890 ainsi que la description et l'analyse détaillées des principaux d'entre ces ouvrages, 4 vol., Ernest Leroux, 1894~1901.

Courant (Maurice), *La Corée ancienne à travers ses livres*/coll. de Cahiers d'études coréennes 2, Le Léopard d'or, 1985.

Courant (Maurice), *Notes sur les études coréennes et japonaises* : langues et archéologies de l'Extrême-Orient, Imprimerie nationale, 1899.

Courant (Maurice), *Répertoire historique de l'administration coréenne*/coll. de Cahiers d'études coréennes 3, Centre d'études coréennes, 1986.

Courant (Maurice), *Supplément à la bibliographie coréenne (jusqu'en 1899)*, Imprimerie nationale, 1901.

Courant (Maurice), *Un établissement japonais en Corée* : Fou-san depuis le XVe siècle, Société de l'Annuaire colonial, 1904.

Courson (Comtesse Roger de), *Just de Bretenières* : martyr en Corée (1838~1866), Les contemporains, 1910.

Coûts d'approche et d'implantation, Taiwan-Corée du Sud/publié par le Centre francais du commerce extérieur, CFCE, 1987.

Coyaud (Maurice), *Éléments phonétiques en chinois, sino-japonais et sino-coréen*, PAF, 1994.

Coyaud (Maurice), *Peintures érotiques de Corée*, Arles : P. Picquier, 1995.

Coyaud (Maurice), *Phonétiques en chinois* : sino-japonais, sino-coréen, sino-vietnamien/avec le concours de Jin-Mieung Li pour le coréen, Pour l'analyse du folklore, 1995.

Coyaud (Maurice) et Li (Jin-Mieung), *Aubergines magiques* : contes érotiques de Corée, PAF, 2002.

Coyos (Célestin), *Ma captivité en Corée du Nord*, Grasset, 1954.

Crémazy (Laurent), *Le code pénal de la Corée* : 大韓刑法, Séoul : The Seoul press, 1904.

Crémazy (Laurent), *Texte complémentaire du code pénal de la Corée*, Marchal et Billard, 1906.

Crozier (Michel) et Tilliette (Bruno), *La crise de l'intelligence* : essai sur l'impuissance des élites à se réformer, InterEditions, 1995.

Cuche (Denys), *La notion de culture dans les sciences sociales*, La Découverte, 2004.

Culture coréenne/revue publiée par le Centre culturel coréen à Paris, Scanner, 1981~.

Dallet (Charles), *Histoire de l'église de Corée*/précédée d'une introduction sur l'histoire, les institutions, la langue, les mœurs et coutumes coréennes, 2 vol., Victoir Palmé, 1874.

Decornoy (Jacques), "Dans l'incertaine mutation de l'Asie du Nord-Est", dans *Le Monde diplomatique*, 1994.

Deharveng (Louis), *Morulinae et Neanurinae*, Toulouse : Université P. Sabatier, 1983.

Dejours (Christophe), *Le facteur humain*, PUF, 2002.

Delaunay (Sophie) et Buissonnière (Marine), *Je regrette d'être né là-bas* : Corée du nord : l'enfer et l'exil, Robert Laffont, 2005.

Deliège (Robert), *Introduction à l'anthropologie structurale* : Lévi-Strauss aujourd'hui, Seuil, 2001.

Delmas (Claude), *Corée 1950* : paroxysme de la guerre froide, Bruxelles : Éditions Complexe, 1982.

Delvert (Jean), *La République de Corée*, SEDES, 1992.

Deon (Michel), *La carotte et le bâton*, Plon, 1960.

Derrida (Jacques), *Foi et savoir* suivi de *Le Siècle et le pardon*, Seuil, 2001.

Derrida (Jacques), *L'écriture et la différence*, Seuil, 2003.

Derrida (Jacques), *La dissémination*, Seuil, 2001.

Deschamps (Christian), *Fêtes paysannes et culture populaire* : la lutte à la corde en Corée, Centre d'études coréennes du Collège de France, 1986.

Destexhe (Alain), *Corée du Nord* : voyage en dynastie totalitaire, Paris ; Torino ; Budapest : L'Harmattan, 2001.

Destombes (Paul), *Au pays du matin calme* : les martyrs de 1866, Apostolat des éditions, 1968.

Deverge (Michel), *Les quatre dragons* : Hongkong, Corée du Sud, Singapour, Taiwan, CHEAM, 1989.

Dézert (Bernard), *Dynamique économique et métropolisation en Extrême-Orient* : Corée du Sud, Chine, Japon, Saint-Germain-en-Laye et sa région, 1994.

Dézert (Bernard), *Questions d'aujourd'hui* : Hong-Kong, Singapour, Taïwan et la diaspora économique chinoise, les territoires français du Pacifique, Saint-Germain-en-Laye : Université de Saint-Germain-en-Laye et sa région, 1996.

Dibie (Pascal), *La passion du regard* : essai contre les sciences froides, Métailié, 1998.

Dibie (Pascal), *Le village retrouvé* : essai d'ethnologie de l'intérieur, La Tour-d'Aigues : L'aube, 1995.

Dictionnaire coréen-français/publié par les missionnaires de Corée, Yokohama : C. Lévy, 1880.

Dictionnaire critique du féminisme/coordonné par Helena Hirata, Françoise Laborie, Hélène Le Doaré, Danièle Senotier, PUF, 2004.

Dictionnaire français-coréen [1869, de l'abbé Féron]/한국교회사 연구자료 제23집, 서울 : 한국교회사 연구소, 2004.

Dictionnairique et lexicographie : vol. 2/publié par l'Institut national de la langue française, Didier érudition, 1992.

Dobré (Michelle), *L'écologie au quotidien* : éléments pour une théorie sociologique de la résistance ordinaire, Paris ; Torino ; Budapest : L'Harmattan, 2002.

Dolto (Françoise), *L'image inconsciente du corps*, Seuil, 1992.

Domenach (Jean-Marie), *Enquête sur les idées contemporaines*, Seuil, 1990.

Doncourt (A. S. de), *Fleurs de Martyrs au XIXe siècle* ; deuxième série : Corée et Maduré, Lille ; Paris : Lefort, 1868.

Doncourt (A. S. de), *Les français dans l'extrême orient*, Librairie de J. Lefont, 1884.

Du Garigliano à Diên-Biên-Phu : cinq promotions témoignent/publié par l'Association des anciens élèves-officiers de Cherchell-Médiouna(1943~1945), La Chapelle-en-Serval : Imprimerie Pointalaligne, 1992.

Du Halde (Jean-Baptiste), *Description géographique, historique, chronologique, politique et physique de l'Empire de la Chine et de la Tartarie chinoise*, P.-G. Le Mercier, 1735.

Ducrocq (Georges), *Pauvre et douce Corée*, H. Champion, 1904.

Duhamel (Georges), *Chronique des Pasquier IV* : la nuit de la Saint-Jean, Poitiers : Marc Texier ; Paris : Mercure de France, 1935.

Duhamel (Georges), *Chronique des Pasquier V* : le désert de Bièvres, Mercure de France, 1937.

Dumazedier (Joffre), *Vers une civilisation du loisir ?*, Seuil, 1962.

Dupont (René) et Millot (Joseph), *Grammaire coréenne*, Le Léopard d'or, 1984.

Duportail (Guy-Félix), *Intentionnalité et trauma* : Levinas et Lacan, Paris ; Budapest ; Torino : L'Harmattan, 2005.

Dupuis (Charles-François), *Abrégé de l'origine de tous les cultes*, H. Agasse, 1796.

Duras (Marguerite), *Emily L*, Minuit, 1987.

Duroselle (Jean-Baptiste), *La France de la Belle époque*, Presses de la fondation nationale des sciences politiques, 1992.

Eco (Umberto), *La recherche de la langue parfaite dans la culture européenne*/traduit de l'italien par Jean-Paul Manganaro, Seuil, 1997.

Encyclopédie médicale Quillet : nouvelle encyclopédie pratique de médecine et d'hygiène, A. Quillet, 1965.

Entretiens de Francis Ponge avec Philippe Sollers, Seuil ; Gallimard, 2001.

Erables rougis : poèmes anciens Sijo et contes de Corée/choisis et présentés par Li Jin-Mieung avec le concours de Maurice Coyaud, PAF, 1982.

Excousseau (Jean-Luc), *La mosaïque des générations* : comprendre les sensibilités et les habitudes de consommation des Français, Paris : Éditions d'Organisation ; Les Échos, 2000.

Exporter en Corée du Sud/publié par le Service de l'expansion économique de l'Ambassade de France en Corée du Sud, CFCE, 2001.

Exposition d'art contemporain coréen, Grand Palais, 5~25 mai 1986.

Exposition parisienne de l'Association des femmes sculpteurs coréens/exposition du 15 au 31 janvier 1982, Centre culturel coréen de Paris, 1982.

Éco-industries et marchés de l'environnement en Corée du Sud/publié par la Direction générale des stratégies industrielles, Ministère de l'économie, des finances et de l'industrie, 1997.

Éluard (Paul), *Picasso* : dessins, Braun, 1952.

Éluard (Paul), *Poèmes pour tous* : choix de poèmes : 1917-1952, Les Éditeurs français réunis, 1952.

Étude du marché des machines pour transformer le caoutchouc et les matières plastiques en Corée du Sud/publié par le Centre français du commerce extérieur, Direction des marchés étrangers en collaboration avec les services de l'expansion économique française en Corée du Sud, CFCE, 1980.

Études coréennes de Charles Haguenauer, Centre d'études coréennes du Collège de France, 1980.

Études d'architecture et d'urbanisme coréens/coll. Cahiers d'études coréennes 6 ; publié

par l'Institut d'études coréennes (Paris), Centre d'études coréennes, 1994.
Études d'orientalisme/publiées par le musée Guimet à la mémoire de Raymonde Linossier, t. 1 et t. 2, Librairie Ernest Leroux, 1932.
Études économiques de l'OCDE-Corée : 1999~2000 ; Corée, OCDE, 2000.
Fabre (André), *Histoire de la Corée*, Langues & Mondes-l'Asiathèque, 2000.
Fabre (André), *La grande histoire de la Corée*, Lausane ; Paris : Favre, 1988.
Fanon (Frantz), *Les damnés de la terre*, F. Maspéro, 1961.
Fauconnet-Buzelin (Françoise), *Mourir pour la Corée* : Jacques Chastan, missionnaire apostolique du diocèse de Digne, Paris ; Montréal : L'Harmattan, 1996.
Faure (Élie), *Histoire de l'art*, H. Floury, 1909.
Faure (Élie), *Histoire de l'art* : l'esprit des formes, Chartres : Imprimerie Lainé et Tantet ; Paris : Éditions G. Crès et Cie, 1927.
Fauvel (Albert-Auguste), "Tché-nampe, nouveau port Coréen" dans *Bulletin du comité de l'Asie française*, suppl., [s. n.], 1898.
Fauvel (Albert-Auguste), *La Corée*, [s. n.], 1904.
Festy (Bernard), *Corée (Corée du Sud)* : le guide, Sous le vent, 1988.
Fitoussi (Jean-paul) et Rosanvallon (Pierre), *Le nouvel âge des inégalités*, Seuil, 1998.
Fontaine (André), *Histoire de la guerre froide 1* : de la révolution d'octobre à la guerre de Corée : 1917~1950, Seuil, 1983.
Fontaine (Georges), *La céramique française*, PUF, 1965.
Fontaine (Pascal), *L'union européenne* : bilan et perspectives de l'intégration communautaire, Seuil, 1994.
Forde (Cecil M.), *Corée* : 38e parallèle, Le Carrousel, 1950.
Forman (Werner) et Barinka (Jaraslav), *L'art ancien en Corée*, Artia, 1962.
Fourer (Eugène), *La Corée* : martyrs et missionnaires, Nancy : E. Le Chevalier, 1895.
Frankenstein (Marc), *L'organisation des Nations Unies devant le conflit coréen*, A. Pedone, 1952.
Frédéric (Louis), *Dictionnaire de la Corée*, Éditions du Félin, 1988.
Freud (Sigmund), *Œuvres complètes* : Psychanalyse, vol. IV, 1899~1900/traduit de l'allemand, PUF, 2004.
Freud (Sigmund), *Œuvres complètes* : psychanalyse, vol. XI, 1911~1913/traduit de

l'allemand, PUF, 2005.
Freud (Sigmund), *Œuvres complètes* : psychanalyse, vol. XII, 1913~1914/traduit de l'allemand, PUF, 2005.
Freud (Sigmund), *Œuvres complètes* : psychanalyse, vol. XV, 1916~1920/traduit de l'allemand, PUF, 2002.
Freud (Sigmund), *Œuvres complètes* : psychanalyse, vol. XVI, 1921~1923/traduit de l'allemand, PUF, 2003.
Freud (Sigmund), *Œuvres complètes* : psychanalyse, vol. XVIII, 1926~1930/traduit de l'allemand, PUF, 2002.
Freud (Sigmund), *Œuvres complètes* : psychanalyse, vol. XIX, 1931~1936/traduit de l'allemand, PUF, 2004.
Galli (Henri), *La guerre en Extrême-Orient* : Russes et Japonais ; de Tchemulpo à Liao-Yang, Garnier frères, [1904~1905].
Gardella (Lawrence), *Mission secrète en Chine*/traduit de l'anglais par Marc Duchamp, Pygmalion, 1982.
Gaubil (Antoine), *De la situation du Japon et de la Corée*/manuscrit inédit du P. A. Gaubil, publié avec des notes par Henri Cordier, Leiden : E.-J. Brill, 1898.
Gaulle (Charles de), *Mémoires de guerre 3* ; *Le salut* : 1944-1946, Plon, 1959.
Gauthier (André), *Les pays-ateliers d'Extrême-Orient* : Singapour, Hong Kong, Taïwan, Corée du Sud, Montreuil : Bréal, 1981.
Gelézeau (Valérie), *Séoul, ville géante, cités radieuses*, CNRS Éditions, 2003.
Genette (Gérard), *Palimpsestes* : la littérature au second degré, Seuil, 1982.
Genette (Gérard), *Seuils*, Seuil, 2002.
Gentelle (Pierre) et Pelletier (Philippe), *Chine, Japon, Corée*, [Paris] ; Belin ; Monpellier : RECLUS, 1994.
GEO n° 113, juillet 1988, Prisma presse, 1988.
Gheorghiu (virgil), *La Corée* : la belle inconnue de l'Extrême-Orient à l'heure des jeux olympiques, Plon, 1987.
Giovannoi (Gustavo), *L'urbanisme face aux villes anciennes*/traduit de l'italien par Jean-Marc Mandosio, Amélie Petita et Claire Tandille, Seuil, 1998.
Goffman (Erving), *Les cadres de l'expérience*/traduit de l'anglais par Issac Joseph, Michel

Dartevelle et Pascale Joseph, Minuit, 1991.

Goldschmidt (Bertrand), *L'aventure atomique* : ses aspects politiques et techniques, Fayard, 1961.

Goncourt (Edmond de) et Goncourt (Jules de), *Journal des Goncourt* : mémoires de la vie littéraire, Bibliothèque-Charpentier, 1891.

Goody (Jack), *La peur des représentations* : l'ambivalence à l'égard des images, du théâtre, de la fiction, des reliques et de la sexualité/traduit de l'anglais par Pierre-Emmanuel Dauzet, Éditions de la Découverte, 2003.

Gouvernal (Élisabeth), *Politiques maritimes et politiques de développement* : Corée du Sud et Côte d'Ivoire, Ministère de la coopération et du développement, 1988.

Grailly (François de), *İtinéraires bouddhiques à Séoul*, Olympe, 1996.

Grangereau (Philippe), *Au pays du grand mensonge* : voyage en Corée du Nord, Payot & Rivages, 2003.

Gremiaux (Charles), "La Corée et son commence" dans *Annales de l'Extrême-Orient*, 1883~1884.

Grousset (René), *Histoire de l'Extrême-Orient*, t. 2, Librairie orientaliste Paul Geuthner, 1929.

Guide des affaires en Corée du Sud/[rédigé par Philippe Li et Laurence Tabourdeau], CFCE, 2000.

Guillemoz (Alexandre), "Les croyances populaires en Corée" dans *Mythes et croyances du monde entier IV*, Lidis-Brepols, 1985.

Guillemoz (Alexandre), *Les algues, les anciens, les dieux*, Le Léopard d'or, 1983.

Gunst (Petra), Philips (Armand), Verhaegen (Benoît), *Une saison en Corée* : du «Kamina» à l'Imjin/avec la collaboration de Michel Van der Vennet, Bruxelles : Éditions Racine, 1999.

Haddon (Alfred-Cort), *Les races humaines et leur répartition géographique*/traduit de l'anglais par A. van Gennep, Félix Alcan, [1927].

Hagège (Claude), *L'homme de paroles* : contribution linguistique aux sciences humaines, Fayard, 1985.

Haguenauer (Charles), *Mémoires du Centre d'études coréennes*/collection publiée par l'Institut du Centre d'études coréennes, Centre d'études coréennes, 1979~1992.

Hall (Edward Twitchell), *Au-delà de la culture*/traduit de l'anglais par Marie-Hélène Hatchuel, Seuil, 1987.

Hamel (Hendrik), *Relation du naufrage d'un vaisseau hollandais sur la côte de l'île de Quelpaert avec la description du royaume de Corée*/publié d'après l'édition française de 1670, L'Harmattan, 1985.

Hamilton (Angus), *En Corée* : esquisse historique/traduit de l'anglais par L. Bazalgette, Félix Juven, [s. d.].

Hénaff (Marcel), *Claude Lévi-Strauss et l'anthropologie structurale*, Pocket, 2000.

Henry-Coston (Gilberte), *L'A. B. C. du journalisme* : cours élémentaire en 30 leçons, Numéro spécial de Clubinter-presse, 1952.

Herscher (Ermine), *Qualité de vie* : objets des valeurs quotidiennes, Éditions du May, 1991.

Higgins (Marguerite), *Guerre en Corée*/traduit de l'anglais, Éditions Berger-Levrault, 1951.

Histoire de la vie privée 1 : de l'Empire romain à l'an mille, Seuil, 1999.

Histoire de la vie privée 2 : de l'Empire féodale à la Renaissance, Seuil, 1999.

Histoire de la vie privée 3 : de la Renaissance aux Lumières, Seuil, 1999.

Histoire de la vie privée 4 : de la Révolution à la Grande Guerre, Seuil, 1999.

Histoire de la vie privée 5 : de la Première Guerre mondiale à nos jours/sous la direction de Philippe Ariès et de Georges Duby, Seuil, 1999.

Histoire des mœurs I : les coordonnées de l'homme et la culture matérielle/sous la direction de Jean Poirier, 2 vol., Gallimard, 2002.

Histoire des mœurs II : modes et modèles/sous la direction de Jean Poirier, 2 vol., Gallimard, 2002.

Histoire des mœurs III : thèmes et systèmes cultures/sous la direction de Jean Poirier, Gallimard, 1991.

Hŏ (Kyun), *L'histoire de Hong Kiltong*/traduit du coréen par Patrick Maurus, Gallimard, 1994.

Huyghe (René), *Dialogue avec le visible*, Flammarion, 1955.

Hyegyŏnggung Hong ssi, *Mémoires d'une reine de Corée*/Dame Hong ; édition établie par Mme Choe-Wall Yang-hi ; traduit de l'anglais par Claude Bouygues avec la participation de Christiane Tchang-Benoit, Arles : Éditions Philippe Picquier, 2002.

Images de la Corée/publiées par Ministère de la culture et de l'information, Séoul : [s. n.], 1970.

Imbault-Huart (Camille), *Manuel de la langue coréenne parlée à l'usage des Français*, Imprimerie nationale, 1889.

"Im Kwon-taek", p. 9~14, *Positif*/revue mensuelle de cinéma, n° 502, décembre 2002, Jean-Michel Place, 2002.

Iribarne (Philippe de), Henry (Alain), Segal (Jean-Pierre) *et al.*, *Cultures et mondialisation* : gérer par-delà les frontières, Seuil, 2002.

Jametel (Maurice), "La Corée, ses ressources, son avenir commercial" dans *L'économiste français*, 1882.

Jametel (Maurice), *La Corée avant les traités* : souvenirs de voyages, Ch. Delagrave, 1885.

Japon, Chine, Corée... : cette Asie qui dérange/sous la direction d'Henry Lelièvre, Bruxelles ; [Paris] : Éd. Complexe, 2000.

Javeau (Claude), *La société au jour le jour* : écrits sur la vie quotidienne, De Boeck Université, 1991.

Javeau (Claude), *Sociologie de la vie quotidienne*, PUF, 2003.

Jeannel (Bernard), *Corée*, Voyageurs du monde, 1994.

Jong (Ki-Sou), *La Corée et l'Occident* : diffusion de la culture française, Minard, 1987.

Jouan (Henri), "Aperçu sur l'histoire naturelle de la Corée" dans *Mémoires de la société impériale des sciences naturelles de Cherbourg*, 2e série, t. 3, Paris : J. B. Baillère et fils ; Cherbourg : Bedelfontaine et Syffert, 1867.

Jouan (Henri), "L'expédition de Corée en 1866, épisode d'une station navale dans les mers de Chine" dans *Mémoires de la société nationale académique de Cherbourg*, Cherbourg : Lepoittevin et Henry ; Caen : Massif, 1871.

Juan (Salvador), *Les formes élémentaires de la vie quotidienne*, PUF, 1995.

Judet (Pierre), *Les nouveaux pays industriels*, Éditions ouvrières, 1981.

Julien (Philippe), *Pour lire Jacques Lacan* : le retour à Freud, Seuil, 1995.

Kang (Chol-Hwan), *Les aquariums de Pyongyang* : dix ans au goulag nord-coréen, Robert Laffont, 2000.

Kaufmann (Jean-Claude), *La trame conjugale* : analyse du couple par son ligne, Nathan, 1992.

Kaufmann (Jean-Claude), *Le cœur à l'ouvrage* : théorie de l'action ménagère, Nathan, 1997.

Kim (Chin-Ok), Hwang (Sŏg-Yŏng), Chŏng (Yun-Hŭi) *et al.*, *Liberté sous clef*/traduit du coréen par Roger Leverrier, Le Léopard d'or, 1981.

Kim (Hyun-Hee), *Dans la fosse aux tigres*/traduit de l'anglais par René Baldy, Les Presses de la Cité, 1994.

"Kim Il-Sung(1912-1994)" dans *Le Monde*, le 20 juin 1977.

Kim (U-Chang), *Le roman coréen* : essais de littérature et de philosophie/traduit du coréen et annoté par John et Geneviève T. Park, Maisonneuve & Larose, 1998.

Kim (Won-Yong), *Recent archaeological discoveries in the republic of Korea, Tokyo* : Centre for East Asian cultural studies ; Paris : UNESCO, 1983.

Kim (Yu-jong), *Une averse*/traduit du coréen par Choi Mikyung et Jean-Noël Juttet, Cadeilhan : Zulma, 2000.

Kim Woo-Choong : l'entrepreneur d'élite/[propos recueillis par] Louis Krarr ; traduit de l'anglais par Dominique de Saint-Ours et adapté par Isabelle de Redinger, Les Presses du management, 1995.

Koch (Kurt Emil Karl), *Quand les Coréens prient*, Avallon : Cèdre, 1997.

Korea and the OECD : the social dimension of economic integration/[seminar, 13~14 september 1995, Seoul], Trade union advisory committee to the Organisation for economic cooperation and development, 1996.

Koreana : arts et culture de Corée, vol. 1, n° 1, Séoul : Korea Foundation, 1995.

Kristeva (Julia), *La révolution du langage poétique, Seuil*, 1985.

Kristeva (Julia), *Le langage, cet inconnu* : une initiation à la linguistique, Seuil, 2005.

Ku (Bon-Guk), *Les échanges maritimes internationaux* : l'exemple franco-coréen, Plouzané : IFREMER, 2000.

Kusan sunim, *La voie du zen coréen*/version en français par Chonggon sunim, [Saint-Michel-en-l'Herm] : Éditions Dharma, 1999.

L'architecture en Corée du Sud : approche du contexte architectural, de la pratique du projet et des marchés potentiels/publié par la Direction des relations économiques extérieures de l'Ambassade de France en Corée du Sud, CFCE, 1994.

L'art des nœuds Maedŭp : tradition de la parure coréenne dans l'œuvre de Mme Kim

Hee-Jin/exposition, Musée des beaux-arts, 8 juillet-15 août 1988.

L'Asie orientale et méridionale aux XIX et XX siècles : Chine, Corée, Japon, Asie du Sud-Est, Inde/sous la direction de Hartmut O. Rotermund, PUF, 1999.

L'identité : séminaire interdisciplinaire/dirigé par Claude Lévi-Strauss, PUF, 2001.

L'individu et ses cultures/textes réunis par Fabienne Tanon et Geneviève Vermès du Colloque international organisé par l'ARIC, octobre 1991, Paris : École normale supérieure de Fontenay-Saint-Cloud ; L'Harmattan, 1993.

L'industrie chimique en Corée du Sud : approche des sociétés d'ingénierie/publié par le Centre français du commerce extérieur, CFCE, 1997.

L'informatique en Corée et en Chine, Hong-Kong/publié par le Centre français du commerce extérieur, CFCE, 1989.

L'univers économique et social/sous la direction de François Perroux, Société de gestion de l'Encyclopédie française, 1959.

La carte à puce en Asie (Corée, Taiwan, Singapour)/publié par le Centre français du commerce extérieur, CFCE, 1992.

La civilisation écrite/sous la direction de Julien Cain, Société de gestion de l'Encyclopédie française, 1939.

La construction interactive du quotidien : [colloque, 1992, Nancy]/sous la direction d'Alain Trognon, Ulrich Dausendschön-Gay, Ulrich Krafft *et al.*, Nancy : Presses universitaires de Nancy, 1994.

La Corée : le peuple et les valeurs culturelles d'hier à aujourd'hui/sous la direction de Yim Seong-Sook, Montréal : Les presses de l'Université de Montréal, 2000.

La Corée du Sud vue du train ; *La vie du rail*, n° 1308, septembre, 1971.

La Corée en miettes : régions et territoires/sous la direction de Valérie Gelézeau, L'Harmattan, 2005.

La Corée libre/revue mensuelle politique, économique et littéraire, [s. n.], 1920~1921.

La Corée telle qu'elle est/publié par Le service coréen d'information pour l'étranger, Séoul : La Société Samhwa, 1983.

La Corée telle qu'elle est/publié par l'Agence gouvernementale d'information, Séoul : Service coréen d'information pour l'étranger, 2003.

La Corée/document animé, réalisé par Bernard d'Abrigeon ; coll. "Des trains pas comme les autres", Éditions Montparnasse, 1992.

La culture : de l'universel au particulier/publié par Nicolas Journet, Auxerre : Éditions Sciences Humaines, 2002.

La géographie universelle/publié sous la direction de Paul Vidal de la Blache et Lucien Gallois, Armand Colin, 1927.

La grande distribution alimentaire en Corée du Sud/publié par la Direction des relations économiques extérieures de l'Ambassade de France en Corée du Sud, CFCE, 1994.

La montée en puissance des États-Unis : de la guerre hispano-américaine à la guerre de Corée, 1898~1953/sous la direction de Pierre Mélandri et Serge Ricard, Paris ; Budapest ; Torino : L'Harmattan, 2004.

La nation en marche : études sur le Japon Impérial de Meiji/sous la direction de Jean-Jacques Tschudin et Claude Hamon, Arles : Éditions Philippe Picquier, 1999.

La Pérouse (Jean-François de), *Voyage autour du monde sur "L'Astrolabe" et "La Boussole"* : 1785~1788, La Découverte, 1997.

La Porte (Joseph de), *Le voyageur français ou la connaissance de l'ancien et du nouveau monde*, L. Cellot, 1772.

La présence française en Corée du Sud/publié par la Direction des relations économiques extérieures de l'Ambassade de France en Corée du Sud, CFCE, 1999.

La réforme de la réglementation en Corée/publié par l'Organisation de coopération et de développement économique, OCDE, 2001.

La République de Corée : concurrent ou nouveau partenaire ?/publié par l'Institut de recherche économique sur la production et le développement, Grenoble : Université de Grenoble, 1987.

La République de Corée : mutation et enjeux/sous la direction de F. E. Caillaud et A. Queval, La documentation française, 1997.

La robinetterie industrielle en Corée du Sud : fabricants, agents, échanges/publié par le Centre français du commerce extérieur, CFCE, 1988.

La salle de bains en Corée du Sud/publié par le Centre français du commerce extérieur, Paris, CFCE, 1991.

La Société des Missions-Étrangères, Mission de Séoul : documents relatifs aux martyrs de Corée de 1839 et 1946, Hongkong : Imprimerie de Nazareth, 1924.

La tolérance : pour un humanisme hérétique/sous la direction de Claude Sahel, Seuil, 1998.

Labouz (Marie-Françoise), *L'Organisation des Nations Unies et la Corée* : recherches sur la fiction en droit international public, Les Publications universitaires de Paris, 1980.

Lacan (Jacques), *Le séminaire XX* ; *Encore* : 1972~1973, Seuil, 1975.

Lacan (Jacques), *Les écrits techniques de Freud*, Seuil, 1998.

Lacombe (Olivier), *Orient et Occident* : ultra verba, [Saint-Maur] : Parole et Silence, 2001.

Laguerie (Villetard de), *La Corée indépendante, Russe ou Japonaise*, Hachette, 1898.

Lameda (Ali), *Récit de l'expérience personnelle d'un prisonnier d'opinion en république démocratique populaire de Corée*, Amnesty international section française, 1979.

Lanzarotti (Mario), *La Corée du Sud* : une sortie du sous-développement, PUF, 1992.

Lanzmann (Jacques), *La horde d'or*, Plon, 1994.

Larroche (Christine de), *Rencontres coréennes* : la visiteuse de l'autre rive, Paris ; Montréal : L'Harmattan, 1999.

Lartéguy (Jean), *Les mercenaires*, Presse de la Cité, 1960.

Launay (Adrien), *Histoire générale de la société des missions-étrangères*, 3 t., Téqui, 1894.

Launay (Adrien), *La Corée et les missionnaires français*/introduction sur le pays, les mœurs et les coutumes par Charles Dallet, Tours : Maison Alfred Mame et fils, 1901.

Launay (Adrien), *Martyrs français et coréens* : 1838~1846 ; béatifiés en 1925, Téqui, 1925.

Launay (Adrien), *Monseigneur Verrolles et la mission de Mandchourie*, Téqui, 1895.

Le Breton (David), *Anthropologie du corps et modernité*, PUF, 2000.

Le catholicisme en Corée : son origine et ses progrès, Hongkong : Imprimerie de la Société des Missions-Étrangères de Paris, 1924.

Le cinéma coréen/sous la direction d'Adriano Aprà, Centre Georges Pompidou, 1993.

Le Comte (Louis), *Nouveaux mémoires sur l'état présent de la Chine*, J. Anisson, 1696.

Le groupe Daewoo/publié par la Direction des relations économiques extérieures de l'Ambassade de France en Corée du Sud, CFCE, 1995.

Le groupe Hyundai/publié par la Direction des relations économiques extérieures de l'Ambassade de France en Corée du Sud, CFCE, 1997.

Le langage/sous la direction d'André Martinet, Gallimard, 1967.

Le marché de l'aéronautique et de l'espace en Corée du Sud/publié par le Centre français du commerce extérieur, CFCE, 1989.

Le marché des dérivés du lait dans l'industrie alimentaire, Corée du Sud/publié par le Centre français du commerce extérieur, Département des études de marchés agricoles et alimentaire, CFCE, 1983.

Le marché des produits agro-alimentaires en Corée du Sud/publié par le Centre français du commerce extérieur, CFCE, 1988.

Le marché des technologies agro-alimentaires en Corée du Sud/publié par le Centre français du commerce extérieur, Direction des marchés étrangers en collaboration avec les services de l'expansion économique française en Corée du Sud, CFCE, 1981.

Le marché des viandes bovine et porcine en Corée du Sud : opportunités pour les exportateurs français/publié par le Centre français du commerce extérieur, Direction produits et matériels agro-alimentaires de l'Ambassade de France en Corée du Sud, CFCE, 1996.

Le marché des vins et spiritueux en Corée du Sud/publié par la Direction des relations économiques extérieures de l'Ambassade de France en Corée du Sud, CFCE, 1995.

Le marché touristique coréen : guide pratique/publié par Maison de la France, Paris ; Séoul : Maison de la France, 1998.

Le totalitarisme : le XXe siècle en débat/textes choisis et présentés par Enzo Traverso, Seuil, 2001.

Le vrai et le faux des droits de l'homme en Corée du Nord : la réalité du soi-disant paradis/publié par l'Institut des études intercoréennes (Corée S.), Séoul : Institut des études intercoréennes, 1992.

Leckie (Robert), *La guerre de Corée*/traduit de l'anglais par Christian Goffin, R. Laffont, 1963.

Lee (Chong-Sik) et La Guérivière (Jean de), *La Corée du Sud*, Aubervilliers : La documentation française, 1980.

Lee (Hee-Jae), *La typographie coréenne au XVe siècle*, Éditions du Centre national de la recherche scientifique, 1987.

Leiris (Michel), *La règle du jeu 1* : biffures, Paris : Gallimard ; Mayenne : Imprimerie de Floch, 1948.

Leiris (Michel), *La règle du jeu 2* : fourbis, Gallimard, 1955.

Leiris (Michel), *La règle du jeu 3* : fibrilles, Gallimard, 1966.

Lelong (Maurice), *La Corée intime*/dessins de Kim En Joong, La table ronde, 1978.

Lemercier (Népomucène-Louis), *Pinto, ou la journée d'une conspiration*/comédie historique en 5 actes et en prose, Huet-Charon, 1799.

Lemoine (André), *Un du bataillon français en Corée*, Amiot Dumont, 1951.

Lenfant (Camille), *Récits et Souvenirs*, René Haton, 1878.

Les arts de la table en Corée du Sud : marché, concurrence, débouchés/publié par le Centre français du commerce extérieur de l'Ambassade de France en Corée du Sud, CFCE, 1996.

Les cahiers d'Histoire sociale 7 : spécial Corée ; les archives soviétiques et la guerre de Corée, Albin Michel, 1996.

Les Chaebols coréens/publié par le Centre français du commerce extérieur, CFCE, 1988.

Les investissements coréens à l'étranger/publié par la Direction des relations économiques extérieures de l'Ambassade de France en Corée du Sud, CFCE, 1995.

Les matériaux de second-œuvre du bâtiment en Corée du Sud/publié par le Centre français du commerce extérieur, CFCE, 1990.

Les potiers coréens d'aujourd'hui face à la tradition/exposition du 19 novembre au 15 décembre 1982 au Centre culturel coréen de Paris, Centre culturel coréen de Paris, 1982.

Lesourd (Jean-Alain) et Gérard (Claude), *Histoire économique 2* : XIXe et XXe siècles, A. Colin, 1966.

Lévinas (Emmanuel), *Autrement qu'être* : ou au-delà de l'essence, Librairie générale française, 2004.

Lévinas (Emmanuel), *De l'évasion*, Librairie générale française, 1998.

Lévinas (Emmanuel), *De l'existence à l'existant*, J. Vrin, 2004.

Lévinas (Emmanuel), *Dieu, la mort et le temps*, Librairie générale française, 1995.

Lévinas (Emmanuel), *Difficile liberté* : essais sur le judaïsme, Librairie générale française, 1984.

Lévinas (Emmanuel), *Du sacré au saint* : cinq nouvelles lectures talmudiques, Minuit, 1977.

Lévinas (Emmanuel), *En découvrant l'existence avec Husserl et Heidegger*, J. Vrin, 2001.

Lévinas (Emmanuel), *Entre nous* : essais sur le penser-à-l'autre, Grasset, 1995.

Lévinas (Emmanuel), *Éthique comme philosophie première*, Payot & Rivages, 1998.

Lévinas (Emmanuel), *Éthique et infini*, Fayard, 2004.

Lévinas (Emmanuel), *Le temps et l'autre*, PUF, 2004.

Lévinas (Emmanuel), *Le visage de l'autre*/dessins de Martin-Tom Dieck, Seuil, 2001.

Lévinas (Emmanuel), *Totalité et infini* : essais sur l'extériorité, Librairie générale française, 1990.

Lévy (Bernard-Henri), *Impressions d'Asie*, Paris ; Chêne : Grasset, 1985.

Lévy (Roger), *Regards sur l'Asie*, Armand Colin, 1952.

Li (Jin-Mieung), Jo (Han-Kyoung), Han (Chang-Su), *Dictionnaire des caractères sino-coréens*, Pour l'analyse du folklore, 1993.

Libera (Alain de), *Penser au Moyen Âge*, Seuil, 1991.

Locke (John), *Identité et différence* : l'invention de la conscience/présenté, traduit et commenté par Étienne Balibar, Seuil, 1998.

Loiseau (Jaques), *Naissance d'une culture* : essai sur la culture industrielle, L'Harmattan, 1996.

Lorenz (Konrad), *Essais sur le comportement animal et humain* : les leçons de l'évolution de la théorie du comportement/traduit de l'allemand par C. et P. Fredet, Seuil, 1970.

Loti (Pierre), *Japoneries d'automne*, Calmann-Lévy, 1889.

Loti (Pierre), *La troisième jeunesse de Madame Prune*, Proverbe, 1994.

Loti (Pierre), *Les derniers jours de Pékin*, Calmann-Lévy, 1901.

Louis Marin (Fernande), *Voyage de 1901en Russie, Sibérie, Mongolie, Mandchourie, Chine, Corée*, Imprimerie Jouve, 1975.

Louyot (Michel), *La lettre de Corée*, Marseille : Autres temps, 1999.

Lowie (Robert-Harry), *Manuel d'anthropologie culturelle*/traduit de l'anglais par E. Métraux, Payot, 1936.

Lumière sur la Corée : les 103 martyrs/publié par Missions étrangères de Paris, Le Sarment Fayard, 1984.

Lynch (George), *Corée, Chine et Mandchourie* : les convoitises russes et japonaises/traduit de l'anglais par G. Giluncy, Dujarric et Cie, 1904.

Macciocchi (Maria-Antonietta), *De la France*, Seuil, 1979.

Macouin (Francis), *Pavillons et monastères de la Corée ancienne*, Findakly, 1998.

Madrolle (Claudius), *Chine du Nord et vallée du Fleuve Bleu, Corée*, Hachette, 1911.

Maestrati (Olivier), *Le bataillon français en Corée* : novembre 1950~juillet 1953, Toulouse : Olivier Maestrati, 2003.

Maestrati (Olivier), *Le bataillon français en Corée*, [s. l.] : [s. n.], [s. d.].

Maffesoli (Michel), *L'instant éternel*, La table ronde, 2003.

Maffesoli (Michel), *La conquête du présent* : pour une sociologie de la vie quotidienne, Desclée de Brouwer, 1998.

Maffesoli (Michel), *La contemplation du monde* : figures du style communautaire, Grasset, 1993.

Malherbe (Michel), *Les religions de l'humanité*, Critérion, 2004.

Malherbe (Michel), *Les religions*, Nathan, 2004.

Malka (Salomon), *Lire Lévinas*, Cerf, 1984.

Manchette (Jean-Patrick), *Nada*, Gallimard, 1971.

Manchette (Jean-Patrick), *Trois hommes à abattre* : le petit bleu de la côte ouest, Gallimard, 1975.

Marie-Madeleine de la Miséricorde (carmélite), *Le marche à la mort* : trois ans de captivité du Carmel de Séoul, 19501953, Toulouse : Éditions du Carmel, 2000.

Martin (Charles), *L'expédition de Corée 1866*, Le specteur militaire, 1883.

Martin du Gard (Roger), *Les Thibault* : 7e partie ; l'été 1914, Gallimard, 1936.

Matignon (Jean-Jacques), *L'orient lointain* : Chine, Corée, Mongolie, Japon, Lyon : Storck, 1903.

Maufroid (A.), *De Java au Japon par l'Indochine, la Chine et la Corée*, Plon-Nourrit, 1913.

Maurus (Patrick), *La mutation de la poésie coréenne moderne ou les onomatopées fondatrices*, Paris ; Montréal : L'Harmattan, 1999.

Maurus (Patrick), *Les bouddhas de l'avenir*, Arles : Actes Sud, 1993.

Maurus (Patrick) et Ch'oe (Yun), *La littérature coréenne devant le modernisme et le colonialisme ou l'ère des Revues*, Paris ; Montréal ; Budapest ; Torino : L'Harmattan, 1999.

Max (Frédéric), *La Corée du Sud*, L'Harmattan, 1984.

Mélanges de coréanologie offerts à M. Charles Haguenauer/publié par le Centre d'études coréennes du Collège de France, 1979.

Melon (Jean-François), *Mahmoud le Gasnévide* : histoire orientale/fragment traduit de l'arabe avec des notes, Rotterdam : G. Hofhoudt, 1729.

Mercier (Mario), *Chamanisme et chamans* : le vécu dans l'expérience magique, Saint-Jean-de-Braye : Dangles, 1987.

Michaud (Jean-Claude) et Michaud (Roland), *Corée de jade*, Paris ; Chêne : Hachette, 1981.

Michaux (Henri), *Un barbare en Asie*, Gallimard, 1933.

Modes d'achat et de consommation des vins en Corée du Sud : image et positionnement des vins français/publié par le Centre français du commerce extérieur, CFCE, 1997.

Monnier (Marcel), *Itinéraires à travers l'Asie* : levés au cours du voyage accompli durant les années 1895, 1896, 1898 sur l'initiative et pour le compte du journal *Le temps*, Librairie Plon, 1900.

Montesquieu (Charles-Louis de Secondat), *De l'esprit des lois*, Londres : [s. n.], 1757.

Moreau Defarges (Philippe), *Introduction à la géopolitique*, Seuil, 2005.

Moreau Defarges (Philippe), *Relations internationales 1* : questions régionales, Seuil, 2003.

Moreau Defarges (Philippe), *Relations internationales 2* : questions mondiales, Seuil, 2004.

Morillot (Juliette), *La Corée* : chamanes, montagnes et gratte-ciel, Éditions Autrement, 1998.

Morillot (Juliette), *Tout sur la Corée* : le pays du matin clair, Souffles, 1988.

Morillot (Juliette) et Malovic (Dorian), *Évadés de Corée du Nord*, Paris : Belfond ; Presse de la cité, 2004.

Mounira (Khemir), *L'orientalisme* : l'Orient des photographes au XIXe siècle, Centre national de la photographie, 1994.

Mousset (Paul), *Parallèle 38*, Gallimard, 1951.

Mousset (Paul), *Un amour de Corée*, Grasset, 1961.

Mozzani (Éloïse), *Le livre des superstitions* : mythes, croyances et légendes, Robert Laffont, 1995.

Mulett-Merrick (H.-J.), Frank Herron Smith (R.), Maybon (M. A.), *La Corée contemporaine*, Imprimerie de J. Dumoulin, 1921.

Natsume (Sôseki), *Haltes en Mandchourie et en Corée* précédé de *Textes londoniens*/traduit du japonais, Paris : La Quinzaine littéraire ; L. Vuitton, 1997.

Nettancourt-Vaubecourt (Jean de), *En zigzag de Singapour à Moscou* : notes de route, Plon-Nourrit et Cie, 1905.

Nisihira (Sigeki), *L'opinion des Japonais* : société, travail, famille à travers les sondages ; comparaison internationale, Sudestasie, 1991.

NORAO : identités territoriales en Asie orientale/publié par le groupe NORADO ; sous la direction de Philippe Pelletier, Les Indes savantes, 2004.

Nostalgies coréennes : peintures et paravents du XVIIe au XIXe siècle/coll. Lee U-Fan ; exposition 16 octobre 2001~14 janvier 2002, Musée Guimet, 2001.

Nourissier (François), *Le maître de maison*, Grasset, 1968.

Nous accusons/rapport de la Commission de la Fédération démocratique internationale des femmes en Corée du 16 au 27 mai 1951, Imprimerie spéciale de l'union des femmes françaises, [s. d.].

Objet banal, objet social : les objets quotidiens comme révélateurs des relations sociales/sous la direction de Isabelle Garabuau-Moussaoui et Dominique Desjeux, Paris ; Montréal ; Budapest : L'Harmattan, 2000.

Olivier-Lacamp (Max), *La Corée aujourd'hui*, Larousse, 1983.

Olivier-Lacamp (Max), *Le matin calme* : Corée d'hier et d'aujourd'hui, Stock, 1977.

Oppetit (Robert), *La Corée* : des origines au Djoutché, Le Sycomore, 1980.

Orange (Marc), *Archives françaises relatives à la Corée* : inventaire analytique/mémoires du Centre d'études coréennes, vol. VII-1, Collège de France, 1987.

Ormesson (Jean d'), *La douane de mer*, Gallimard, 1992.

Ormesson (Jean d'), *Le vent du soir*, J. C. Lattès, 1985.

Ormesson (Jean d'), *Tous les hommes en sont fous*, J. C. Lattès, 1986.

Ory (Pascal), *L'histoire culturelle*, PUF, 2004.

Owona (Joseph), *La République populaire démocratique de Corée*, Berger-Levrault, 1987.

Pange (Jean de), *En Corée*, Hachette, 1904.

Park (Byeng-Sen), *Histoire de l'imprimerie coréenne* : des origines à 1910, Maisonneuve & Larose, [2003].

Perec (Georges), *Ellis Island*, POL, 1995.

Perec (Georges), *La vie, mode d'emploi* : romans, Hachette, 1978.

Perpillou (Aimé), *L'industrie des constructions navales*, Centre de documentation universitaire, 1967.

Perrin (Michel), *Le chamanisme*, PUF, 2002.

Perrinjaquet (Jean), *Corée et Japon* : annexion de la Corée au Japon : traité du 22 août 1910 et ses conséquences, A. Pedone, 1910.

Perroux (François), *L'économie du XXe siècle*, Presses universitaires de Grenoble, 1961.

Perspectives de l'interculturel/actes du 4e Congrès de l'Association pour la recherche interculturelle, Liège, juillet 1992 ; textes réunis par Jeannine Blomart et Bernd Krewer, L'Harmattan, 1994.

Petit manuel du Conseil de l'Europe, Strasbourg : Direction de l'Information du Conseil de l'Europe, 1951.

Pezeu-Massabuau (Jacques), *La Corée*, PUF, 1981.

Piacentini (Arthur), *Mgr. Ridel, évêque de Philippopolis, vicaire apostolique de Corée, d'après sa correspondance*, Lyon : Librairie générale catholique et classique, 1890.

Piel (Jean), *Corée, tempête au pays du Matin-Calme*, Arles : Éditions Philippe Picquier, 1998.

Pluchart (Jean-Jacques), *La crise coréenne* : grandeur et décadence d'un modèle de performance, Paris ; Montréal : L'Harmattan, 1999.

Pons (Philippe), "La Corée face à la réunification : Séoul hésite à franchir le pas le mauvais exemple allemand" dans *Le Monde diplomatique*, 1993.

Pons (Philippe), "Quelque part en Corée du Sud" dans *Le Monde diplomatique*, 1988.

Pons (Philippe), "Un entretien avec Kim Dae-jung" dans *Le Monde*, 1994.

Popham (Peter), *Corée*/document cartographique publié par Kümmerly+Frey, Berne : Kümmerly+Frey, 1988.

Postel-Vinay (Karoline), *Corée, au cœur de la nouvelle Asie*, Flammarion, 2002.

Postel-Vinay (Karoline), *Le Japon et la nouvelle Asie*, Presses de Sciences Po, 1996.

Pour comprendre de bouddhisme : une initiation à travers les textes essentiels/textes rassemblés et commentés par Samuel Bercholz et Sherab Chödzin Kohn ; textes traduits de l'anglais par Michel Garène, Basile Lagides et Bernard Seytre, R. Laffont, 1993.

Prévert (Jacques), *La pluie et le beau temps*, Gallimard, 1955.

Productique Corée du Sud : constats et perspectives/publié par le Centre français du commerce extérieur, CFCE, 1990.

Quisefit (Laurent), *La délégation coréenne à la Conférence de la Paix de Paris et les relations entre la France et le gouvernement provisoire coréen de Shanghai (1919~1923)* : études de l'Extrême-Orient/DEA, Université de Paris VII, 1999.

Rapport d'information sur le marché européen dans la stratégie industrielle des constructeurs automobiles asiatiques/Assemblée nationale ; déposé par la Commission de la production et des échanges ; présenté par Jean-Louis Masson, Assemblée nationale, 1994.

Raymond (Spies), *Messages de la Vierge qui pleure* : Naju, Corée du Sud, F.-X. de Guibert, 1995.

Raynal (Guillaume-Thomas), *Histoire philosophique et politique des établissements et du commerce des Européens dans les deux Indes*, Amsterdam : [s. n.], 1770.

Rémy (Jean), Voyé (Liliane), Servais (Émile), *Produire ou reproduire* : une sociologie de la vie quotidienne, 2 vol., Bruxelles : De Boeck université ; Paris : Éditions universitaires, 1988.

Rennard (Jean-Philippe), *Industrialisation tardive et nouvelles approches de l'économie mondial* : le cas de l'industrie automobile en République de Corée, Grenoble : IRPD, 1993.

République de Corée/publié par le Centre français du commerce extérieur, Direction des marchés étrangers en collaboration avec les services de l'expansion économique française en Corée du Sud, CFCE, 1980.

Revue de Corée/publiée par Commission Nationale Coréenne pour l'Unesco, Séoul : Éditions Tongbang, 1988.

Revue française de Science politique, v. 20, n° 6, décembre, 1970.

Rey (Francis), *La condition juridique des étrangers en Corée*, L. Larose et L. Tenin, 1908.

Reynaud (Jean-Daniel), *Les syndicats en France*, A. Colin, 1963.

Ricœur (Paul), *Histoire et vérité*, Seuil, 2001.

Ricœur (Paul), *Lectures 2* : la contrée des philosophes, Seuil, 1999.

Ridel (Félix-Clair), *Grammaire coréenne*, Yokohama : C. Lévy, 1881.

Ridel (Félix-Clair), *Ma captivité dans les prisons de Séoul*/avec une biographie de l'auteur par Adrien Launay, Lille ; Paris : Desclée, de Brouwer et Cie, 1901.

Rigoulot (Pierre), *Corée du Nord, État voyou*, Buchet-Chastel, 2002.

Rioux (Jean-Pierre) et Sirinelli (Jean-François), *La France, d'un siècle à l'autre* : 1914~2000, 2 vol., Hachette littératures, 2002.

Robinson (Martin), Bender (Andrew), Whyte (Rob), *Corée*/guide de voyage, Lonely Planet, 2004.

Roche (Daniel), *Histoire des choses banales* : naissance de la consommation dans les sociétés traditionnelles (XVIIe~XIXe siècle), Fayard, 1997.

Rolin (Jean), *L'organisation*, Gallimard, 1996.

Rosny (Léon de), "Aperçu de la langue coréenne" dans *Journal asiatique*, 6e série, t. 3, L'imprimerie impériale, 1864.

Rosny (Léon de), "La Presqu'île de Corée et son avenir" dans *Journal des économistes*/revue de la science économique et de la statistique, 2e série, t. XXII, Librairie de Guillauin et Cie, 1859.

Rosny (Léon de), "Vocabulaire chinois-Coréen-aïno expliqué en français et précédé d'une introduction sur les écritures de la Chine, de la Corée et de Yéso" dans *Revue orientale et américaine*, 1861.

Rosny (Léon de), *Études asiatiques de géographie et d'histoire*, Challamel aîné, 1864.

Rosny (Léon de), *Les Coréens* : aperçu ethnographique et historique, Maisonneuve frères et Ch. Leclerc, 1886.

Rosny (Léon de), *Sur la géographie et l'histoire de la Corée*, Nancy : Imprimerie orientale de Ve Raybois, 1868.

Rosny (Léon de), *Variétés Orientales historiques, géographiques, scientifiques, bibliographiques et littéraires*, Maisonneuve, 1868.

Rossetti (Carlo), *La Corée et les Coréens* : impressions et recherches sur l'Empire du Grand Han/traduit de l'italien par No Mi-Sug et Alain Génetiot, Maisonneuve & Larose, 2002.

Rossi (Michel), *Avoir vingt ans à Chipyong-Ni* : en ce temps-là, l'ONU, Courbevoie : REMICOM, 1994.

Rougeron (Camille), *Les enseignements de la guerre de Corée*, Berger-Levrault, 1952.

Roussel (Elyette), *La belle époque*, CLE International, 1996.

Rousset (Huguette), *Arts de la Corée*, Fribourg : Office du Livre, 1977.

Ruaux (Jean-Yves), *La Corée du Sud aujourd'hui*, Éditions JA, 1988.

Rubrouck (Guillaume de), Deux voyages en Asie au XIIIe siècle, Ch. Delagrave, 1888.

S'implanter en Corée du Sud : guide pratique/publié par les Services de l'expansion économique de l'Ambassade de France en Corée du Sud, CFCE, 1997.

S'implanter en Corée du Sud/publié par le Centre français du commerce extérieur, CFCE, 1990.

Sainson (Camille), *Les origines de la Corée*/extrait du Tong-kouo-thong-kienn, Péking, Typographie du Pé-T'ang, 1895.

Saint-Germain (Jacques), *La vie quotidienne en France à la fin du grand siècle*, Hachette, 2005.

Saint-Martin (Vivien de) et Rousselet (Louis), *Nouveau dictionnaire de géographie universelle*, Hachette, 1897.

Savoir et enjeux de l'interculturel : nouvelles approches, nouvelles perspectives/sous la direction de Colette Sabatier, Jorge Palacio, Hamida Namane et Sandrine Collette, L'Harmattan, 2001.

Schleiermacher (Friedrich), *Des différentes méthodes du traduire*/traduit de l'allemand par Antoine Berman ; sur l'idée leibnizienne, encore inaccomplie, d'une langue philosophique universelle, Seuil, 1999.

Schneider (Roland), *Cinéma et spiritualité de l'orient extrême* : Japon et Corée, Paris ; Torino ; Budapest : L'Harmattan, 2003.

Schwob (Thierry) et Lorot (Pascal), *Singapour, Taïwan, Hong Kong, Corée du Sud, les nouveaux conquérants ?*, Hatier, 1986.

Sculpture de Séoul : manifestation des membres de la société de sculpture de Séoul/exposition, 3~24 février 1982 au Centre culturel coréen de Paris, Centre culturel coréen de Paris, 1982.

Security in Europe and North-East Asia Pacific : cross-perspectives, vol. 2/Second working Conference of the JIIA-IFRI Joint Research Program, June 4-5, 1993, Berlin, 1993.

Seizelet (Eric), Zawieja (Philippe), Campana (Andréa) *et al.*, *Corée, les enjeux*, Mutations asiatiques, 1998.

Séminaire international sur la réunification de la Corée et les droits de l'homme en Corée du Sud, Genève, 9 et 10 novembre 1979, CILRECO, 1980.

Seo (Ick-Jin), *La Corée du Sud* : une analyse historique du processus de développement, Paris ; Montréal : L'Harmattan, 1999.

Service militaire et réforme de l'armée/publié par Groupe d'étude des problèmes du contingent, Seuil, 1963.

Sociologie des techniques de la vie quotidienne/sous la responsabilité de Alain Gras, Bernward Joerges et Victor Scardigli, L'Harmattan, 1992.

Sollers (Philippe), *L'écriture et l'expérience des limites*, Seuil, 2001.

Sollers (Philippe), *L'intermédiaire* : essai, Seuil, 2001.

Sollers (Philippe), *Le cœur absolu*, Gallimard, 1987.

Souty (Patrick), *La guerre de Corée* : 1950~1953 ; guerre froide en Asie orientale, Lyon : Presses universitaires de Lyon, 2002.

Sunoo (Harold Hakwon), *Où va la Corée du Sud ?* : économie d'une dictature et enjeux démocratiques/traduit par Yves Bénot, Publisud, 1988.

Swann (Peter C.), *L'art de la Chine, de la Corée et du Japon*, Larousse, 1964.

Taïwan et Corée du Sud, débouchés pour la machine-textile française/publié par le Centre français du commerce extérieur, CFCE, 1990.

Tan'gun/revue d'études coréennes publiée par le Centre de recherches indépendantes sur la Corée, Cric-Racine, 2002.

Teissier du Cros (Rémi), *Les Coréens* : frères séparés, L'Harmattan, 1990.

Terriou (René), *Le statut international de Corée antérieurement au 29 août 1910*/thèse pour le doctorat, Paris : V. Giard ; E. Brière, 1911.

Tertrais (Hugues), *Asie du Sud-Est* : enjeu régional ou enjeu mondial ?, Gallimard, 2002.

Thiébaud (Jean-Marie), *La présence française en Corée* : de la fin du XVIIIe siècle à nos jours, Paris ; Budapest ; Torino : L'Harmattan, 2006.

Thorez (Paul), *Les enfants modèles*, Lieu commun, 1982.

Tillieux (Maurice), *Au pays du matin calme*, Paris : Marcinelle ; Montréal ; Dupuis, 1986.

Todd (Emmanuel), *L'invention de l'Europe*, Seuil, 1990.

Todd (Emmanuel), *Le destin des immigrés* : assimilation et ségrégation dans les démocraties occidentales, Seuil, 1997.

Todorov (Tzvetan), *Théories du symbole*, Seuil, 1985.

Tournafond (Paul), *La Corée*, Librairie de la société bibliographique, 1885.

Tournier (Michel), *Les météores*, Gallimard, 1975.

Tradition et modernité : 20 céramistes coréens contemporains/catalogue d'exposition, Musée Cernuschi, juin~août 1992.

"Traité d'amitié, de commerce et de navigation signé à Séoul le 4 juin 1886 entre la France et la Corée" dans *Recueil des traités de la France* : 1886~1887, t. 17, A. Durand et Pédone-Lauriel, 1891.

Urbain (Jean-Didier), *Ethnologue, mais pas trop* : ethnologie de proximité, voyages secrets et autres expéditions minuscules, Payot & Rivages, 2003.

Varat (Charles) et Chaillé-Long Bey (Charles), *Deux voyages en Corée*, Pondicherry ; Paris : Kailash, 1994.

Vauthier (Émile), *Un témoin du Christ, Luc-Martin Huin* : missionnaire et martyr en Corée (1836~1866), canonisé à Séoul le 6 mai 1984, Fayard, 1984.

Vautier (Claire) et Frandin (Hyppolyte), *En Corée*, Ch. Delagrave, [1905].

Vérin (Marc) et Morillot (Juliette), *La Corée* : terre des esprits, Hermé, 2003.

Verne (Jules), *Le tour du monde en quatre-vingts jours*, J. Jetzel, 1884.

Verneret (Adrien-Mathieu), "Notes sur la Corée" dans *Revue des troupes coloniales*, février~mars 1904, H. Charles-Lavauzelle, [1904].

Vernet (Jacques) et Ferrari (Pierre), *Corée*, 1950-1953 : l'héroïque Bataillon français, Panazol : Lavauzelle, 2001.

Vigneron (Lucien), *Portraits jaunes* : Coréens, Japonais, Chinois ; scènes de la vie chinoise, Tours : Alfed Mame et fils, 1896.

Vincart (Léon Marie Marcel André), *La Corée*, Bruxelles : P. Weissenbruch, 1901.

Voltaire, *Essai sur les mœurs et sur l'esprit des nations et sur les principaux faits de l'histoire depuis Charlemagne jusqu'à Louis XIII*, Garnier frères, 1963.

Voltaire, *Essai sur les mœurs*/publié en deux volumes, Bordas, 1990.

Voltaire, *Histoire de l'empire de Russie sous Pierre-le-Grand*, Genève : Cramer, 1759~1763.

Voltaire, *L'orphelin de la Chine*, Michel Lambert, 1755.

Voyage au pays du matin calme : la Corée à Montreuil/exposition du 19 octobre au 9 novembre 1980, Montreuil : Bibliothèque municipale Robert Desnos, 1980.

Voyage de Guillaume de Rubrouck, en orient/traduit du latin par Louis de Backer, Steenvoorde : Foyer culturel de l'Houtland, 1991.

Voyage de La Pérouse au tours du monde : [1785~1788]/publié et rédigé par M. L. A. Milet-Mureau, Imprimerie de la République, 1797.

Waternaux (Isabelle), *Han*/texte de Philippe Piguet ; traduit en coréen par Kang Hyuna, Éditions Plume, 1998.

Watzlawick (Paul), *La réalité de la réalité* : confusion, désinformation, communication/traduit de l'américain par Edgar Roskis, Seuil, 1984.

Weil (Patrick), *Qu'est-ce qu'un Français ?* : histoire de la nationalité française depuis la Révolution, Gallimard, 2005.

Weyergans (François), *La vie d'un bébé*, Gallimard, 1986.

Willener (Alfred), *À la lumière de la vitesse*, Lausanne : Éditions Payot Lausanne, 1990.

Winkin (Yves), *Anthropologie de la communication* : de la théorie au terrain, Seuil, 2001.

Winock (Michel), *La belle époque* : la France de 1900 à 1914, Perrin, 2002.

Wolkowitsch (Maurice), *L'élevage dans le monde*, A. Colin, 1966.

Yi (Kyun-Yŏng), *L'autre côté d'un souvenir obscur*/traduit du coréen par Patrick Maurus et Ch'oe Yun, Actes sud, 1991.

Youn (Laurent Eul-Sou), *Le confucianisme en Corée*/thèse pour le doctorat, Téqui, 1939.

Yun (Gyeong-Ryeol), *La montagne des dix mille Bouddhas* : Gyeongju, Namsan ; un site de l'art bouddhique coréen du VIe au Xe siècle/traduit et noté par Tcho Hyo-Young, Éditions Cercle d'art, 2002.

Zuber (Henri-Jean), "Note sur la carte de Corée"/extrait du *Bulletin de la société de géographie*, E. Martinet, 1870.

Zuber (Henri-Jean), "Une expédition en Corée" dans *Le tour du monde* : nouveau journal des voyages, t. 25, Hachette, 1873.